赵 伟 著

交通基础设施领域
PPP 模式 的 发展与应用研究

吉林大学 出版社

图书在版编目（CIP）数据

交通基础设施领域 PPP 模式的发展与应用研究 / 赵伟
著 . —长春：吉林大学出版社，2018.12
ISBN 978-7-5692-4055-9

Ⅰ．①交… Ⅱ．①赵… Ⅲ．①政府投资—合作—社会
资本—应用—交通运输建设—基础设施建设—研究—中国
Ⅳ．① F512.3

中国版本图书馆 CIP 数据核字（2019）第 008642 号

书　　名：交通基础设施领域 PPP 模式的发展与应用研究
JIAOTONG JICHU SHESHI LINGYU PPP MOSHI DE FAZHAN YU
YINGYONG YANJIU

作　　者：赵　伟　著
策划编辑：邵宇彤
责任编辑：邵宇彤
责任校对：韩蓉晖
装帧设计：优盛文化
出版发行：吉林大学出版社
社　　址：长春市人民大街 4059 号
邮政编码：130021
发行电话：0431-89580028/29/21
网　　址：http://www.jlup.com.cn
电子邮箱：jdcbs@jlu.edu.cn
印　　刷：三河市华晨印务有限公司
开　　本：170mm×240mm　　1/16
印　　张：15
字　　数：277 千字
版　　次：2019 年 3 月第 1 版
印　　次：2019 年 3 月第 1 次
书　　号：ISBN 978-7-5692-4055-9
定　　价：58.00 元

前　言

政府和社会资本合作（Public Private Partnership，简称"PPP"）模式在中国不是新事物，20世纪80年代中期就已开始应用。几十年来，PPP在中国的发展经历了多个阶段，有高低起伏，也出现过反复。随着2013年年底全国人大决定立法，中央政府特别是财政部和发改委等开始力推，PPP模式作为我国提供（准）公共产品/服务、改进政府管理方式的重要手段之一，被赋予了新的历史使命，具有重要意义。2014年10月，国务院常务第66次会议上明确提出"积极推广PPP模式"。财政部、发改委相继发布配套政策法规文件，并陆续推出多个PPP项目，PPP模式在我国全面升温。

我国交通运输经过近50年的发展，形成了初具规模的综合运输体系。交通运输基础设施总体规模迅速扩大，质量和技术装备水平大幅提高，整体结构明显改善，对国民经济发展的制约状况在不断好转。尤其是电气化铁路、高速公路、远洋船队等从无到有，快速发展，并跃居世界前列，标志着我国交通运输在一些重要领域与发达国家的差距已大大缩小，一个颇具规模的现代交通运输体系已初步形成。

虽然我国的交通运输业发展较快，但现有交通基础设施总体规模仍然很小，在网络密度、覆盖范围、质量水平等方面还存在较大差距，项目储备不足问题突出，不能满足经济社会快速发展对交通运输不断增长的需求。在这一背景下，大力建设交通运输工程、提高人民生活水平、拉动我国经济增长成为亟待解决的问题。因此，政府以PPP模式与社会资本合作，吸引更多资金雄厚、技术先进和管理经验丰富的各类社会资本参与我国交通运输建设成为现实的选择。

本书立足交通基础设施发展的基本现状，结合相关基础理论，借鉴国外的先进经验，阐述了PPP模式的基本流程，分析了交通基础设施领域PPP模式的供需关系，研究了交通基础设施PPP项目的定价模型、风险管理和具体应用，并提出了交通基础设施领域PPP模式的优化措施，力图为我国交通基础设施建设提供新的思路。

目录
CONTENTS

第一章　导论

第一节　我国交通基础设施建设现状

20 世纪 80 年代，铁路、公路、水路等运输领域制定了多项渠道建设规划，特别是 2007 年国家发展和改革委员会下发的《综合交通运输网络和长远发展规划》，提出了"五纵五横"综合运输大通道布局方案以来，中国交通发展已逐步进入全面协调发展的新阶段。

综合交通走廊由两条或两条以上的承载中国客货运走廊主要任务的综合交通线路模式构成，是综合交通网络的主体框架，是国家的运输大动脉。

近四十年过去，各类大通道的建设和发展实践表明，大部分综合交通运输渠道，特别是国家级、跨区域的大通道是保障我国的土地、能源安全与加强区域经济联系等国家战略的重要空间载体，是协调不同运输方式发展的重要基础。

一、党的十八大以来我国交通基础设施建设情况

党的十八大以来，中国的综合交通进入新的发展阶段，交通基础设施的网络日益完善，到 2017 年初，全国的铁路里程已达 12.4 万千米，其中高速铁路超过 2.2 万千米；高速公路全长 496 万千米，其中高速公路里程超过 13 万千米；港口达 2 221 个，内河航道里程 12.7 万千米，其中高差运河 12 100 千米；民用航空认证已达 218 个，其中吞吐量千万人次以上的枢纽机场 28 个。

二、2017 年我国交通基础设施的建设情况

（一）铁路

2017 年末，全国铁路营业里程达到 12.7 万千米，比上年增长 2.4%，其中高铁营

业里程 2.5 万千米。全国铁路路网密度 132.2 千米 / 万平方千米，增加 3.0 千米 / 万平方千米。

铁路营业里程中，复线里程 7.2 万千米，比上年增长 5.4%；电气化里程 8.7 万千米，比上年增长 7.8%。详见图 1-1。

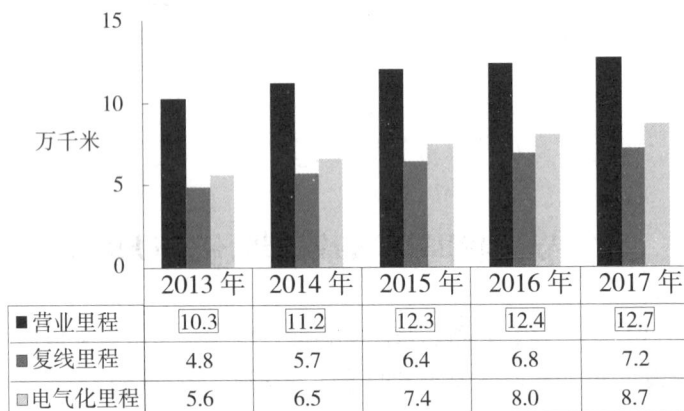

	2013 年	2014 年	2015 年	2016 年	2017 年
■营业里程	10.3	11.2	12.3	12.4	12.7
■复线里程	4.8	5.7	6.4	6.8	7.2
□电气化里程	5.6	6.5	7.4	8.0	8.7

图 1-1　2013—2017 年全国铁路营业里程

（二）公路

2017 年全国公路总里程为 477.35 万千米，比上一年增加 7.82 万千米。公路的密度为 49.72 千米 / 百平方千米，增加 0.81 千米 / 百平方千米。公路养护里程 467.46 万千米，占公路总里程 97.9%。详见图 1-2。

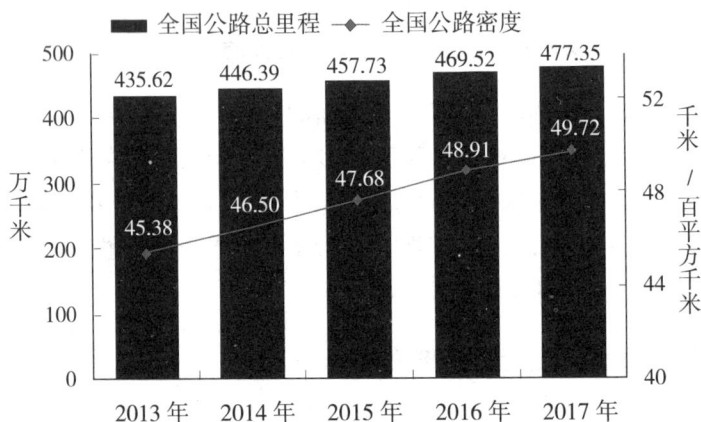

图 1-2　2013—2017 年全国公路总里程及公路密度

2017 年末全国四级及以上等级公路里程 433.86 万千米，比上年增加 11.31 万千米，占公路总里程 90.9%，提高 0.9 个百分点。二级及以上等级公路里程 62.22 万千米，增加 2.28 万千米，占公路总里程 13.0%，提高 0.3 个百分点。高速公路里程 13.65 万千米，增加 0.65 万千米；高速车道里程为 60.44 万千米，增加 2.90 万千米；国家高速公路里程为 12.23 万千米，增加 0.39 万千米。详见图 1-3。

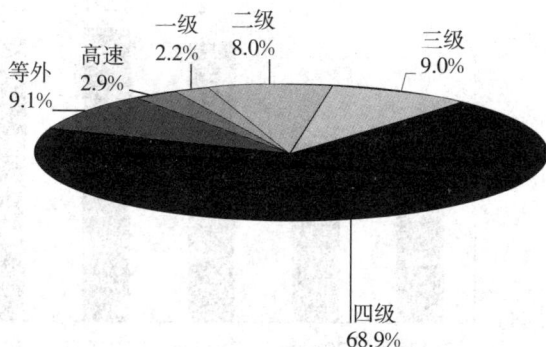

图 1-3　2017 年全国公路里程分技术等级构成

2017 年末国道里程为 35.84 万千米，省道里程为 33.38 万千米，农村公路里程 400.93 万千米，其中 55.07 万千米为县级道路，115.77 万千米为乡级道路，230.8 万千米为村中级道路。

2019 年末全国通路的乡镇总数占全国乡镇总数的 99.99%，其中乡镇硬化人行道占全乡镇总数的 99.39%，相比上年上升 0.38 个百分点；占全国已建村庄总数的 99.98%，并且通过硬化形成村道路的村庄占农村总数的 98.35%，同比增加 1.66 个百分点。

2017 年末全国公路桥梁 83.25 万座、5 225.62 万米，比上年增加 2.72 万座、308.66 万米，其中特大桥梁 4 646 座、826.72 万米，大桥 91 777 座、2 424.37 万米。全国公路隧道 16 229 处、1 528.51 万米，增加 1 048 处、124.54 万米，其中特长隧道 902 处、401.32 万米，长隧道 3 841 处、659.93 万米。

（三）水路

1. 内河航道

2017 年末全国内河航道通航里程 12.70 万千米，比上年减少 80 千米。等级航道 6.62 万千米，占总里程的 52.1%，下降 0.2 个百分点，其中三级及以上航道 1.25 万千米，占总里程 9.8%，提高 0.3 个百分点。详见图 1-4。

　　各梯级内河航道航行里程为一级航道 1 546 千米，二级航道 3 999 千米，三级航道 6 913 千米，四级航道 10 781 千米，五级航道 7 566 千米，六级的航道 18 007 千米，七级航道 17 348 千米。等外航道 6.09 万千米。

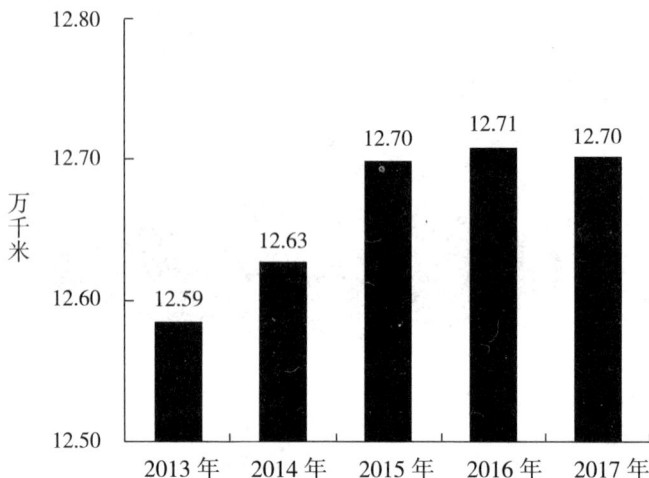

图 1-4　2013—2017 年全国内河航道通航里程

　　水路内河航道各水系如下：长江 64 857 千米；珠江 16 463 千米；黑龙江 8 211 千米；京杭大运河 1 438 千米；岷江 1 973 千米；淮河 17.507 千米。

　　2. 港口

　　2017 年末全国港口拥有生产用码头泊位 27 578 个，比上年减少 2 810 个。其中，沿海港口生产用码头 5 830 个，相比之下，减少了 57 个；内河港口生产用码头 21 748 个，减少 2 753 个。

　　2017 年末全国港口拥有万吨级及以上泊位 2 366 个，比上年增加 49 个。其中，沿海港口万吨级及以上泊位 1 948 个，增加 54 个；内河港口万吨级及以上泊位 418 个，减少 5 个。详见表 1-1。

表 1-1　2017 年全国港口万吨级及以上泊位数量（计量单位：个）

泊位吨级	全国港口	比上年末增加	沿海港口	比上年末增加	内河港口	比上年末增加
合计	2 366	49	1 948	54	418	-5
1~3 万吨级（不含 3 万）	834	20	651	14	183	6

续 表

泊位吨级	全国港口	比上年末增加	沿海港口	比上年末增加	内河港口	比上年末增加
3~5万吨级（不含5万）	399	15	285	6	114	9
5~10万吨级（不含10万）	762	5	653	25	109	−20
10万吨级及以上	371	9	359	9	12	0

在全国万吨及以上泊位中，专用泊位1 254个，比去年增加31个；普通货物泊位513个，同比增加7个；普通货物泊位388个，同比增加7个。详见表1-2。

表1-2 全国万吨级及以上泊位构成（按主要用途分）（计量单位：个）

泊位用途	2017年	2016年	比上年增加
专业化泊位	1 254	1 223	31
集装箱泊位	328	329	−1
煤炭泊位	246	246	0
金属矿石泊位	84	83	1
原油泊位	77	74	3
成品油泊位	140	132	8
液体化工泊位	205	200	5
散装粮食泊位	41	39	2
通用散货泊位	513	506	7
通用件杂货泊位	388	381	7

（四）民航

截至2017年年底，共有229架民用航空器获得认证，比上年增加11架，其中计划定期航班228架次，非计划定期航班224架次。

84个通航机场中年旅客吞吐量超过100万人次的比上年增加7个；年旅客吞吐

量达 1000 万人次以上的有 32 个，较上年增加 4 个；年货邮吞吐量达到 10 000 吨以上的有 52 个，较上年增加 2 个。

（五）公路水路交通流量

2017 年全国国道观测里程 21.24 万千米，机动车年平均日交通量为 13 916 辆，比上年增长 8.9%，年平均日行驶量为 295 361 万车千米，增长 6.2%。其中，国家高速公路年平均日交通量为 26 328 辆，增长 10.5%，年平均日行驶量为 127 600 万车千米，增长 7.9%；普通国道年平均日交通量为 10 242 辆，增长 7.0%，年平均日行驶量为 167 764 万车千米，增长 4.5%。

2017 年长江干线航道设有 27 个水上交通流量观测断面，年平均日船舶流量 702.9 艘，比上年增长 6.1%。其中，上游航道年平均日船舶流量 188.9 艘，下降 11.6%；中游航道年平均日船舶流量 295.1 艘，增长 1.5%；下游航道年平均日船舶流量 942.3 艘，增长 7.8%。

第二节　交通基础设施建设融资的基本模式

一、市场付费型

BOT（建设—经营—转让）+EPC（设计—采购—施工总承包）模式是政府授予企业特许经营权，允许其在一定时间内实施公共基础设施的建设和经营，而企业在公共基础设施建设过程中采用总承包模式，特许经营期结束后，企业再将设施移交给政府。BOT+EPC 模式主要用于商业项目，特别是道路建设和运营，可以增加效益。过程控制和平衡管理是 BOT + EPC 体系下公路建设项目的生命周期管理。投资者作为所有者，负责整个项目的规划过程，包括设计、融资、施工管理、运营和管理。BOT+EPC 模式不是项目公司对建设项目直接管理下的传统模式，而是转让给特殊承包商以管理主体设计的监管批准和认证工作要求，一定要提供主要协调地点的变更，并提交到现场，以便更好地避免变更风险和成本金额。例如，重庆涪陵至丰都高速公路项目于 2008 年获批，2009 年开工建设，2013 年通车。该项目积极探索"BOT+EPC"模式，经控标确定中交路桥集团国际建设服务有限公司为项目投资人，投资人根据项目规划和政府相关要求完成项目投资建设和运营管理。采用这种模式，有效提高了公司内部沟通效率，施工进度得到保证，施工成本得到控制。该项目的成功，促进了长江上游交通运输中心和经济中心的逐步发展，提高了重庆市的高速公路网的可靠性和安全性。

二、政府付费型

PPP 扩张主要适用于政府支付的公益项目。例如，安庆市 PPP 项目采用 DBFO（设计—建设—融资—运营—移交）模式，安庆市政府公开招标、投资设计、融资、建设，而运营和维护全部交由社会资本实施。整个项目的合作期为 13 年，其中建设期为 2 年，运营期为 11 年。安庆市人民政府在 2014 年年底批准成立的 PPP 项目小组开始实施本项目，由安庆市住房和城乡委员会负责执行项目，同时授权安庆市建筑投资开发（集团）有限公司作为政府代表出资设计和开发。

三、特许经营 SPV

SPV 特许经营主要用于准营运项目。例如，北京地铁四号线项目线全长 28.2 千米，投资总额 153 亿元，于 2004 年 8 月正式启动，2009 年 9 月 28 日开通试运营，目前日均车流量已超过百万人。该项目由北京市政府、北京市基础设施投资有限公司合资建设经营，是首个城市 PPP 轨路运输项目，重点探索 PPP 融资模式，不仅有效缓解了北京市政府支出，打破了轨路运输投资主体的单一化问题，大大提高了建设效率和质量。

第三节　交通基础设施的经济特性

一、交通基础设施服务的外部性

外部性指一个实体的经济活动影响另一实体的经济活动。有利的影响称为正外部性（Positive Externalities），如养蜂人在生产蜂蜜过程中，蜜蜂的采蜜活动会给附近的果农带来好处；不利的影响称为负外部性（Negative Externalities），如一条河流上游的化工厂在生产活动中向河流排放大量污水，会导致下游渔民的产量减少。

交通基础设施具有极大的正外部性特点，它类似于疫苗注射服务，不仅使消费服务者本身受益（降低了感染疾病的可能），其他人也从消费服务者的消费行为中受益

（减少了传染疾病的可能）。以地铁为例，它的正外部性主要表现在地铁运营没有燃气废物排放，有利于城市环境保护，并有助于缓解交通压力和政府对交通的投资，不仅使乘坐其他交通工具的乘客大为受益，更减少了道路占用土地面积以及停车场的数量和面积。

二、交通基础设施的规模经济特征

规模经济是指通过扩大生产规模而引起经济效益增加的现象，主要包括两方面的影响：一是相对于最低生产需求而言，相对成本是决定行业技术特性的基本技术效率；二是为了提高回报率，即当生产率低于经济的最小规模时，产出增长高于投入要素的增长。

以地铁为例，其经济技术特点如下。第一，地铁网规模大，占地面积大，效率高；第二，大规模投资铁路项目，建设周期长，非流动资产大量淹没；第三，地铁的主要资产——土建部分使用时间长，具有一定的永久性；第四，在任何服务点上，地铁所提供的服务都取决于路网的整体水平。可见，地铁存在最低效率规模，且规模效益递增，具有非常明显的规模经济特征。

三、交通基础设施的自然垄断性

自然垄断是指由于"自然"的技术原因而形成的独家经营的市场格局，由一个企业提供某些数量的某种产品或服务的成本，要低于由多个企业提供这些产品或服务的成本（成本的次可加性）；企业只生产一种产品时，平均成本随产品数量增加而下降（规模收益）；企业生产不同种类产品时，可以节约因为重复建设共同设施而发生的成本（范围收益）。

首先，如果一个行业具有规模经济，大公司大多比小公司具有制造成本的优势。一方面，最先进入的企业生产规模越大，成本就会越低，因而必然具有把生产规模扩大到独占市场的趋势；另一方面，在垄断企业面前，任何试图进入该行业的新企业都将不可避免地面临与垄断者竞争的高壁垒。

其次，许多行业的生产经营活动需要特殊的资本投资，这些资本不容易转移到其他用途，会形成沉淀资本。例如，铁路公司铺设的铁轨，一旦铁路运输由于某种原因停止营业时，除作为废钢铁处理外，很难转移到其他用途中去。如果一个行业的经营需要很多的"沉淀资本"，该行业就很难维持多家竞争的局面。

以轨道交通为例，交通基础设施服务按线路来划分，每条线路都属于自然垄断，不可能在一条线路上铺设两套轨道，分别由不同的公司来运营，而不同的线路可以由不同的公司来运营。不过，由于存在其他替代产品的竞争，如公交车和出租车，轨道交通的自然垄断特性又受到一定的限制，即使不存在政府对价格的管制，每一条线路也不可能随意收取高价。

第四节 PPP 模式对交通基础设施建设的意义

管理专家彼得·德鲁克曾经说过，"政府必须面对这样的事实：政府的确不能做，也不擅长社会或社区工作。"进入知识经济时代，生态知识经济拉动和资源配置应有效开展，政府负责制定政策，如规划和执行私营或私营部门的社区政策，这样不仅可以减少政府的长期财政负担，还可以减轻公共服务过程中的社区和民众力量，加强公民意识、社会认同感，提高资源效率、建筑效率和运营效率。

当前，我国正在实施新型城镇化发展战略。城镇化是现代化的要求，是稳增长、促改革、调结构、惠民生的重要抓手，也是供给侧结构性改革的重要措施。立足国内实践，借鉴国际成功经验，推广运用 PPP 模式，是国家确定的重大经济改革任务，对于加快新型城镇化建设、提升国家治理能力、构建现代财政制度具有重要意义。

一、推广运用 PPP 模式是促进经济转型升级、支持新型城镇化建设的必然要求

政府通过 PPP 模式向社会资本开放基础设施和公共服务项目，可以拓宽城镇化建设融资渠道，形成多元化和可持续的筹资机制，有利于社会资源的整合和社会资本股份投资振兴，有利于企业拓展发展空间，也有利于增加经济增长动力，促进经济转型。PPP 模式可以吸引社会资本直接以股权或者夹层资本的模式进入项目，并参与后续管理运营。

二、推广运用 PPP 模式是加快转变政府职能、提升国家治理能力的一次体制机制变革

政府与社会资本合作模式可以将政府的发展计划、市场监督、公共服务职能、社会资本管理、技术创新等相结合，这有助于明确政府与市场的界限，提高政府参与公共服务的效率和质量。政府和社会资本合作模式要分权化，以便更好地实现政府职能转变，同时通过完善更多良好的公共职能来反映和体现现代政府观念，减轻政府财政预算的压力。

三、推广运用 PPP 模式是深化财税体制改革、构建现代财政制度的重要内容

根据税制改革的要求，现代金融体系的一个重要组成部分是建立多年预算平衡机制，实施中期财务规划和管理，编制合并财务报表，以反映政府资产的所有负债。PPP 模式本质上是一个政府购买服务，主要强调市场机制的作用，强调社会资本的深刻参与，它可以有效促进政府由过去一年预算收支管理逐步转向强化中长期财务计划，这与深化财税改革方向和意图高度一致。

四、推广运用 PPP 模式有利于降低项目建设运营的成本

PPP 模式中，私营部门只有在项目完成并获得政府批准后才能开始创收。因此，PPP 模式有助于提高效率并降低项目成本。利用私营部门的资产和服务可以为政府部门提供更多的资金和技能支持，促进设计、施工和设施管理流程的创新，提高工作效率，传播更好的管理理念和经验。公私营部门参与 PPP 项目初始阶段的项目识别、可行性研究和融资过程，可以确保项目在技术和经济方面的可行性，缩短工作周期和降低项目成本。

五、推广运用 PPP 模式有利于提升基础设施服务水平

在 PPP 模式下，为了保持公共服务的不断提供，实现最大化的投资回报，提高商誉，社会资本投资者应该有一个满足用户需求和提高服务水平的内部动机。同时，社会资本投资者拥有的商业头脑、管理经验、专有技术、专业人员以及类似项目的经验，可以为提高交通基础设施服务水平提供客观支持。

总之，PPP 模式是项目融资的完整概念，但它不是对项目融资的彻底更改，而是提出了项目生命周期中的新组织模式。这是一种政府、营利性公司和非营利性公司在具体项目上形成的"共赢"或"多赢"概念的相互合作形式。

第二章 PPP 模式概述

第一节 PPP 模式的内涵

一、PPP 模式的定义

PPP 是一种有别于传统由政府全权负责的基础设施及公共服务供给机制，是将基础设施项目中增值链的多环节同时交由民营部门负责，而政府通过长期合同向民营部门购买服务。PPP 的概念形成不超过 20 年，在学术界和实践界对 PPP 没有统一的定义。2011 年世界银行专家 Ned White 对 PPP 给出了一个较简洁、全面的定义，即它是公共部门和私营部门之间的长期协议，也需要保密出资（可以货币、技术、经验或信誉等出资）。这些服务为私营部门提供传统上由政府提供的服务，需要大量的风险转移和奖励表现。Peirson 和 Mcbride（1996）认为 PPP 的一个重要特征是私营部门实体在一段时间内使用基础设施提供公共服务，这通常是对运营和定价的一些限制。

PPP 模式涵盖各种不同类型的合作伙伴关系，有通过出售股权将私人所有引入国有企业；通过制订私人融资计划和其他协议使公共部门利用私人部门的技术和财务管理；与私营部门签订长期合同，购买优质服务；利用私营和股权专业知识，通过出售政府服务和其他形式的政府合作，发挥商业潜力的政府财产协议。私人融资计划（PFI）由英国政府于 1992 年最先发起，是指通过招标，特许私营部门实现公共基础设施项目的建设和运营，并达成特许期（通常约三十年）。运营项目以优质而无偿的方式返还给政府，而私营部门则从政府机构或服务提供商处收取支付项目融资的费用。私人融资计划被正式确立为 PPP 家族中的一员，随后被许多国家使用，并沿用至今。近些年，英国又对 PPP 家族成员进行了扩展，除 PFI 外，将特许权经营、基础设施战略合作、整合、同盟等也纳入 PPP 家族中，极大地扩展了 PPP 模式所涵盖的范围，标志着 PPP 模式理论与实践的最新发展。

二、PPP 模式的特点

第一，实施项目投资者具备融资大额利润项目和贫困公益项目的能力，并通过与地方政府分担项目风险建立公私伙伴关系来实现这一目标。

第二，为了减轻政府负担和预算压力，政府资助机构以个人身份支持该项目，避免了政府直接借款来解决公共项目资金缺乏的问题。

第三，通过社会资本的介入，政府部门和社会资本共同参与公共基础设施的建设和运营，双方可以形成互利的长期目标，大大提高项目的运营效率和服务质量并降低运营成本，更好地为社会和公众提供服务。

第四，有意向参与公共基础设施项目的社会资本，可以尽早和项目（所在地）政府或有关机构接触，节约投标费用，节省准备时间，从而减少最后的投标价格。

第五，参与项目的各方的重新融合和战略联盟的形成在协调各方目标方面起着关键作用。

三、PPP 模式的优势

对于基础设施项目而言，PPP 模式的引入有以下优势。

（一）实现资金的最佳价值

第一，通过社会资本方的竞争性选择来加强垄断领域的竞争，为项目从设计、建设到运营整个生命周期提供一个持续的激励。

第二，利用社会投资者的专业资源和创新能力，提供更优质、更高效、更具创意的服务，带来更多收入来源。

第三，将一些风险转移给可以更好地控制这些风险的社会投资者。

第四，允许政府投资者和社会资本各方对各自的风险和成本进行全面、长期的考虑，并在项目期间继续提供优质服务，使长期经济成本最低。

（二）弥补政府财政资金的不足

基础的设施项目投资大，时间长，政府没有能力提供足够的资金。为解决公共需求与资金的矛盾，政府必须提出多元化的社会投资建设项目，加快基础设施项目建设，满足公众要求。PPP 模式下的社会资本投资和融资有效缓解了政府投资和建设的压力。

（三）提升基础设施服务的水平

在公共服务可持续发展的 PPP 模式框架下，为了获得更大的投资回报并提高其声誉，各方都应该有社会资本来满足用户的需求，以提高其服务内部的动机水平。社会资本具有商业管理经验、专业知识和技术专业人员、项目经验和类似经验，为提高服务水平提供了客观条件。

（四）降低项目建设运营的成本

激励社会资本方通过开发实践、规模经济、创新技术以及更灵活的采购与缔约方式、降低整体管理成本等来提高项目建设效率。

（五）提高公共产品生产效率

使用 PPP 模式可以提升公共产品的生产效率，最主要就是通过促进社会资本流入，将政府部门的"花别人的钱办别人的事"转变为社会资本的"花自己的钱办自己的事"。因此，PPP 模式意味着在公共物品和服务的提供中生产供给效率的提高。

（六）政府和社会资本可以取长补短

PPP 模式将政府机构的社会责任、远景规划、协调技能与社会资本、财务支持、技术工具、管理效率结合起来。政府和社会资本可以形成互利的长期目标，并以更具成本效益的项目为公众提供优质服务。

（七）合理分配风险

项目初期可以合理调节社会资本和政府资金所占比例，解决项目整个生命周期中的风险。虽然政府存在风险，但风险分担更为合理，社会资本风险减少，财务负担减少，项目融资成功的可能性增大，而且政府对风险细分也有一定的控制权。

四、PPP 模式的典型结构

私人部门和政府部门一起成立项目公司，政府部门的具体职能是为项目提供政策支持，而私人部门的具体职能是建设并负责整个项目公司的日常运营和管理，这就是 PPP 模式的典型结构。具体来说，政府部门与私人部门对特定的项目或资产签订有关合作的特许经营协议之后，由专业的、有资质的项目公司负责项目的具体设计、融资、建设及运营，待特许经营期届满之后再将项目移交给政府部门。具体结构如图 2-1 所示。

图 2-1　PPP 模式的典型结构

PPP 模式具有两个比较显著的特点：一是在时间上与传统模式相比，PPP 模式中的私人部门参与更早，它们在项目最初就参与到项目的研究、分析、论证等工作中；二是在 PPP 模式下，政府部门的工作更多的是在项目中后期，这是因为 PPP 模式中的公私合作是一种全过程、全周期的合作，尤其到项目的后期营运阶段，私人部门在政府部门的作用下获得合理的利润，同时政府要防止其获取暴利。

五、PPP 模式的功能

从本质上来说，PPP 模式是在经济与社会发展过程中的一种创新管理模式，因此其一般职能与管理的基本职能一致，还具有资金功能、新技术功能的使用和推广以及创新机制等特殊功能，其中创新职能是所有职能中应该特别强调的。

（一）PPP 模式的一般功能即管理的基本职能

随着对 PPP 模式的深入了解，人们对其管理职能给予了更多的关注。PPP 模式的管理职能在结合自身特点的基础上有其特殊性。在计划方面，公私部门之间先要制定全局战略，开发出一个全面的分层计划体系来协调和综合非管理者的行动。"目标是行动的指南。"为了达到组织的共同目标，双方必然会建立一个团结的、相互协作的团队或合作伙伴关系。在 PPP 模式中，公私双方一般会共同制订一个正式计划，并以契约方式维持和保障计划的实行。该计划不仅明确了双方的共同目标，也明确了双方各自的目标。在 PPP 项目实施过程中，每一时期都会制定相应的具体目标，这些目标不仅以书面形式记录下来，并且会告知被合作双方的全体，这样做的目的是为了让每一位管理者都明确组织目标和实现目标的具体方式。

众所周知，组织结构是用来描述组织的具体架构的，设立新的组织机构还是维持原有的组织机构要根据具体的 PPP 项目决定。一般情况下，新设立的组织机构是由参与合作的公私双方共同派遣人员组成，并根据合同或相关约定的具体要求来安排相对应的管理职位。

关于领导职能，由于领导既可以看成是一个名词也可以理解为一个动词，所以 PPP 模式在这方面可以体现出不同于常规的特殊作用的领导职能及领导形式的创新。例如，上海浦东自来水厂在采用 PPP 模式作为其管理模式的过程中，领导就具有其自身鲜明的特点。此项目中，中法两方是公私合作，法方成立的威望迪集团水务公司持有公司 50% 的股份，在领导层方面，实行中法两方轮流担任董事长和总经理的模式，即董事长和总经理必须同时各任其中一个职位。

在控制职能方面，PPP 管理模式中体现得尤为典型，公私双方无时无刻不在衡量各自实际取得的绩效。公共部门衡量绩效的标准是社会公众的反应如何，并将实际取得的绩效与没有私人部门参与前可能产生的绩效进行比较；私人部门衡量绩效的标准则是其行为的实际投资回报即产生的收益数量，并与以往类似项目的投入产出进行对比。公私双方都需要根据已取得的绩效采取相应的偏差纠正行动。虽然有时组织结构对于计划的制订已调整得非常有效，并且这种有效性可以极大地调动员工的积极性，但由于受多种因素的影响，计划意图仍可能产生偏差，管理者追求的理想目标也许并不能达到，这时作为管理职能的最后环节，控制职能就显得尤为重要。

（二）融资功能

PPP 模式的设立目的之一是为了融资，该功能也成为 PPP 模式的首要及最重要功能。具体说来，就是政府部门由于财政资金匮乏，难以独自承担起大型基础设施如隧道、机场、港口等的建设，为了鼓励和引导私人部门参与到这些项目中来而引入了 PPP 模式。正是由于其具有的这种融资作用，人们才开始真正意识到实行 PPP 模式的好处与作用，由此，PPP 模式开始被广泛推广和采用。一方面，私人部门参与公共物品和服务的方式弥补了政府专项资金的不足与单一融资模式的较大风险；另一方面，私人部门参与其中，不仅使私人部门拓宽了投资渠道，让其参与到原本由政府来完成的公共物品和服务的提供中来，又能使其通过收费等方式，得到稳定的投资报酬，开发出新的获利方式与收益来源，从而使双方实现共赢。

比如，政府公共部门授权私人部门以自己的资金建设基础设施（如公路），并让私人部门经营，经营一段时间后，私人部门从中获得收益与回报，之后又将其转移给政府公共部门。在此融资过程中，政府可能并没有实际投资，却满足了社会公共需要，由私人部门代替政府完成了本该由政府提供的基础设施及服务，甚至一定时期后政府对该基础设施还能具有所有权，PPP 的强大融资功能与重要性可见一斑。

（三）推广和利用新技术功能

推广和利用新技术功能包含两方面的内容，一是新的生产技术方面的运用，二是新的管理方法的应用。新技术的推广和利用之所以是 PPP 模式的功能之一，是因为在 PPP 模式中，政府的公共部门不仅确保与私营部门的合作弥补了财政资金不足，而且民营企业、私人机构等其他部门的参与也为政府部门带来了新开发的生产技术和管理技术，使公共物品提供的质量和效率以及相应的服务水平都得到提升，在公众税负不加重的情况下，更好地满足了社会公众的需求。

（四）机制创新功能

在经济社会转轨过程中，机制创新特别值得重视与强调，甚至可以说是战略性的特定功能。机制创新功能就是要在经济社会生活中推动机制转换、加强制度创新和提高资源配置效益。机制转换是一种既包括公共部门从计划逐步转换为市场，也包括私人部门由市场向计划靠拢的"双转换"，此举有利于创新激励机制，进一步达到持续推进制度创新、继续深化改革与不断提高资源配置效益的目标与目的。PPP 本质是公私合作，合作的结果使计划与市场能够在运行机制这个层面有效结合，从而形成优于计划和市场各自作用结果的创新型的管理体制与运行机制。机制创新的功能可以突出 PPP 管理模式的后发优势，并且有利于扩大其发挥潜力的空间，避免走前任走过的单独使用计划和公立机制提供公共产品和服务效率低下的弯路。众所周知，市场经济下，公共投入难免会出现激励机制不足的缺陷，而私人部门对此持有冷漠的态度，带有"后发优势"的创新机制功能可以克服这些缺点，并为社区提供更好的公共产品和服务，能更好地建设公共基础设施，促进社会的持续健康发展。

第二节 PPP 模式的实施类型与分类

一、PPP 模式的类型

PPP 项目实践中，常见的实施类型有服务社会经济型、项目运作方式型和获得受益方式型三种。

（一）服务社会经济型

根据社会和经济发展服务的各个方面，PPP 项目大致可分为经济、社会和政府三个部分。经济类别包括交通运输、公共服务、公园开发、节能和环境保护；社会类别包括住房、教育、文化和负担得起的健康；政府类别主要服务于司法、行政和国防领域。

（二）项目运作方式型

商业活动的类型包括特许经营、合资企业、外包或租赁业务、采购管理、合同管理、国家股份转让或政府补助以及这些方面的社会资本开发项目。这些几乎包含了介于完全由政府直接供给与完全由社会资本供给公共产品之间的所有公共服务供给模式。PPP 模型的结构非常灵活，社会资本对不同形式和程度的风险敞口的参与度也不同。一般而言，行业运作具体模式的选择主要是 PPP 项目，如资金需求的更新和扩张、价格机制拆解费用的基本框架和终止、投资回报水平和决策风险分配。

（三）获得收益方式型

PPP项目可分为用户支付方式、政府支付方式和可行性差距补贴方式。PPP项目获得收益方式（付费机制）如图2-2所示。

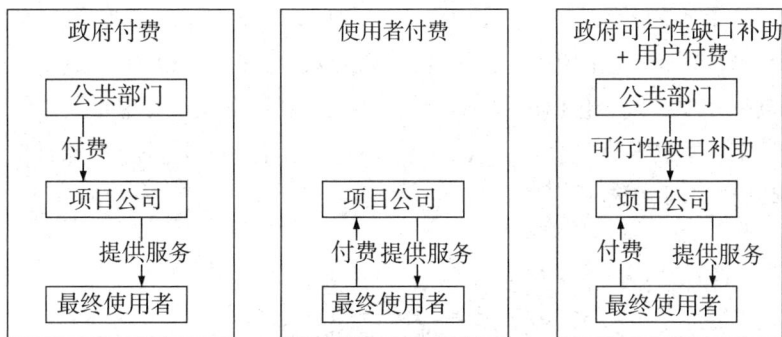

图2-2 PPP项目获得收益方式（付费机制）

1. 政府付费

政府支付意味着政府直接支付公共产品和服务。根据政府的支付机制，政府可以根据项目设施的可用性决定支付项目的数量和质量以及产品或服务的质量。政府支付是公共服务中最常用的支付机制。根据付款基准，付款可以分为可用性、使用情况和支付表现。政府支付通常适用于基础设施项目不提供直接服务的污水处理厂、垃圾焚烧炉等终端用户。

2. 使用者付费

由公共设施或服务的最终使用者直接付费购买公共产品和服务就是使用者付费。项目公司直接向最终用户收取项目的建设和使用费用，并获得合理的利润。该基础设施项目通常用于通过向最终用户提供直接服务来提供高质量的财务结果。

3. 可行性缺口补助

可行性缺口补助是指使用者付费不足以满足社会资本要求或项目公司成本回收机合理回报，而由政府以政府补贴、优惠贷款等资金投入或其他激励措施给予社会资本或项目公司的经济补助。可行性补助补贴是权衡政府支付机制和用户费用机制。在实践中，可行性赠款形式是不同的，包括土地分配、投资份额、投资赠款、优惠贷款、贷款利息、剥夺权利的股息。这种收益方式通常用于商业活动，为最终用户提供直接服务，但不能涵盖收取投资成本和基础设施运营的收费服务成本。

二、PPP 模式的分类

从国家和国际 PPP 组织的角度来看，PPP 有着广义和狭义的理解。一般来说，PPP 是指政府部门和社会资本为提供公共产品或服务而建立的各种合作关系，其特点是赋予社会资本的特许权，包括 BOT 等多种形式。而对 PPP 的更深入理解是包括 BOT、TOT 和 DBFO 在内的各种项目融资模式的总称。狭义的 PPP 强调了合作过程中风险分担机制和项目资金价值的原则。政府和社会资本形成了特殊目的组织（SPV），引入社会资本，共同开发和发展，在整个过程中进行合理的风险分担和合作，期满后再移交给政府的公共服务开发，如图 2-3 所示。

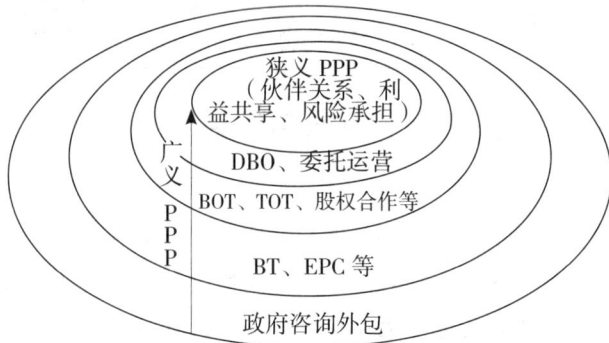

图 2-3　广义 PPP 模式与狭义 PPP 模式关系示意图

（一）广义 PPP 的分类

PPP 模式是一个非常广泛的概念，其分类如图 2-4 所示。世界银行和欧盟等很多国际组织对 PPP 模式进行了单独的分类和研究。根据中国的国情，PPP 模式可以分为承包商、特许经营和私有化三类。其中，合同承包类一般由政府投资，社会资本承包整个项目中的一项或几项，通过政府付费实现收益；特许经营类需要社会资本参与部分或全部投资，并通过一定的合作机制与政府部门分担项目风险、共享项目收益，政府根据项目实际收益向特许经营公司收取一定的特许经营费或给予一定的补偿，项目的资产最终由政府保留；私有化类则一般由社会资本负责项目的全部投资，建设项目的所有权归社会资本方，在政府的监管下通过向用户收费收回投资实现利润。不同类型的 PPP 形式的特点见表 2-1。PPP 基本形式主要特征见表 2-2。

```
                    ┌─ 服务外包（如地铁运营）
          ┌─ 模块式外包 ─┤
          │           └─ 管理外包（如 CM 模型）
    ┌─ 外包类 ─┤
    │        │           ┌─ DB（Design-Build 设计—建造）
    │        └─ 整体式外包 ─┤─ DBMM（Design-Build-Major Maintenace 设计—建造—主要维修）
    │                    ├─ O&M（Operation and Maintenace 经营和维护）
    │                    └─ DBO（Design-Build-Operate 设计—建造—经营）
    │
    │                       ┌─ PUOT（Purchase-Upgrade-Operate-Transfer 购买—更新—经营—转移）
    │           ┌─ TOT（转移—运营—转移）─┤
    │           │                    └─ LUOT（Lease-Upgrade-Operate-Transfer 租赁—更新—经营—转移）
    │           │                    ┌─ BLOT（Build-Lease-Operate-Transfer 建设—租赁—经营—转移）
PPP ─┤─ 特许经营类 ─┤─ BOT（建设—运营—转移）─┤
    │           │                    └─ BOOT（Build-Own-Operate-Transfer 建设—拥有—经营—转移）
    │           │        ┌─ DBTO（Design-Build-Transfer-Operate
    │           └─ 其他 ─┤
    │                    └─ DBFO（Design-Build-Finance-Operate 设计—建造—投资—经营）
    │
    │           ┌─ 完全私有化 ─┬─ PUO
    │           │            └─ BOO
    └───────────┤
                └─ 部分私有化 ─┬─ 股权转让
                             └─ 其他
```

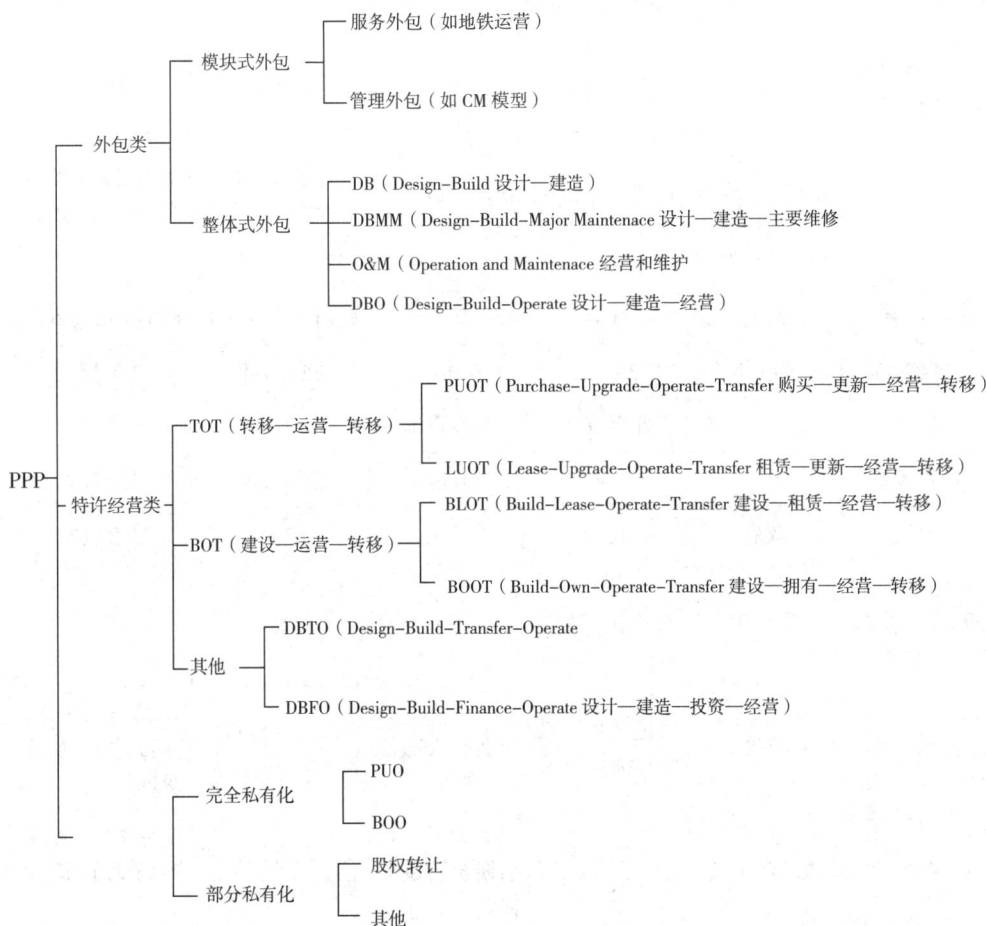

图 2-4 PPP 模式分类形式

表 2-1 各类 PPP 形式的特点

PPP 形式	产　权	运　营	投　资	商业风险	合同期限
外包类	政府	政府	政府	政府	短期
特许经营类	政府	社会资本	社会资本	共同分担	中长期
私有化类	社会资本	社会资本	社会资本	社会资本	永久

表 2-2 PPP 基本形式主要特征

主要特征\基本形式	服务合同	管理合同	租赁合同	特许权	BOT
范围	各种支持服务的多种合同，如计数读数、计费等	管理整个或主要项目	管理、运营和续签责任	所有运营责任以及投资、融资和执行	主要部分投资和运营，如污水处理厂
资产所有权	政府	政府	政府	政府/社会资本	政府/社会资本
持续时间	1~3 年	2~5 年	10~15 年	25~30 年	各异
职责	政府	社会资本	社会资本	社会资本	社会资本
资本投资	政府	政府	政府	社会资本	社会资本
商业风险	政府	政府	分担	社会资本	社会资本
社会资本假设的整体风险水平	最小化	最小化/适中	适中	高	高
补偿条款	单价	固定费用，最好有绩效激励	资费收入部分	全部或部分资费收入	大部分固定，部分生产参数变量
竞争	激烈和持续	仅一次，合同通常不续签	仅初期合同，后期合同通常协商	仅初期合同，后期合同通常协商	仅一次，通常协商无直接竞争
特殊特征	提高公共运营和商业效率非常有用，促进当地社会资本方发展	在准备更深度社会资本方参与时期，短期解决方案	提高运营和商业效率，发展本地员工	提高运营和商业效率，调动投资资金，发展本地员工	调动投资资金，发展本地员工
问题和挑战	需要管理多种合同的能力，具有强大执行力的合同法	管理层可能无法充分控制核心要素，如预算资源、员工政策等	潜在公共机构间的冲突，这些公共机构负责投资和社会资本方运营商	在合同最后 5~10 年，确定如何补偿投资，确保良好维护	无须改善持续运营效率，可能需要担保

1.外包类

在项目建设和维护期间，社会资本只承担一项或多项职能，政府支付社会资本提供的产品或服务。例如，社会资本全权负责建设政府项目或管理和维护设施，或提供一些公共服务并通过政府支付产生收入。在承包的 PPP 项目中，社会资本的风险相对较小。在这类合作中，社会资本对政府提供的服务是比较单纯的商业价值交换行为，既不涉及项目运营，也不参与对项目收益的分享，项目投资和经营的风险完全由政府来承担。外包类 PPP 模式的主要特征见表 2-3。

表 2-3　外包类 PPP 模式的主要特征

类　型	主要特征	合同期限
服务外包	政府以一定费用委托社会资本方代为提供某项公共服务，如设备维修、卫生打扫等	1~3 年
管理外包	政府以一定费用委托社会资本方代为管理某公共设施或服务，如轨道交通运营	3~5 年
DB	社会资本方按照公共部门规定的性能指标，以事先约定好的固定价格设计并建造基础设施，并承担工程延期和费用超支的风险。因此，社会资本方必须通过提高其管理水平和专业技能来满足规定的性能指标要求	不确定
DBMM	公共部门承担 DB 模式中提供的基础设施的经营责任，但主要的维修功能交给社会资本方	不确定
O&M	社会资本方与公共部门签订协议，代为经营和维护公共部门拥有的基础设施，政府向社会资本方支付一定费用，如城市自来水供应、垃圾处理等	5~8 年
DBO	社会资本方除承担 DB 和 DBMM 中的所有职能外，还负责经营该基础设施，但整个过程中资产的所有权仍由公共部门保留	8~15 年

一般来说，模块式外包和整体式外包是外包类 PPP 的两种主要类型。模块式外包分为管理外包和服务外包两种形式；整体式外包分为经营与维护（O&M）、设计—建设（DB）、设计—建设—经营（DBO，俗称交钥匙）、设计—建设—主要维护（DBMM）等多种形式。

2.特许经营类

项目以向社会资本授予特许经营权为特征，一般外包类项目可参与的环节要远少于特许经营类社会资本所要参与的环节，且社会资本参与的项目多涉及项目的运营或投资，因此政府和社会资本难免要为此承担一定的风险。一旦有相关政府机构参与到一个项目中，就需要在项目整体的公益性与社会资本的收益性间相互协调，既要让社会资本能够获得合理的收入，又要保证社会公众的公共权益。另外，在特许经营期结束之后，特许经营类 PPP 项目的项目资产就要移交回政府。

社会资本与政府部门会达成一定的合作机制，通过这种机制共享项目收益、共同承担风险，同时社会资本会对特许经营类项目进行部分或全部的资金支持，这样一来，政府不仅能够提高服务水平，还能够控制准公益项目的所有权。

TOT 和 BOT 是特许经营类 PPP 的两种实现形式，主要特征见表 2-4。此外，在 DB 模式融入的情况下，特许经营类 PPP 还出现了 DBTO、DBFO 等几种类型。在 BOT 模式中，根据建设完成后获取项目经营权的方式是租赁还是拥有的不同，将其分为 BLOT 和 BOOT 两种类型；在 TOT 模式中，可以根据不同的实现途径，分为 PUOT 和 LUOT 两种类型。

表 2-4 特许经营类 PPP 模式的主要特征

类 型		主要特征	合同期限
BOT	BLOT（建设—租赁—经营—转让）	社会资本方先与公共部门签订长期租赁合同，由社会资本方在公共土地上投资、建设基础设施，并在租赁期内经营该设施，通过向用户收费而收回投资实现利润，合同结束后将该设施交还给公共部门	25~30 年
	BOOT（建设—拥有—经营—转让）	社会资本方在获得公共部门授予的特许权后，投资、建设基础设施，并通过向用户收费而收回投资实现利润。在特许期内，社会资本方具有该设施的所有权，特许期结束后交还给公共部门	25~30 年
TOT	LUOT（租赁—更新—经营—转让）	社会资本方租赁已有的公共基础设施，经过一定程度的更新、扩建后经营该设施，租赁期结束后移交给公共部门	8~15 年
	PUOT（购买—更新—经营—转让）	社会资本方购买已有的公共基础设施，经过一定程度的更新、扩建后经营该设施。在经营期间社会资本方拥有该设施的所有权，合同结束后将该设施的使用权和所有权移交给公共部门	8~15 年

类　型		主要特征	合同期限
DBTO	设计—建造—转让—经营	社会资本方先垫资建设基础设施，完工后以约定好的价格移交给公共部门。公共部门再将该设施以一定的费用问租给社会资本方，由社会资本方经营该设施。社会资本方这样做的目的是为了避免由于拥有资产的所有权而带来的各种责任或其他复杂问题	20~25 年
DBFO	设计—建造—投资—经营	DBFO 是英国最常采用的模式。在该模式中，社会资本方投资建设公共设施，通常也具有该设施的所有权。公共部门根据合同约定，向社会资本方支付一定费用并使用该设施，同时提供与该设施相关的核心服务，而社会资本方只提供该设施的辅助性服务。例如，社会资本方投资建设轨道交通的各种建筑物，公共部门向社会资本方支付一定费用使用建设好的交通设施，并提供运营等主要公共服务，而社会资本方负责提供维修、清洁等保证该设施正常运转的辅助性服务	20~25 年

3. 私有化类

私有化类 PPP 是社会资本方通过一定的契约与政府部门建立的某种关系，促使公共项目依照一定方式向社会资本过渡的一种模式。社会资本方要负责私有化 PPP 的全部资金，也要承担全部风险，而且社会资本在项目定价和服务质量等方面需要接受政府的监管，以保证公共利益不受损害，并通过向用户收费收回投资实现利润。

在私有化类 PPP 模式中，私有化程度的不同导致私有化 PPP 分为部分私有化和全部私有化两类。依据不同的实现途径，部分私有化可以通过转让股权的方式来显示私有化程序；完全私有化可通过 BOO 和 PUO 两种途径实现。

（二）狭义 PPP 的分类

政府与社会资本合作（PPP）模式按项目的运作模式一般分为融资性质、非融资性质、股权产权转让和合资合作四类。

1. 融资性质

政府与社会资本合作（PPP）模式按项目融资性质运作模式包括以下几种。

（1）建造、运营、移交（BOT）。在一定的时间内，社会资本的合作伙伴需要进行融资、设计、基础设施组件的建造和运营，并向用户收取费用。期满后，社会资本的合作伙伴需要与政府部门的合作伙伴完成交接任务。

（2）民间主动融资（PFI）。BOT 项目融资优化后形成了 PFI，即政府部门通过调查社会对基础设施的需求，得到需要建设的项目，再以招标的方式，由拥有特许权的社会资本对公共基础设施项目进行建设和运营。政府会在特许期结束后（通常为 30 年左右）收回社会资本方所经营的项目，且资本方在转交的时候必须保证该设施项目完好且无债务，接收服务方或政府部门需要向社会资本方支付一定的费用，以帮助资本方回收成本。

（3）建造、拥有、运营、移交（BOOT）。社会资本在一定期限内有权对设施项目进行融资，对这些设施负责建设、经营，享有拥有权，等到期限届满，政府方将从社会资本收回该设施及其所有权。

（4）建造、移交（BT）。政府方与社会资本方签订合约，社会资本负责某项基础设施的建设、融资，并作为设立项目公司阶段性业主，在完工后与政府完成交接。

（5）建设、移交、运营（BTO）。社会资本对设施进行融资建设，完工后由政府方接管设施的所有权，后由政府方与其签订该设施的长期经营权的合同。

（6）重构、运营、移交（ROT）。既有设施的建设及其运营管理、扩建或改建项目的资金筹措以及设施的运营管理都由社会资本负责，到达合约期时，政府将无偿接受全部设施。

（7）设计、建造（DB）。社会资本的合作伙伴为满足政府合作伙伴的规范要求，基础设施的设计和制造都是依照固定的价格，而所有的风险要由社会资本合作伙伴承担。

（8）设计、建造、融资及经营（DB-FO）。社会资本的合作伙伴通过长期租赁的形式对基础设施的组成部分进行设立、构造和融资，从而运行和形成新的设施，并时刻维护它。合约到期时，政府部门的合作伙伴将会从社会资本的合作伙伴手中接过基础设施部件。

（9）建造、拥有、运营（BOO）。社会资本通过合作伙伴的方式对基础设施部件进行融资、建立，拥有永久经营的权利。政府部门则对合作伙伴进行持续监管，并将此规定在协议上进行声明。

（10）购买、建造及营运（BBO）。在法律层面，社会资本的合作伙伴会在一段时间内接收公有资产。

（11）只投资。金融服务公司作为大多数社会资本的合作伙伴，会对基础设施进行投资建设，而政府部门需要交纳一定的使用利息。

2.非融资性质

（1）作业外包。政府或政府性公司为达到集中注意力和资源于核心事物的目的，会与外部企业或个人签订外包合同，将某些辅助性、作业性工作委托给它们完成。政府方一般要承担作业方的费用。

（2）运营与维护合同（O&M）。在特定期间内社会资本的合作伙伴有权对公有资产进行运营，资产所有权归属于公共合作伙伴。

（3）移交、运营、移交（TOT）。社会资本向政府部门支付转让款，并在政府部门手中接管设施，期满后由政府方无偿收回该设施。

3.股权（产权）转让

政府将国有独资或国有控股企业的部分股权（产权）转让给社会资本，建立和形成多元投资和有效公司治理结构，同时政府授予新合资公司特许权，许可其在一定范围和期限内经营特定业务。

4.合资合作

政府方负责经营原国有独资企业，以社会资本（通常以现金方式出资）和企业资产共同组建合资公司。同样，新合资公司会被政府授予特许权，允许新合资公司在一定的期限和范围内经营特定的业务。

（三）按收费方式分类

PPP模式根据收费方式的不同分为政府付费和使用者付费两种基本模式。

1.使用者付费模式

使用者付费即为特许经营权模式，这种模式一般用于桥梁、公路和地铁等领域。为获得合理的利润，需要向用户收取一定的费用来支付运营费用并回收成本。在这种模式下，社会资本需承担市场需求的风险，它们提供的服务和产品都要接受市场的检验。

2.政府付费

政府会事先设定一个服务供应标准，无论设施的实际情况和需求如何，只要社会资本开发建设的基础设施达到了这一标准，政府就会按照约定每年支付给社会资本固定的费用，即政府付费。但是，在一些市场需求的风险不适合甚至不能转移给社会资本方的时候（如医院和学校），政府部门就需要根据社会资本提供的服务质量和潜在能力是否达标来判断是否支付固定的费用，而政府需要承担在这种模式下所产生的全部风险。社会资本虽然不面临市场风险，但是它们创新改进质量的动力会相对减弱。政府付费模式是加拿大和英国目前主要采用的PPP模式。

（四）按招标方式分类

PPP模式根据招标方式的不同可以分为非应标建议模式和应标模式这两种类型。

1. 应标模式

政府作为发起者，会根据需求发布招标公告，而社会资本随后会以投票的方式来对政府进行响应。

2. 非应标建议模式

这种模式需要社会资本方主动发现机会，并向政府部门提议协商签订合同，无须政府发布的公告。为帮助政府部门获得更好的条件，同时避免腐败，这种情况下应该引入竞争程序。

（五）按合作关系分类

PPP 模式可以根据社会资本和政府部门之间的合作关系分为纵向合作关系和横向合作关系两类。

1. 横向合作关系（PPP）

即社会资本方与国营部门将项目公司作为主体，二者共同出资成立合作项目公司，对有关合同进行分包处理。二者不但要共享利益，更要一起承担风险。通常，由国营部门指定国资投资公司与社会资本方共同对项目公司进行持股。

2. 纵向合作关系（BT、BOT、TOT 等）

即社会资本方在与国营部门签订特许权协议后，项目的权利便转移到社会资本方手中。此后，公司便以纯私营项目为主体，对有关合同进行分包处理。社会资本方享有项目所产生的利益，同时承担项目所带来的风险。

（六）世界银行对 PPP 模式的分类

1. 管理与租赁合同

私人组织机构获得某一国有企业一定期限内的管理权，同时国家仍然拥有投资决策权，具体有两种形式。

（1）管理合同。即政府为了管理特定的公共设施，需要向私人运营方支付一定的费用，同时需要承担必要的运营风险。

（2）租赁合同。私人运营方需要在政府手中进行资产的有偿租赁，这种模式需要私人运营机构承担运营风险。

2. 特许经营合同

特许经营被世界银行定义为以社会资本支出为主的运营和管理的合同，指在一定期限内国有企业将经营管理权转交给社会资本。这种模式主要实行在已经存在或者部分存在的设施，主要包括修复—租赁—移交（RLT）、修复—运营—移交（ROT）、建设—修复—运营—移交（BROT）三种具体模式。

3. 未开发项目

在特定的合同期限内，一家公私合营机构或社会资本建设、运营一个新的设施时，会拥有合同期限内设施的所有权，一旦合同期满，政府会接管该设施的所有权。这种模式共分为建设—所有—运营（BOO）、建设—运营—移交（BOT）、建设—租赁—移交（BLT）以及租用、市场化五类。

4. 资产剥离

公开发行、规模私有化项目或资产拍卖都是社会资本为获得国有机构的资产所使用的方式，主要包括以下两种。

（1）全部资产剥离。类似于运营机构或投资者等社会资本将接受政府转移的国有公司百分之百的资产。

（2）部分资产剥离。国有公司的部分资产被政府转移给机构投资者或运营机构等社会资本，但拥有了这项资产并不表示社会资本可以对该资产进行自由管理。

我们可以在上述定义及其分类中看出：第一，政府为达到提供公共产品的目的，和社会资本合作，并引入了 PPP 模式，项目的风险、目标以及条件是不容忽视的因素；第二，特许经营并不能完全代表 PPP 模式，它只是 PPP 的一个分支，适用范围在已存在的项目且用于自身有固定收入流的"使用者付费"之间。

第三节　PPP 发展的动因

近年来，PPP 之所以在全球得到迅速发展，有其深刻的社会和现实原因，归纳起来，主要有来自于现实压力、经济发展、意识形态变化、商业利益、技术利益和社会利益等几个方面的推动力量。

一、现实压力

政府拥有和经营的基础设施项目，通常由于缺乏必要的维护而无法提供质量合格且令公众满意的服务，致使一方面因为缺乏有效的管理造成经营成本高昂，另一方面因为服务质量低劣导致用户数量减少，收入减少，而这又反过来使政府更无资金投入维护，形成了恶性循环。

要在短期内大面积地取消或减少政府对这些基础设施的经营管理权显然是不现实的，因而只能从提高生产和经营管理的效率来改变这种现状，而 PPP 是改善政府机构效率的战略选择之一。它能激发私有产权、市场和竞争的力量，充分发挥市场激励机制，迫使政府管理者参与到与私人签约者的竞争中，从而为公众提供更有效的服务。

PPP 模式能带来更多的财政效益。

第一，减轻财政负担。由于引入了私人资本，PPP 项目只需使用部分财政资金甚至根本不需要政府的投入，从而可以使有限的政府资源用于其他公共支出，尤其是私人资本无法进入的公共领域，如社会保障、教育等。

第二，最佳的风险分配机制。通过协议安排，公共部门和私人部门共同分担项目风险，政府可将诸如成本超支、完工延迟、运营标准和市场需求等一系列相关的风险转移给私人部门，有效地减少政府对某些基础设施项目的补贴，降低政府的或有风险。

第三，准确的成本评估。由于私人部门只有对成本进行过准确评估后才能做出是否投资的决策，这在客观上相当于对政府部门编制的项目概预算进行了再评估。政府可以此为基准，对其他相似项目的成本和效率进行重新审查，从而培育和促进公共部门的管理效率。

二、经济发展推动力

由于经济的快速发展，世界各国对于各类提供公共服务的基础设施的需求也随之增长。据世界银行统计，发展中国家每年对公路、铁路、地铁、港口、水处理、卫生、通讯和能源等基础实施的需求超过 1 万亿美元，其中包括大约 2 500 亿美元对现有投资的维护，这使基础设施项目对于资金的要求与政府可获得的有限的金融资源之间的差距逐渐加大，政府的财政资金已经远远不能满足各类基础设施项目的建设要求。

PPP 模式能带来更多的经济收益。

第一，更快速带来经济效益。公共部门与私人部门共同为项目筹集资金，极大地减少了资金障碍，加快了项目实施的速度。在项目评估的基础环境还没有发生变化前使项目早日运行，可以迅速获得社会效益和经济收益。

第二，更好的可靠性。由于项目的完工与成本超支风险转移到私人部门，私人部门必须以更高效的管理来控制这两种风险。

第三，更高的效率。PPP 提倡高效的管理，并通过协议安排，激励私人部门采取灵活、创新的管理方式，提供高效率、高标准的服务。

第四，更多进入国际资本市场的途径。利用 PPP 模式通常是面向全球的银行与资本市场进行项目融资，在吸引来自国外资金的同时，将培育本国的资本市场。

第五，形成基础设施供求的良性循环。在供给方面，公共服务提供质量的改善能提高私人部门的生产力；在需求方面，高收入创造了对于基础设施服务的持续的需求，项目本身也增加了对当地工业品和服务的需要。

三、意识形态动力

不同社会中，政府扮演的角色不同，甚至在同一社会中，政府角色随时间的推移也不断变化，这一情形可以简单地用图 2-5 来表示：社会所享有的产品和服务（用图中的小圆点表示）分别由公共部门和私人部门提供，两个部门之间的分界线在不同国家有所不同，且随着时间的推移，分界线在位置和形状上也会不断变化。

人们创造的收入正在通过税收等方式越来越多地掌握在政府手中，而日益脱离民众的政府机关却决定着国民财富的支出政策。在社会生活领域和经济领域不断被政府介入和渗透的背景下，人们感觉到自己的政治和经济权利无法得到充分保障，于是开始对政府的作为感到反感和抵触，对于限制政府权力、提高政府效率和民众参与的呼声逐渐高涨。美国在 20 世纪 90 年代末期所做出的调查表明，有 25% 的美国民众对联邦政府抱以期望，相信政府在绝大多数时间做了应该做的事，只有 11% 的人认为联邦政府有"相当的信任"；在一般美国人眼中，他们每缴纳一美元的税款，政府就会抽出其中的 48 美分；当谈及办事能力和效率时，美国民众对私人部门的打分要高于政府机构。

与此对比，如果要实现社会长远利益的最大化，就需要政府与市场分工合作，如个人基本生活水平保障和市场监督的责任交由政府，而市场则掌握经济决策权。基于这一考虑，人们力图改变图 2-5 中分界线位置，即减少政府在社会产品和服务提供中的作用，改变其角色，以公共私人部门伙伴关系方式扩大私人部门参与的程度和领域。正如弗里得曼所言："百姓足额支付成本而政府并不足额作为，这并不见得是件坏事。"

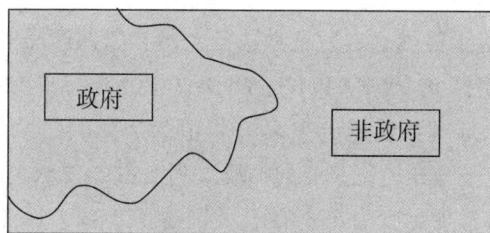

图 2-5　社会产品和服务的提供主体

四、商业动力

对民营化的进一步支持来源于商业利益。私人部门认为，政府职员所从事的很多工作属于非政府特有的、正常的商业活动，如污水处理、道路建设、垃圾处理、街道清扫等。私人部门倡议政府内务活动的外包或民营化，同时减少甚至杜绝从事私营企业从事的可以纳税的活动。而当政府为了改善和维护现有公共服务或新建基础设施而感到财政紧张时，与私人部门合作无疑是一个很好的选择。

五、技术利益

PPP 项目能吸引具有国际化丰富经验的合同承包商、工程师、咨询师、银行家、律师和其他各类专业人员，以创新思维去解决问题，以富有想象力的方式去处理问题，将先进的信息、技术和思想传播，使本国的员工得到训练，进而提高公司的技术水平和管理水平。

六、社会利益

私人部门以实现盈利为目的，只有提供优质的服务才可能赢得顾客。因而，PPP 项目比传统的政府采购项目能够提供更快捷的公共交通、更清洁的水、更顺畅的通讯、更可靠的能源等，满足人们不断增长的服务需要，提高人们的生活质量，改善生活环境。

第四节　PPP 模式的发展历史

一、国外 PPP 模式发展情况

PPP 模式最先兴起于英国，之后这种服务供给和公共产品的新模式渐渐应用于全球范围。全球 PPP 研究机构 PWF（Public Works Financing）的统计数据显示，1985 至 2011 年的 26 年里，全球基础设施 PPP 名义价值为 7 751 亿美元，欧洲约占全球 PPP 名义价值的 45.6%，处于领先地位，亚洲、澳大利亚占 24.2%，拉丁美洲、墨西哥、加勒比海地区占了 11.4%，加拿大占了 5.8%，美国占了 8.8%，而非洲和中东地区仅占了 4.1%。

（一）英国

英国作为国际上第一个发现 PPP 模式的国家，在 PPP 模式的运用上较为成熟。在英国，保障性住房领域是最早应用 PPP 模式的，即 1980 年开始，部分英国地方政府为了吸引私人资本参与保障性住房的运营管理和建设活动，采取了政府产权转让和私人主动融资的办法。20 世纪 90 年代初，英国保守党财政大臣为了支持日益增长的公共支出，利用了私人资金，并创立了私营部门融资计划（Private Finance Initiative，PFI）这一 PPP 的典型模式。在 20 世纪 90 年代末期，这种模式的适用范围因其他政党的激烈反对而变得非常有限，直至工党执政后，英国才大力推广和发展 PFI。

英国 PPP 模式的应用大致分为 PFI 和 PF2 这两个阶段。在 21 世纪初，英国应用最广泛的 PPP 模式是 PFI，这一模式为达到提高公共产品质量，更好地维护公共资产的目的，允许私营部门参与到公共设施的设计、建造、投融资和运营环节。1992 年到 2011 年这 19 年中，英国共完成 700 多个 PFI 项目，支出的资金共计 547 亿英镑，涉及公路、医院、住房、学校、监狱、轨道交通、废物废水处理设施等多个公共领域。其中，伦敦地铁就是采取了 PPP 模式建造而成，并获得了三十年的特许经营权。对私营部门的创新意识、项目管理经验和风控技术的充分利用就是 PFI 模式的优势之一。但世间万物有利亦有弊，PFI 模式在运营过程中也出现了项目透明度低、成本浪费、风险收益分配不合理、合同灵活性差等诸多问题。

为了弥补 PFI 模式的漏洞，英国政府在 2012 年推出了 PF2 这一新的 PPP 模式，主要在以下几个方面做出改进：① 股权结构方面，PF2 模式下政府会参与投资，并作为拥有一定股权的小股东；② 提高合同灵活性，如政府拥有增加或删除一些项目运营过程中的服务可选项等的权利；③ 降低成本，提高效率，对政府集中采购、项目招标的时间做出了 18 个月的限制，对开支监管不断加强，并制订标准化的项目采购方案和流程；④ 对风险分配机制的不断改进，如政府部门针对额外开支风险做出了管理与改进等措施；⑤ 提高透明度，如政府每年需要将自己所有参股项目的财务信息公布，私营部门也需要将自己项目的收益信息公开；⑥ 债务融资方面，PF2 项目有获得长期债务融资的可能。

管理层面，PPP 的主管部门是英国财政，而要对 PPP 工作进行全面负责的是财政下属的英国基础设施局（IUK），为所有的公共管理部门提供 PPP 的专业指导，对采购方面的知识尤为重视，并有权对英格兰地区的 PFI 交易（苏格兰、威尔士和北爱尔兰的 PFI 交易由各地方负责审批）进行管控。

对地方政府而言，地方政府协会与英国财政部联合成立了独立于财政部的地方合作伙伴关系组织（Local Partnerships），按公司化运营（市场投资人占股 51%，财政部占股 44%，而苏格兰主管部门只占有 5% 的股份），在 PFI 项目技术援助和评估服务方面为地方政府提供支持，并帮助地方政府制定出涉及具体项目采购与投资策略的标准化的合同，通过市场化的方式投资项目和公司。21 世纪初期，IUK 将地方合作伙伴关系组织和 PPP 工作组进行合并，并大力推广实施 PF2 项目。截至 2012 年 3 月，对 PFI 的总投资达到了 547 亿英镑，共有 717 个项目，其中还处于运行阶段的有 648 个。

伦敦地铁就是英国 PPP 的最明显案例之一。国营伦敦地铁公司（LUL）拥有并运营伦敦地铁。1990 年开始，英国政府为应对地铁投资严重不足的情况，经过一番权衡后，决定以政府与私营部门合作的模式取代完全私有化的模式，升级改造整个地铁系统。虽然试行和论证时间长达四年之久，但伦敦地铁的 PPP 模式终于在 2002 至 2003 年之间正式签约。LUL 将地铁系统的基础设施供应和维护工作交给 SSL、BCV 和 JNP 三家基础设施公司，并同意了 30 年的特许经营方式，但票务工作和日常运营仍然掌控在 LUL 手中，并通过业绩支付和固定支付回报基础设施公司。在地铁的运营情况中难免会发生一些无法预料的事情，基于地铁运营情况的考核标准和地铁的建设标准，虽然伦敦地铁公司有着 30 年的特许经营期，但在伦敦地铁 PPP 模式合约中专门增加了定期审核机制，以确保地铁安全稳定的运行：双方约定每隔 7.5 年就要对合约条款进行重新审定，同时为了保证重新审核的公正性，设定了专门的仲裁机制，以确保双方有效执行合约。

（二）加拿大

国际公认的 PPP 模式运用最好的国家之一便是加拿大。PPP 模式受到加拿大各级政府的高度重视与大力支持，各级采购部门具有丰富的经验、高效的服务以及优势明显的交易成本，使 PPP 项目得到了有力推进。1991 年至 2013 年，加拿大共启动 PPP 项目 206 个，涉及交通、司法、文化、教育、医疗、环境、住房和国防等多个领域，且项目的总价值多达 630 亿美元。目前，加拿大的所有公共领域的 15%~20% 是 PPP 项目。

在加拿大的 PPP 模式中，为避免不同投资人负责单一阶段带来的责任推诿和风险，PPP 项目的设计、建造、维护和运营的全过程都交由私营部门负责；在项目建设完成前，政府不需要承担支付责任，私营部门提供的服务达到事先约定的标准是政府部门支付的前提，支付的阶段延伸至整个项目的生命周期。

管理方面，加拿大的 PPP 中心（PPP Canada）是属于国家层级的。加拿大联邦政府拥有这一中心的所有权，该中心是一个采用商业模式运作的国有公司，宣传 PPP 模式并协助政府将其推广是它的主要任务，同时对联邦级的 PPP 项目进行审核和建议，共同对 PPP 项目展开实施和开发，探索出最佳的管理政策和实践方案，还负责提供技术援助以及与地方 PPP 单位保持合作关系。加拿大 PPP 中心为支持 PPP 模式的发展，设立了基金总额为 12 亿加元的"加拿大 P3 基金"，在 2014 年 4 月又增加了 12 亿加元。截至 2013 年 3 月底，加拿大 15 个 PPP 项目接受了该基金提供的近 8 亿美元的支持，带动了超过 33 亿美元的市场投资，申请该基金对政府无限制，各级地方政府都有申请的权利，且该基金的应用领域覆盖了水务、安全、交通、文化、旅游、海事、能源、固废处理、电信、体育、宇航等多个领域，该基金（加上其他联邦资金）可为PPP项目提供最高不超过项目投资额四分之一的资金支持。另外，加拿大各级政府仍不断对PPP采购流程进行完善，制定出基础设施规划。

加拿大PPP模式有其自身的特点：① 私营部门参与PPP项目是以提供公共服务为最终目的，并不简单地以设施项目融资为基础；② 专业的技术和丰富的经验是加拿大组织机构的优势，PPP项目复杂的交易结构由专业的组织机构负责审核；③ 不断竞争、加强创新、最大限度地降低成本，加拿大不断鼓励国内外的私人投资者参与到PPP项目的竞争中来；④ 资本市场融资，加拿大建立了为PPP项目提供资金的项目债券融资市场；⑤ 加拿大PPP中心能够及时与国内各省同行进行经验分享和交流，不断推广，加强创新，借鉴PPP经验，及时对变化的外部环境做出必要的调整。

（三）澳大利亚

澳大利亚于1980年开始在基础设施建设领域应用PPP模式，投资者成立了一个专门应用PPP模式的项目公司（SPV），针对建设和运营、项目融资，政府与项目公司签订了期限为20到30年的项目协议。

澳大利亚政府为提高效率和促进经济增长，在PPP模式的推广过程中将私人资本参与范围不断进行扩大，而项目公司需承担项目建设和运营所产生的风险，这样私人资本享受的收益与其要承担的风险之间就出现了不平衡，进一步催化了PPP项目的失败。21世纪初，澳大利亚政府修订现行法律，同时为保障私人资本的权益，还制订了特别法律，以确保PPP模式的进一步推广。

在管理方面，澳大利亚成立的澳大利亚基础设施局（IAU）是全国性的PPP单位，对全国各级政府的基础设施建设的需求和政策负有一定的责任。推广PPP是IAU的职能之一。随着2008年澳大利亚全国PPP与IAU论坛交流会的召开，全国性的PPP政策框架和标准就此诞生，此后各级政府（州）所制定的本地指南必须以此为基础。同时，全国性PPP政策中还对各级政府提出了要求，即所有资产本金超过5 000澳元的项目必须将PPP作为备选模式。

奥运村、悉尼奥运会主体育场和主体育馆是澳大利亚PPP最具代表性的案例。悉尼奥运会主体育场的投资估算为6.15亿澳元，其中9 120万澳元是政府拨款，另外，政府贷款了600万澳元，占总投资的15.8%；中标联合体组建的私人财团（21世纪初期澳大利亚体育场公司）负责筹措其余的84.2%。中标人为募集资金，除了要进行商业银行贷款、投入股本金外，还可以发行会员座席（"黄金会员"座席单价1万澳元，共设34 400个；"白金会员"座席单价3.4万澳元，共设600个）。中标人与奥运协调局代表州政府共签订了包括特许权协议在内的9种合同，如政府贷款协议、租赁协议（包括土地租赁协议）等。商业权利协议和体育场协议是由中标人与悉尼奥组委共同签署的。协议签订后，中标的私人财团在政府的允许下进行融资、建设，并在建设完成后享有 31 年的经营和维护权。私人财团将体育场的管理职责和体育场资产的拥有权分别委托给两家公司负责。向地方政府缴纳税费、偿还银行本息是拥有资产所有权的公司负责；负责管理的公司向持有资产的公司支付租金租用场馆，管理公司的收入规模（收入来源包括冠名权、场馆租用、商品售卖、广告和餐饮、商业集会、会所收费、商品售卖等）则决定了租金的多少。赛后最初阶段主体育场会经过一段时间的亏损，而后开始盈利。

（四）美国

虽然 PPP 模式最早起源于美国，但却以缓慢的速度发展。数据资料显示，从 20 世纪末期到 21 世纪初期将近 30 年的时间里，美国国内共有 377 个基础设施 PPP 项目的建设得到美国政府的资助，仅占全世界 PPP 项目总投入的 9%。

美国的 PPP 项目多为 DB 项目，占总数的 67%，其投资额大约占总投入的 50%。近年来，DBFOM（Designs Builds Finances Operates and Maintains）模式发展较为迅速，数量上占总数的 20%，占总投资额的 24%。据统计，1989—2011 年，美国的交通 PPP 项目占 PPP 项目总数的 32%，PPP 模式已被 24 个州的 104 个交通项目所采用，其中隧道、高速公路、桥梁项目在投入资金额上占总数的 80% 左右，其次就是机场和铁路项目。美国西部和南部的 PPP 项目较多，分别占全国的 34% 和 38%。佛罗里达州实施的 PPP 项目最多（16 个），其次是加利福尼亚州（12 个）和得克萨斯州（9 个），再加上科罗拉多州和弗吉尼亚州，这五个州的 PPP 项目占美国 PPP 项目总数的 56%，而美国中西部和东北部各州的 PPP 模式发展较慢。

虽然 PPP 项目在美国已经实施了将近 30 年之久，但该项目的管理和专业管理机构仍然处于不成熟的阶段，并未将 PPP 在成本和效益方面的优势充分发挥出来。美国在 PPP 项目的立法阶段仍然要不断努力改进，弥补不足。目前，已经有 31 个州在高速公路、桥梁等交通项目方面有了相关的立法。

（五）日本

20 世纪末，日本开始引入 PPP 项目，1999 年日本政府将英国 PFI 模式引入基础设施建设领域，同时针对这一模式出台了 PFI 推进法，并在学校、医院和政府大楼等地方对该项目进行试点，分析管理和制度方面存在的问题，并不断改进，为日后的全面推广积累经验。2011 年日本政府修订了 PFI 推进法。在政府的不断努力下，PPP 模式在政府设施、健康医疗、娱乐休闲设施和教育等方面取得了较好的发展，故自 2000 年开始，日本的 PPP 项目在投资规模和数量方面都取得了卓越的进步。到 2009

年为止，日本已经运营的 PPP 数目由最初的 3 个达到现在的 224 个，并涉及诸多领域，其中包括健康与环境、生活与福利、教育与文化、政府公务以及城市建设等，有效解决了 20 世纪末泡沫经济所导致的财政投资不足的问题，使基础设施服务的质量和水平有了极大的提升，成为除"第三方机构"之外又一重要的基础设施建设力量。根据日本 PFI（Private Finance Initiative，私人融资活动）年鉴公布的数据显示，截至 2009 年 8 月，在 342 个 PPP 项目中（去掉了运作模式模糊或采用复合模式运作的项目）应用 BTO、BOT 和 BOO 三种方式的项目分别为 268 个、53 个和 21 个，所占比例分别为 78.36%、15.50% 和 6.14%，这说明日本 PPP 项目主要以政府在全寿命周期内拥有所有权的 BTO 方式进行。从发展过程来看，2000 年和 2001 年，PPP 项目以 BOT 方式为主，BOO 方式排名次位，BTO 方式的应用较少；从 2002 年开始，BTO 取代了 BOT 和 BOO，在 PPP 项目中应用的比例逐渐增加，这一变化说明政府意识到了拥有项目所有权的重要性并在实践中开始争取项目的所有权。

日本基础设施法律框架主要包括国家层面（National Property Law，国家物权法）和地方层面（Local Autonomy Law，地方自治法）两个层次。近几年，日本公共基础设施和服务不断被大量的社会资本介入，在一定程度上促进了 PFI 专门管理制度和公共服务改革法案的建立和实施。PPP 模式的传入对日本政府起着积极作用，日本政府决定要逐步将港口、机场、公路等大型重要基础设施项目对社会资本开放。但这并不代表社会资本会在发展途中畅通无阻，如社会资本在城市排水、城市公园和道路方面的权利被日本相关法律所限制。例如，《公共私有管理法》将社会资本的权力分为三类，一是社会资本无权对某些指定的公共设施进行运营和管理；二是社会资本不具有公共基础设施的所有权；三是社会资本都可以管理的公共基础设施。在 PPP 模式的相关法律中可以看出，政府十分重视项目的所有权。

（六）小结

从国外近年来的经验看，以下几个因素是成功运作 PPP 模式的必要条件。

1.政府部门的有力支持

在 PPP 模式中，项目的不同在一定程度上意味着公共和私营双方的责任和角色的差异，但政府为大众提供最优质的服务和公共设施这一责任和总体角色是永远不会改变的。提供服务和公共设施的一种比较有效的方法就是 PPP 模式，但 PPP 模式并不能取代政府进行有效的治理和决策。无论发生什么情况，政府都应该以公共利益为重，最大限度地促进和保护公共利益，组织招标活动，负责项目的总体策划，将各参与机构之间的关系和权限理清楚，将项目总体的风险降到最低。

2. 健全的法律法规制度

以保护私营部门和政府部门的利益为出发点，PPP 项目需要在法律层面上明确界定双方所需要承担的义务、责任和风险。在 PPP 模式下，公共私营合作可以贯穿于项目设计、融资、运营、管理和维护等各个阶段中，参与双方被完善的法律法规所约束，保证了最大限度地发挥优势并弥补不足。

3. 专业化机构和人才的支持

PPP 模式大多数采用项目特许经营权的方式来运作，并进行结构融资。这必须建立在复杂的法律、财务和金融等知识的基础上。一方面需要专业化的中介机构提供具体的专业化服务；另一方面要求政策制定参与方对项目的运作提供相关政策支持和技术方面的指导，同时制定出规范化、标准化的 PPP 交易流程。

二、PPP 模式在中国的发展

（一）发展过程

PPP 并不属于中国的新兴事物，但近几年推广 PPP 项目绝不是简简单单地将过去的 PPP 模式重新翻出来，而是将改进后的 PPP 以一种全新姿态呈现在大众面前。改革开放至今，PPP 在我国已历经五个阶段三次高潮。

1. 第一阶段：探索阶段（1984–1993 年）

改革开放之后，中国涌入了大规模的外资企业，其中地方政府与一部分的外资企业签订协议，允许他们进入公共基础设施领域，这本质上就是 PPP 模式。但当时因为缺乏相应的政策和规章，在国家层面并未对这一现象引起足够的重视，只有地方政府和投资者在不断探索中前进，其中广州白天鹅宾馆、深圳沙角 B 电厂 BOT 项目和北京国际饭店等都是这一阶段的杰出代表，深圳沙角 B 电厂 BOT 项目更是被定义为我国第一个真正意义上的 BOT 项目。1984 年香港合和电力（中国）有限公司和深圳特区电力开发公司（深圳市能源集团有限公司，即深能集团的前身）以合作经营的方式建设了沙角 B 电厂，并在四年内实现试行运营，自此进入商业运营；香港合和电力（中国）有限公司因采取了 BOT 模式，从而获得了 10 年的项目特许经营权，该项目已于 20 世纪末被拥有 64.77% 的深能集团所接手。

2. 第二阶段：小规模试点阶段（1994–2002 年）

不同于无政府部门牵头的探索阶段，本阶段是由国家计委（现"发改委"）有组织地对试点工作进行推进，因此第一波 PPP 高潮被掀起。兰州自来水股权转让项目、北京亦庄燃气 BOT 项目、合肥王小郢污水 TOT 项目、北京地铁四号线项目、北京房山长阳新城项目是国家计委选出的五个 BOT 试点项目。我国第一个 PPP 试点项目被认为是广西来宾B电厂项目。20世纪末，广西来宾B电厂18年的特许经营权被法国阿尔斯通公司和电力公司的联合体所拥有。在这期间，外资项目是PPP模式的重要依靠，原对外贸易经济合作部（现"商务部"）成为主导。

3. 第三阶段：推广试点阶段（2003-2008年）

2002年举行的十六次全国人民代表大会强调了市场在资源配置中的基础性作用，要将其更大程度地发挥出来；2003年十六届三中全会提出让民营资本进入公共领域；2002年原建设部（现"住建部"）发布《关于加快市政公用行业市场化进程的意见》（建城〔2002〕272号），鼓励社会资本、外国资本以多种形式参与市政公用设施建设；2004年原建设部出台《市政公用事业特许经营管理办法》，为PPP项目开展确立法律法规依据；2005年"非公经济三十六条"提出"允许非公有资本进入公用事业和基础设施领域"。各地市政府公用领域PPP模式在政策的支持下得到了积极推动，大批PPP试点项目出现，第二波PPP高潮被掀起。国企、外企、民企均积极参与该阶段，其中多是自来水、开发区、新城、地铁、路桥、燃气一类的项目，如新奥燃气、国家体育场、威立雅水务公司、港华燃气等在各地区投资的燃气项目和水务是最具代表性的项目。另外，北京地铁四号线于这一阶段诞生，也是官方第一个推广的PPP项目。

4. 第四阶段：短暂停滞阶段（2009-2012年）

全球经济包括中国经济都在金融危机的影响下快速下滑，中国中央政府为此推行了刺激经济增长计划和积极的财政政策。政府主导对经济刺激计划进行投资，在这段时间，社会资本在服务领域和公共产品的参与度有所下降，PPP模式的发展不断被调整。地方政府基础设施建设在4万亿经济刺激政策提出的背景下高速增长，大幅度提高了城镇化程度。2009年以来，各地的融资平台公司主要承担了公共基础设施等公共产品和服务的投资功能，政府委托代建、BT模式是项目的主要运作方式，但在此阶段，PPP模式的发展却由于地方政府融资平台发展壮大、城投债为地方政府提供了充足的资金、规模激增的平台贷款等原因而停滞不前。

5. 第五阶段：发展新阶段（2013年至今）

十八大提出"让市场在资源配置中发挥决定性作用"。PPP模式在转变政府职能、改善国家治理、促进城镇化等等方面起到了重要作用，并在2013年得到了财政部的肯定。2014年以来，PPP模式进入了发展的新阶段，从中央到地方，大量PPP项目被推出，第三波高潮被掀起。以社会资本与政府共享利益、共担风险取代了原来的政府作为主要的投资者和风险收益的主体，且从前的PPP更多地以BOT、BT为主的模式被舍弃，不断完善配套的制度，有望很快推出PPP立法。

从总体上看，中国PPP模式自1980年首次引入以来就以特许经营的BOT模式为主，有收益的基础设施项目是这一模式的主项目，因民营资本进入较晚，参与程度不高，故以外资为主的社会资本方占据主导地位。政府投融资平台主导了政府公益性项目投融资和准经营项目，并采取委托代建、BT 等形式。

（二）制度发展

近年来，我国出台了多项促进和鼓励社会资本投资的政策文件，以便达到整合社会资源、提高市场活力、利用外资和民间资本的目的，这对 PPP 模式的发展起到了极大的促进作用，并提供了操作指引和政策支持。

国务院于 2013 年发文鼓励社会资本参与公共产品，并引导他们参与服务领域的投资。党的十八届三中全会提出"允许更多国有经济和其他所有制经济发展成为混合所有制经济"。为达到发挥市场在资源配置中的决定性作用、加快政府职能转变、推动混合所有制改革、防控政府债务风险、控制地方政府债务模式等目的，在 2014 年中央和地方的财政预算中，财政部提出"推广运用政府与社会资本合作模式（PPP），鼓励社会资本通过特许经营等方式参与公共基础设施等的投资和运营"。这是中国官方第一次将 PPP 概念提出来。之后财政部以中国清洁发展机制基金管理中心为基础，成立了社会资本和政府合作中心（以下简称为"PPP 中心"），主要负责社会资本和政府之间合作的相关事项。

2013 年 12 月，改革委员会、财政部分别发布了《关于印发政府和社会资本合作模式操作指南（试行）的通知》（财金〔2014〕113 号）（以下简称"《操作指南》"）和《关于开展政府和社会资本合作的指导意见》（发改投资〔2014〕2724 号）（以下简称"《指导意见》"），明确规定了 PPP 模式的推广和实践。同时，财政部为方便各地参考和借鉴，还公布了 30 个政府和社会资本合作示范项目。2014 年 9 月，福建和安徽以财政部财金〔2014〕76 号文为基础，发布了地方版的 PPP 指导意见和操作指南；同年 11 月，河北、山东、四川、湖南、江苏和河南等省份也相继出台并推广了 PPP 模式政策文件。这一模式的推广在一定程度上帮助政府和企业之间划清了界限，提高了民间资本活力，分担了政府投资压力，防范了地方政府债务风险，拓宽了城镇化建设渠道。《操作指南》和《指导意见》以及各省的 PPP 政策文件为社会资本参与政府项目提供了制度保障和操作指导，对 PPP 项目的实践起到了一定的推动作用。

（三）发展经验

从我国 PPP 发展历程中的实践项目来看，要想使公共基础设施 PPP 项目成功实施，需要做好以下几个方面工作。

1.制定政策法规，保障项目参与方的利益

公共基础设施项目具有收益不确定性大、影响因素多、前期投资额高、回报周期长等风险，在参与项目时，社会资本通常会将焦点集中在进入项目后即将发生的一系列情况中。PPP模式不能在没有法律法规规范和保证的前提下得到有效推广，因此出台法律层级较高的上位法，明确PPP模式的相关基础性规范，并在此框架下通过部门规章和地方政府行政法规的形式不断完善PPP法规体系，对相关利益方给予保障，可以吸引更多社会资本进入公共基础设施项目建设和管理领域。

2. 搭建政府PPP管理机构，明确管理职能

要大力推广政府和社会资本合作模式，政府有必要指定责任部门具体负责落实PPP模式中相关政府方的责任和义务。根据国务院有关要求，落实推广社会资本和政府合作模式这一改革措施的第一责任部门就是财政部，各级财政部门应会同相关部门在营造环境、规范管理等方面着手，助推更多的PPP项目落地和建设营运。

3. 选择好的社会资本合作伙伴

地方政府需要公平公正择优选择具有较强专业能力和融资实力的社会资本作为合作伙伴，不能采取胡乱选择没有资质和能力的社会资本参与合作，否则难以保证PPP项目能够稳定地走下去。政府采购信息平台会及时并充分地将项目采购信息反馈给地方政府，使地方政府对项目合作伙伴有充分了解，对他们的技术能力、专业资质、财务实力、管理经验和信用状况等因素进行综合评估，进而依法选择最佳的合作伙伴。

4. 完善风险分担机制

政治风险、法律变更不会对政府部门造成很大的影响，这些都在政府的承受范围之内，而经营、融资等风险直接关系到企业的经营活动，PPP模式在开展过程中应结合实际情况，科学分配社会资本和政府之间的风险，建立公平合理的风险分担机制。

5. 协调好参与方利益

在PPP项目中，监管是政府的主要职责，在科学地调节社会资本利润，确保社会资本得到合理利益的同时，要将公众利益发展到最大化。双方应在拟定项目合同时均衡各自收益，并制定好收益分配规则。如果PPP项目导致社会资本获得的利润较低，政府为保障继续合作会根据合同对社会资本进行补贴。反之，如果社会资本在PPP项目中获得巨额利润，根据合同，政府有权控制其利润水平。

第三章 交通基础设施领域 PPP 模式发展的理论基础

第一节 新公共管理理论

自 20 世纪 80 年代以来，为了应对经济全球化带来的冲击，满足公众不断变化和增长的需求，帮助政府缓解财政危机、管理危机、信任危机等方面的问题，以英美为首的国家发起了"新公共管理"这一改革运动，产生了深远的影响。这一改革旨在通过建立法规和制度，改变原有的严格的行政规制，同时使政府和机构承担成果和产出计量的绩效受托责任。改革中提出的新取向和新模式，如简化政府职能、以顾客为上、政府纳入绩效考核制度、采用现代工商管理技术等，为政府财务管理搭建了运用平台，也为政府进行财务报告改革提供了理论武器。

一、新公共管理运动的背景

20 世纪 80 年代，英美等国的"新公共管理"改革运动自发起以后便在西方国家盛行，这一改革是在考虑了多方面的因素，并进行了综合分析之后产生的必然结果，而非一时兴起。

（一）公众追求的重大转变催生了新公共管理运动的兴起

从二战结束到 20 世纪 70 年代这 30 多年的时间里，一些主要的资本主义国家在凯恩斯主义的影响下，改变了过去放任市场经济自流的做法，开始施行政府对经济的宏观调控政策，从而使国家经济得到了长足的发展，使民众富裕起来，生活水平也有了很大的提高。由于经济发展带动公众生活水平的提高，民众转变了自身的追求，即从原来追求个体的发展转为追求自身的全面发展，从而实现自身的多元价值。

但是，当时施行的行政管理体制存在刻板、僵化的不足，难以适应民众在追求方面的变化，主要原因有三点。一是高度集权体制和专业化的分工使社会效率降低，不利于合理配置公共资源；二是在传统的公共行政中，责任机制的等级控制和程序化使官僚体制的部门忽视了行政人员需要的关爱、信任和容忍等；三是官僚机构的工作人员工作效率低。而新公共管理运动具有新取向、新模式，其提倡企业家精神，引入竞争机制打破了政府的垄断行为，在政府内部纳入绩效考核机制，以顾客为导向等适应了公众追求的变化。

（二）国内的经济和政治矛盾促进了新公共管理运动的兴起

一方面，西方社会在 20 世纪 70 年代普遍施行社会福利制度来应对人口老龄化这一情况，导致政府的福利支出占财政支出的比重不断增大，同时这些国家在凯恩斯的国家干预经济政策的影响下，政府的规模不断扩大，参与的社会事务也不断增多，越来越大的公共支出和越来越沉重的财政负担等问题出现。另一方面，20 世纪 70 年代爆发的石油危机导致西方国家陷入了经济停滞、失业率高、通货膨胀等一系列困境，即西方国家进入了"滞胀"时期。西方国家出现的财政赤字、福利制度困境等一系列经济问题使其开始寻求改革。因此，西方国家开始推行行政改革，通过削减政府的规模、减少政府的开支的方式，使政府的统治具有合法性，政府的治理也具有有效性，从而使政府的治理能力得到了有效提高。

（三）国际经济一体化推动了新公共管理运动的兴起

20 世纪 70 年代中东地区爆发的石油危机，促使国际经济一体化的格局初步形成，国家之间、地区之间陷入了激烈的竞争中。传统的治国方略和管理方式由于只讲平衡，不注重效率，已经难以适应国际局势的变化。在这种情况下，追求竞争、注重效率、以市场和结果为导向的新公共管理运动得以轰轰烈烈的开展。

二、新公共管理的含义与主要内容

（一）新公共管理的内涵

新公共管理这一名词的概念较为宽泛且包含众多方面，它可以解释为一种新的政府管理理论，也可以指政府的新的管理实践，还可以指一个国家实行的政府再造运动。新公共管理概念如此宽泛，学者们对其也有不一样的定义。

学者对新公共管理的阐述分为概括式和列举式两种方式。概括式主要是提炼和概括新公共管理的本质，指出新公共管理基本上是在公共部门中应用的管理主义的理论、方法和技术；列举式主要是通过分析新公共管理的表现形式和特征来阐述其内涵和本质。

以概括式对新公共管理理念进行解释的包括以下几点。胡德（1991）认为新公共管理以产出和结果为导向，将市场经济引入公共部门从而改善竞争，将管理技术引入私人部门从而改善绩效的新型公共管理体系；康门（1998）将新公共管理与传统行政进行了比较之后指出，新公共管理是传统行政转变的结果，即从强调行政价值的官僚制度到强调管理价值的后官僚制度的转变；毛寿龙、李梅和陈幽泓（1998）指出，新公共管理是将企业精神引入政府公共部门，强调竞争的重要性和顾客至上的原则，促使政府追求绩效；陈振明（2006）提出新公共管理区别于传统的公共行政，关注点放在了产出与结果以及与之相关的个人责任，而不是投入和内部控制。

　　运用列举式对新公共管理进行阐述的包括以下几人。奥斯本和盖布勒（1996）提出将政府看成一家大企业，从企业管理的角度对政府管理进行分析，新公共管理包含如表 3-1 所示的十大基本原则；英国学者 E. 费利耶等人（1996）将新公共管理模式总结为四种模式，即新效率驱动式、小型化与分权式、追求卓越式、公共服务取向式，并指出这四种模式与新公共管理的每一个发展阶段相契合；休斯（2001）认为新公共管理在方法论的角度可概括为六个特点：一是关注管理的结果和责任；二是确定组织和人事管理的目标；三是管理具有灵活性；四是管理人员带有一定政治色彩从而更加关注和致力政府的工作；五是体现市场检验政府的职能；六是将公共服务转变为市场化模式以缩小政府的规模。

表 3-1　美国联邦"企业型"政府改革的基本原则

基本原则	具体内涵
催化式的政府	政府应该掌舵而不要去参与划桨
社区式的政府	通过自治的社区组织提供公共服务，鼓励民间参与地方事务
竞争式的政府	引进市场竞争，让政府行政机关与单位提供可以相互竞争的公共服务
分权式的政府	推动员工参与、员工发展方案，授权基层员工自我决策
前瞻式的政府	重视建立预防灾害和金融危机的预警机制
任务异向的政府	简化不合时宜的人事、预算和政府采购等法规、制度
结果导向的政府	强调服务质量与成果，用政策成效为标准来衡量预算与基金的分配效果
顾客导向的政府	建立服务需求调查问卷、顾客服务标准操作程序和公共服务标准
企业导向的政府	通过使用者付费、企业融资贷款、创新基金、工程受益付费等途径，解决财政困难
市场导向的政府	通过对排污费、环境保护费等的收取来减少行政管制

（二）新公共管理理论的基本内容

总结西方国家实行的新公共管理运动可以总结出新公共管理理论主要包括六个方面的内容。

1. 优化政府职能

新公共管理理念认为政府的决策和执行应该分离，政府的角色应从政策执行者变为政策制定者，在执行政策时通过出租或者承包的方式实现政府部分职能的市场化，以此来使政府的压力减轻，使政府的行政效率得到提高。

2. 以顾客为导向

转变政府和公众在社会关系中的关系，政府不应该是官僚机构，全盘操纵市场的运行，而应该是有责任感的大企业，公众也要从政府的管理对象转化为企业的顾客。只有这样，才能使政府在市场经济的驱动下以顾客为导向，将顾客视为上帝，关心他们具体的社会需求并且通过提供高质量、高水平的服务满足公众的需求。

3. 引入竞争机制

新公共管理理论指出管理者要将市场经验引入政府部门，并通过在公共部门与私人部门之间引入竞争机制的方式来提高政府的工作效率。

4. 提倡分权与灵活性

使政府在上下级之间建立一个契约关系，转变上级对下级的控制关注点，即从关注过程到关注结果。强调政府灵活应对外界事物，以此来更好地掌握和适应公众的需求，从而能够真正满足公众的需求。

5. 注重绩效管理

新公共管理理论在政府部门引入绩效管理理念，对部门内部和个人实行绩效管理。在初期目标确定之后开展工作，根据期末测量和考评目标的完成情况，将结果与组织内部员工的工资、任用等相结合，以此来带动组织的工作积极性，提高工作效率和公共组织的竞争力。

6. 提倡现代化的工商管理技术方法

将现代化的一些工商管理技术方法引入政府部门，使政府能够将战略管理、全面质量管理、成本管理等方法运用到管理当中，促进政府的管理向科学化、现代化迈进。

第二节　准公共产品理论

一、准公共产品理论基础

1954，萨缪尔森在《公共支出的纯理论》一书中指出每个人消费产品以后不会导致数量减少的物品就是纯粹的公共产品，并提出公共消费产品具有两个明显的特性，即非竞争性和非排他性。而私人产品和公共产品在定义和特征方面与公共产品存在着差异，私人产品指的是个人消费或使用的具有竞争性和排他性的产品。然而，目前还有一部分处在公共物品和私人物品之间的产品或服务，现代经济学将这类产品定义为准公共产品，这类产品与纯粹的公共产品的特征有所不同。美国经济学家布坎南借鉴了萨缪尔森对"纯粹的公共物品"和"纯私人物品"的定义，在《俱乐部的经济理论》一文中将介于公共产品和私人产品之间的产品或服务定义为准公共产品或混合物品。他认为准公共产品属于"俱乐部物品"，并根据这一想法提出了"俱乐部理论"，即这类物品的消费具有一些公共性，但是"公共"的范围是有限的，其范围介于一个人和一个无限的数之间。具体来说，准公共产品有以下几个方面的特征。

（一）非排他性和非竞争性特点的不充分性

上文指出了纯公共物品在消费方面具有非排他性和非竞争性，私人产品或服务的基本标准是排他性和竞争性，而准公共产品作为介于二者之间的混合产品，具有不充分的非排他性和非竞争性。不充分性主要分为以下两种情况：第一种指产品只具备非排他性或者非竞争性，即产品具有非排他性和不充分的非竞争性，符合这一标准的产品包括道路、桥梁和公共交通等，或者产品具有非竞争性和不充分的非排他性，符合这一标准的产品包括教育产品、医疗产品等；第二种类型指不完全符合非排他性和非竞争性这两种标准，也不完全符合私人产品的排他性和竞争性这两种标准。

如今，技术发展迅速，私人资本规模的扩展速度也不断加快，再加上不断出现的先进融资手段和金融衍生产品，营销方式的现代化和经济主体利益的实现形式也在不断增多，造成公共产品的垄断性和消费的非排他性加剧，加大了收费的难度，从而使纯公共产品向准公共产品转向。

（二）外部性

萨缪尔森和诺德豪斯定义的外部性是生产或消费时为他人带来了成本和收益，但是实施者在这个过程中却没有获得报酬或代价。具体来说，外部经济指的是一个经济主体为另一个经济主体带来的结果是获得收益，但是这个结果却很难在货币或者市场交易中反映出来。外部性分为正外部性和负外部性两种形式，负外部性存在的依据在于他人的福利受到了一种消费或生产的影响，且在这一过程中没有付出应有的代价；而正外部性存在的依据是没有获得应有的报酬。一般情况下，将外部收益视为准公共产品的外部性，并且外部收益也是准公共产品的一个普遍现象。以公众乘车为例，随着交通的日益发展，乘车方式增加，交通的速度不断提升，帮助乘车人节省了乘车时间，从而获得了内部收益；同时，交通的发展带动了人们时空观念的变化，从而带来了社会收益，这就是我们所说的外部收益。准公共产品的这种外部性也叫作溢出效应。但是正外部性的存在会出现一些问题，其与社会最优生产数量相比，市场选择的生产数量较少，在这种情况下，外部性使私人的资源配置难以满足社会的需求，从而导致市场配置资源的效率低下。通过制定公共政策纠正错误，用产权界定的方式使资源进行有效配置等方法可以解决市场失灵的问题。虽然除了准公共产品之外，纯公共产品和一些私人产品也具有外部性，但是准公共产品的一个鲜明特性是其具有普遍外部性。

二、准公共产品价格理论

（一）准公共产品定价的理论依据

以价格机制来合理配置稀缺资源是市场经济最基本的功能，但是这个功能不能解决所有问题。如果政府在某些情况下不干预或控制一些准公共产品的价格，就会导致市场失灵。政府在特定情况下干预市场，包括准公共产品的价格，能够使产品的供应和需求达到平衡，也能够使社会福利实现最大化。具体来说，以下几个方面体现了政府干预准公共产品价格的理论依据。

1. 自然垄断性

准公共产品属于自然垄断行业，这些行业的本质特征就是成本的次加性，即一家企业供应产品 X 的生产成本 TC（X）小于多家企业生产产品（$X_1, X_2, \cdots, X_n$）的成本，用公式表示如下。

$$TC（X）=TC（X_1+X_2+\cdots+X_n）<TC（X_1）+TC（X_2）+\cdots+TC（X_n）$$

成本的次加性表明，准公共产品实现总成本最低的条件是只有一个提供者，然而准公共产品的唯一供应者是垄断企业，这类企业由于没有竞争者，具有一定程度的垄断权力，且享有一定的定价权。但是企业对准公共产品的定价难以引起消费者的重视，导致消费者不会在价格提高的情况下减少自己的购买量，这种情况容易导致准公共产品的提供者在制定价格时比成本价格高很多，从而进行了价格的垄断。在这种情况下，政府要发挥自己的作用对价格进行干预，制定合理的水平压制垄断价格，从而使社会福利上升到最优的状态。

2. 外部性

如果价格和资源完全由市场来调控，而企业仅仅将私人边际成本与私人边际收益相等的原则作为自己提供准公共产品的依据，容易造成企业的公共物品供给量少于社会最优水平的后果，从而使社会福利的损失增加。公共物品的竞争性特点表明，消费的边际成本是零的可能性较低，在这样的实际情况下，以边际成本定价为原则，需要向使用者收取一些费用，避免出现由于免费供给物品而导致民众消费不节制的现象出现。同时，由于准公共产品消费具有可排他性的情况，这就表明对使用者收取一定的费用是可行的。因此，向使用者供给准公共产品时收取一定的费用体现了经济效率原则。

3. 收入分配

为实现政府收入分配，可以对公共物品进行合理的定价，这一做法也能够弥补税收和转移支付等一些政策工具存在的缺陷。同时，政府能够以控制公共物品价格的方式实现缩小贫富差距的目标，政府通过低价政策对待准公共产品中的生活必需品，提高低收入群体的购买能力，通过高价政策对待准公共产品中的奢侈品，从而降低高收入者购买这类产品的能力，隐蔽性地对收入实行再分配原则。

（二）准公共产品定价

国内外主要从准公共产品价格存在的问题和准公共产品价格的定价方法这两个方面研究准公共产品的定价情况。

在对准公共产品的价格存在的问题进行研究时，黄燕芬（2003）的研究指出了我国在准公共产品定价方面存在一些问题，即产品总体价格上涨速度过快、内部价格高低严重畸形、缺乏规范化和法制化的价格机制等；黄达江（2006）在分析准公共产品的价格特性和传统政府定价机制存在问题的基础上，探讨了在民营化过程中为克服传统定价机制存在的弊端和解决民营化市场失灵问题，需要根据产品的价格特性构建一种以市场为基础、由政府引导和调控的定价机制。

关于准公共产品定价方法的研究，美国的投资回报率价格管制和英国的最高限价管制模型是国外有代表性的价格管制方法。美国采用了投资回报率价格管制模型对自然垄断性地准公共产品的价格进行了干预，其模型具体如下。

$$R(\sum_{i=1}^{n} p_i q_i) = C + S(RB)$$

式中，R 表示企业的收入函数；p 表示价格；q 表示数量。函数中 C 表示成本费用，

S 代表政府规定的投资回报率，RB 则为投资回报基数。这种模式存在十分明显的缺陷。一是企业在某一时期会以固定的投资回报率确定产品的价格，使政府管制在这种情况下难以提高效率；二是这种管制模型会导致 A—J 效应的产生；三是在这种模式下，政府和运营商需要探讨投资回报率的问题，并且投资回报率基数的计算也为管制者带来了烦恼。英国采用最高限价管制的方法对准公共产品进行定价，采用的模型是 RPI—X 的"一揽子价格"模型。其中，RPI 代表零售价格指数，X 表示生产效率在一定时期内增长的百分比，并且是由管制者确定的。这一模型具有一些优点，如票价的上涨幅度确定之后，在一定时期内是不能改变的，因此企业要获得更多的利润，就要采取措施降低生产成本。票价管制也会给企业的利润率带来影响，促使企业通过优化生产要素的方式取得利润，而不至于出现资本过密的现象。Wang（2009）提出，解决准公共产品市场中出现的问题就要对风险进行优化，在解决产品成本问题和政府定价模糊问题的基础上制定出最合理的价格。Gross 和 Garvin（2011）从缓解公路拥堵问题、保证收费公路能承担起收费率、实现国家补贴最小化的目标出发，对 18 条收费公路的项目进行了定量分析。我国一些学者也对准公共产品的定价方法进行了分析和研究。黄燕芬（2003）分析了准公共产品定价的方法，并提出了相关理论，还提出了与价格形成相关联的机制；李炜（2004）在分析了研究原则、管制方式和目前的监督机制之后，提出了对准公共产品的价格进行管制具体方法；黄达江（2006）在传统机制的基础上提出了新的机制，从而保证了价格机制不会形成垄断，保证了效率的提高、价格具有有效性；朱莲、陈春林（2008）在准公共产品中引入需求变量，使价格的制定能够满足社会福利最大化的要求，并通过分析得到了准公共产品在不同配给方式下的不同价格；赵燕菁（2010）设计了可以代替新古典价格理论的非马歇尔的定价机制。

第三节　委托代理理论

20 世纪 30 年代，美国的经济学家伯利和米恩斯在最早的委托代理理论中提出了建议，即将企业的所有权与经营权分离，期望实现公司运营效率和价值目标的最大化。其具体方法就是寻找合适的代理人，在这种情况下，企业的所有者只保留一部分的剩余索取权，而代理人则享有企业的经营权，通过这种委托代理方式，提高企业的运行效率和整体价值。20 世纪六七十年代，经济学家分析了企业信息不对称以及激励经济学等问题，结合委托代理理论的基本概念，对这一理论进行了发展，包括

Wilson、Ross、Mirrless、Holmstrom、Grossman 和 Hart 等理论。目前，经济学理论界和公司的现实治理中已经将委托代理理论视为重点关注对象。

一、理论的假设与前提

在一般情况下，委托代理理论是以下面两个基本假设为基础的。

（一）委托人和代理人之间的信息不对称或不完全对称

在合同交易中，委托人掌握的信息要比代理人掌握的信息少，委托人对代理人的努力程度并不能完全观测到，仅通过自己观测到的信息变量对代理人进行判断，而信息变量关联着代理人的工作状况和相关的外部因素。因此，在合同交易中，委托人在信息掌握这方面处于劣势，而代理人则相对处于优势的一方。

（二）委托人风险中性和代理人风险规避

在委托人和代理人的合同交易中，一般情况下会假设委托人对风险保持中立的态度，也就是既不激进又不保守，代表其效用的函数是线性的；而代理人一般会逃避风险，这说明代理人想要获得的收益是固定性的，因此其效用函数是凸函数。

二、基本逻辑与主要观点

刘有贵和蒋年云通过分析委托代理理论的基本逻辑得出了结果：委托代理理论是对代理理论的拓展，二者遵循的逻辑也具有这种拓展关系。代理人获得委托人授予的拥有或控制资源的能力，从而使其提供的行动与委托人的利益一致，进而为委托人带来最大化的效用；代理人也追求效用的最大化，因此当出现与委托人的利益不一致或者信息不对称时，代理人在行使委托人的资源决策权时可能过分关注自身利益，使委托人的利益受到损害，在这种情况下，委托代理问题或代理成本就产生了。在代理问题存在的实际情况中，委托人应该通过建立制衡机制的方式约束、规范和激励代理人的行为，从而督促代理人采取具体的行动，使代理的成本降低，促进代理效率提高，使代理行为给委托人带来更多利益。

还有一些专家分析委托代理理论之后提出了自己的观点，他们认为随着社会生产力的不断发展，规模化生产涌现使委托代理关系应运而生。由于社会分工的不断细化，委托人在知识、能力和精力等方面受到限制，难以行使自己的全部权力，而代理人不断适应社会发展，提升自己的专业化水平，更加适应市场的发展，使其具有知识、经验和精力等方面的优势，能很好地完成专业工作。委托人和代理人在委托代理关系中有自己的利益追求，因此在双方的行动中会出现代表各自利益的效用函数。而由于委托人和代理人追求的利益目标不一致，从而出现不同的效用函数，正是由于利益目标和效用函数存在差异，导致委托代理关系中出现代理成本。实际上，通常用"胡萝卜＋棒子"的方法来避免代理人做出"不作为"和"偏离满意"行动的行为。一方面，通过奖励"胡萝卜"的方式形成奖励机制，激励代理人。另一方面，通过"棒子"对代理人进行监督，让其合理行使自己的权力。在这种策略的指导下，能够使代理人的行为与委托人的效用函数相一致，从而实现双方共赢的目的。

由于 PPP 项目的参与方较多且具有很强的专业性，项目公司的股东、公司的管理层、项目施工和设备承包商之间存在着委托代理的关系。以项目的承包商为例，承包商在项目公司中成为项目发起人之后可以签订总承包合同，从而进行施工项目，也可以通过竞争单一专业服务提供商签订施工总承包合同。发起人将减少委托代理成本、实现最大目标价值、合理构建和评价股权结构作为发起项目的重要考量因素。

第四节　综合交通规划理论

一、理论渊源

我国的综合交通规划理论的历程是先向苏联学习，后向欧美取经。20 世纪六七十年代，西方国家将综合交通规划理论总结为"四阶段"法，将交通的发生、分布、划分方式和分配四个步骤作为交通规划的四个阶段，所以也叫交通规划的四步法理论。但是，综合交通系统不断发展，进入一个新的阶段，促进其发展的内外部环境也不断发生变化，我国的综合交通和国际的交通运输体系的发展有目共睹，也不断向新领域迈进。显然，在新形势下进行交通建设不能再用过去的交通规划理论作为指导理论了。当前交通规划理论主要从四个方面体现其发展的新进展和新理论。一是在进行交通规划时将区域资源、产业结构和人口分布情况作为重要的考虑因素，并与产业部门的发展规划相联系，通过了解运输需求量、预测交通量，有针对性地合理规划交通建设；二是把交通视为促进经济发展的重要因素，重视区域和城际之间的交通规划，打造良好的公共交通环境，促进区域经济的快速发展，同时发挥交通的引导性作用，为区域、城乡和产业格局提供指引，努力进行城市与近郊、远郊和农村的一体化建设，进而促进大中小城市实现协调发展的追求目标；三是将可持续发展理念作为交通建设的一个指导理念，在进行交通规划时将交通对环境的影响、交通过程中的环保问题和注重节能减排等作为重要的规划依据，使交通建设符合可持续发展的要求，能够与生态环境相互兼容；四是多重交通方式之间要有衔接与协作，只有这样才能将综合交通的优势全部发挥出来，从而实现交通运输的通达性，提高交通运输的效率。

二、理论解释

铁路、公路和机场这三种交通方式虽然在运输形式上存在差异，既有竞争又互相补充，但是如果出现恶性竞争会使挖墙脚的现象出现，因此互补程度应该得到最充分的提升。然而，综合交通在规划过程中需要政府出面牵头，更需要将国土发展规划和可持续发展问题包括在内。建设铁路、公路、航空和港口时要和国土整体规划和区域的发展规划相联系，进而合理地配套相关建设。如果一个区域的交通干线规划合理，其周边会有不同的房地产价位。各种网点都应该包括在规划范围之内，满足民生需要的商业网点、符合国家利益的监测设施、防空工事和其他公共设施都包括在各种网点之内。经过合理规划之后，通过顶层规划的指导能够最有效地保障全社会的绩效。从公共财产角度来看，这也是一直追求的状态。通盘规划交通与政府承担的优化投资环境的职责、当地民生对设施建设的追求、中央政府承担的协调各区域合理发展的职责有密切的关系。

第四章 国外应用 PPP 模式的经验

第一节 交通基础设施领域 PPP 模式的国际经验

一、PPP 模式在世界各国的发展概况

英国最早于 1992 年应用 PPP 模式。75% 的英国政府管理者工程采用 PPP 模式后能够很好地达到甚至超过对价格与质量的期望值，还可以节省工程资金投入的 17%。而通过常规项目招标的方式按期完成的比例只有 30%。在 PPP 模式下，按照工期完成的工程项目达到 80%，剩余 20% 没有完成的工程项目，拖延的时间也不会超过四个月。同时，工程耗资的 80% 都符合预算，而此前的招标方式中，只有 25% 的耗资在预算之内；其中，超出预算的 20% 是由于政府在工程实施过程中提出了调整方案。按照英国的经验，运用 PPP 模式的工程主要有交通、医疗卫生、公共安全、国防教育、公共不动产管理。智利在 1994 年开始推行 PPP 模式，其推行背景是国内公用事业迫切地需要改进和完善，目的是使国家的技术设施投资平衡。智利通过运用 PPP 模式促进了基础设施不断实现现代化发展，使社会发展得到了更多资金的支持。智利国家的 PPP 项目完成了 36 个，包括 24 个交通领域工程、9 个机场、2 个监狱和 1 个水库，总投资额达到了 60 亿美元。实施这一模式之前的年投资额为 3 亿美元，实施之后增加到了 17 亿美元。1999 年，葡萄牙首先在公路网的建设上启动了 PPP 模式，经过几年的发展，到 2006 年，葡萄牙的公路里程达到了原来的两倍。除了公路以外，葡萄牙的铁路、地铁和医院的建设和运营也运用了 PPP 模式。2004 年 12 月，巴西通过了"公私合营（PPP）模式"法案，这一法案规定了在 PPP 模式下国家管理部门在工程投标和签订合同的具体要求。巴西规划部城国家已经将 23 项工程包括公路、铁路、港口等列入了 2004—2007 四年发展规划当中，它们将成为 PPP 项目的首批招标

项目，总投资金额达到了 130.67 亿雷亚尔。

2011 年最活跃的 PPP 市场前五名依次是加拿大、英国、比荷卢联盟、法国、美国。2012 年美国上升到第三位。

二、PPP 模式的国际先进经验

（一）英国的经验

20 世纪 90 年代，民众对公共基础设施（教育、医疗等）需求不断增加，为了应对和满足民众的需求，英国通过探索将提供公共物品的方式进行了改进，从而吸引了更多的私人资本投入到公共设施建设上来，推动了 PPP 模式的不断发展和扩大。在 1987 至 2012 年的 20 多年的时间里，英国批准的 PPP 项目共计 730 个，其中尚在运营的项目共计 650 个，英国投入了 540 亿英镑的资金来发展和运营 PPP 项目。英国的 PPP 项目除了在公路、铁路等经济性基础设施领域应用以外，也不断扩展到教育、医疗、环境等社会性基础设施领域。

1. PFI 是英国使用最广泛的 PPP 类型

按照 PUK（Partnerships UK）公司分类方式，英国的 PPP 模式一共分为四类，即特许权项目、合资项目、服务合同和投资管理项目。英国使用范围最广的 PPP 类型是服务合同，也称民间融资提案制度（Private Finance Initiative，PFI），政府与私人部门签订购买服务的合同，使私人部门不再向民众收取费用，而私人部门的主要职能是设计、环设、运营和维护基础设施。

2012 年，为了完成降低项目风险、提高公共部门权益和项目成功率的目标，英国改革了 PFI，推出了由私人部门进行设计、建设、融资和维护基础设施的 PF2，与 PFI 相比，PF2 减少了私人部门运行基础设施的工作。

2."政策 + 指南"的法规形式

英国政府并没有以专门立法的方式为 PFI/PPP 模式的发展提供法律依据，而是采用"政策 + 指南"的方式对 PPP 模式的发展提供指导。2003 年，英国发布了第一部对 PPP/PFI 模式进行指导和规定的政策指南，并指出在 PPP 模式中，政府具有运用物质所值方式选择 FBI、保证灵活及有效的私人资本等相关的职责；2006 年，英国颁布了《Strengthening Long-term Partnerships》，对 FBI 的选择标准进行了明确的规定，并强调了 PBI 在基础设施建设项目中具有很大的作用。英国财政部在此基础上颁布了《A New Approach to Public Private Partnerships》和《Standardization of PF2 Contracts（Draft）》对 FB2 模式进行指导和约束。

3. 财政部主导的管理模式

英国采取的是 PPP 管理模式，这一模式具体是由财政部主导的，审计署、公司合作署、公共事业管理委员会和 PUK 公司等共同参与。各个部门也有各自的职责：财政部负责制定 PPP 项目政策；审计署和公共事业管理委员会通过调查研究 PPP 政策进而提出改进的意见和建议；公司合作署在政策指南的指导下提供支持以保证 PPP 项目的顺利进行；PUK 公司是一个股份公司，是由政府部门和私人部门联合建立的，私人部门在其中占有的股份达到了 51%，政府部门持股 49%，PUK 公司搭建了政府和私人部门之间合作的桥梁，其主要工作就是为政府部门服务并提供专门的服务工作。2010 年，英国政府将 PUK 政府和 PPP 政策小组进行了合并，在整合两个小组的职能的基础上，基础设施局（Infrastructure UK，简称 IUK）应运而生，该部门的职责是对与 PPP 模式相关的职责进行统一制定以及提供咨询服务等。

4. 制定详细具体的操作规程

制定具体有效的政策指南对 PPP 项目计规的项目评估、私人机构选择和制定合同进行指导，通过提出具体的操作流程和处理方式保证项目的顺利运行。例如，《Standardization of PF2 Contracts（draft）》对 PF2 项目的合同制定提出了指导意见并对其进行了直接的管理；《A Guidance Note for Public Sector Bodies forming Joint Venture Companies with the Private Sector》对选择私人机构的步骤和标准进行了进一步的明确。

5. 加强监管体制的建设

在私人部门提供公共物品方面，英国政府采取监管措施，避免出现垄断利润、损害社会福利等现象。一是对价格进行管制，鼓励企业通过降低生产成本、提高生产效率等方式实现利润的最大化；二是按照全国的统一标准制定监管机制，成立监督机构，对市政公用事业的各个领域进行监管，并设立分支机构实现垂直性监管，通过向持有许可证的企业收取许可费的方式保证监管机构的顺利运行；三是建立健全社会监督机制，赋予社会群众更多的监督权力，以此避免政府监管受到私人利益集团的影响。

（二）加拿大安大略省经验

加拿大成为世界上运用 PPP 模式最好的国家之一的原因就在于加拿大的各级政府部门的支持促进了 PPP 模式的快速发展，也促使加拿大国家 PPP 市场环境不断成熟。《加拿大 PPP 十年经济影响评估报告（2003—2012）》中总结出：从 1991 至 2003 年这 12 年的时间里，加拿大启动的 206 个 PPP 项目涉及各个行业，包括交通、医疗、住房、环境等，其涵盖的范围也十分广阔，包括了联邦 10 个省，涉及的金额超过了 630 亿美元。

作为加拿大第一大省的安大略省，是加拿大经济最发达的省份，在加拿大的经济发展中拥有支配的权力，人口也很多，大约为 1 200 万，其首府多伦多也是加拿大第一大城市。2000 年，安大略省在进行基础设施建设时开始推行 PPP 模式以满足民众不断增长的需求，这一做法也取得了显著的成果。

1. 转变政府观念

安大略省在采取 PPP 模式之前，有关基础设施方面的工作是由政府全部完成的，包括政府建设免费向民众提供的基础设施，财政补贴资金或者通过政府借款以及发行债券的方式筹集资金，政府负责基础设施的运营工作。这一行为导致城市的基础设施建设难以满足日益发展的经济社会的需要，即交通、医疗、教育等方面的基础设施建设情况难以满足整个社会的需要。在这种现实面前，安大略省政府认识到旧的基础设施投融资模式难以再进行，需要作出相应地改变，因此政府开始从以下两个方面推行新的观念和方法：一是将项目的成本、预期和效益等经济因素作为选择项目的依据，并明确项目完成后应该采用的服务标准，在项目的开发和建设的过程中听取私人部门的意见；二是改变以往免费提供公共产品和服务的方式，通过向使用者收费的方式提供基础设施。具体来说，安大略省改变了政府包揽基础设施项目的模式，在技术设施的建设中运用市场化的 PPP 模式。

2. 建立 PPP 模式管理机构

20 世纪末，安大略省成立了重大项目署作为 PPP 模式的管理机构，这一机构于2000 年投入运作，为 PPP 模式应用于安大略省的基础设施方面发挥了十分重要的作用。重大项目署有两个方面的主要职能：一是提出具体的建议和意见帮助政府运用PPP 模式建设基础设施；二是加快 PPP 模式管理体制的改革，更好地进行基础设施建设。重大项目组负责实施 PPP 项目，并在实施过程中制定计划吸引私人部门进行投资，从而使政府部门和私人部门之间加快合作的步伐。与此同时，重大项目署也提出了私人部门应该在降低成本和提高生产效率的同时，提供高质量的产品和高水平的服务，满足民众的实际需求。

3. 制定实施规则和操作规程

为了实现基础设施投融资领域运用 PPP 模式的目的，安大略省以制定实施规则和操作流程的方式为政府部门和私人部门提供政策指南，吸引它们参与到 PPP 项目当中。例如，重大项目署制定的《基础设施建设项目 PPP 指南》提供了具体的标准和方法指导 PPP 项目的选择和运营，这个指南中提出 PPP 模式并不适用于每一个基础设施项目，公共部门和私人部门在判断 PPP 模式是否适用于基础设施项目时，应该将项目的六项标准考虑在内，即财务标准、技术标准、运营标准、可接受性标准、实施标准、时间标准。

4.提高项目透明度

安大略省拥有非常先进的电子政务,通过网络几乎可以完成所有社区的服务。因此,安大略省利用这一优势开始实行电子商务,使民众可以通过网络了解 PPP 的发展和实施进程,通过公开项目的运行情况保证项目顺利实施。电子政务的推行具有重大的作用,以项目的招投标为例,在这一阶段推行电子商务,一是可以使私人部门了解 PPP 项目的具体情况,并在考虑自身实际的基础上进行选择;二是使民众通过网络实时监督项目的运行情况和项目的招投标情况。只要真正地利用和发展好电子政务,就能帮助政府选择合适的私人部门作为自己的合作方。

(三)澳大利亚经验

20 世纪 80 年代,澳大利亚政府陷入了财政不足的窘境,为了解决这一困难,开始使用 PPP 模式进行基础设施建设。进入 21 世纪以后,政府的财政问题得到缓解,澳大利亚政府改变了以往为实现政府减少财政支出和转移投资风险的目的而采用 PPP 模式,而是发挥政府部门的优势,对项目进行统一的协调和规划,同时利用私人部门的优势,对项目运行进行高水平的管理、提供先进的技术支持、提供丰富的经验,通过将政府和私人部门的优势相结合的方式,实现资源配置的最优化和社会福利的最大化。目前,澳大利亚运用 PPP 模式进行基础设施建设的项目在世界上名列前茅,PPP 模式既在经济型基础设施建设项目中使用,也运用在墨尔本皇家儿童医院、维多利亚监狱等社会性基础设施建设方面。

1.完善的法规体系

澳大利亚虽然没有设立一项专门的法律法规管理 PPP 项目,但是它的其他法律法规相对完善,这就保证了 PPP 项目在运作过程中会遵循法律框架。澳大利亚的《合同法》《政府铁路法》和《海湾保护法》等都有效保障了项目的设计、建设和运营的顺利进行。此外,澳大利亚政府会修改法律以适应项目的建设情况,或者针对项目制定一项专门法律,而各个州也会以本州的具体情况制定政策指南和法律框架,从而为 PPP 模式的展开提供依据,其中澳大利亚国家的 PPP 模式发展和实施的里程碑就是维多利亚州的 PPP 模式的政策指南。

2.建立专业管理机构

澳大利亚的联邦政府和州政府都设立了 PPP 管理机构。在联邦政府层面,由政府设立的基础设施建设局审批全国的 PPP 项目和新的 PPP 项目,并发布重大基础设施项目信息。州政府主要有两种做法:一是效仿联邦政府设立基础设施建设局;二是按照各部门的职能设立一些相关的机构。例如,维多利亚州财政部对 PPP 项目进行管理之外,财政、教育和医疗等部门与相关专家共同设立了 PPP 项目指导委员会,其主要工作是调查研究 PPP 的相关政策、评估项目和制定合同等，并根据项目实施情况适时地提出自己的合理建议。

3. 明确公私双方的责任

在澳大利亚，私人投资者会在 PPP 项目运作的过程中成立专门的项目公司，并与政府部门就项目的融资、建设和运营签订协议，与分包商签订合同确定项目具体的设计和施工环节，与管理人员签订合同保证项目顺利运营，通过一系列合同使项目公司的效用达到最大化。政府在项目中担任的角色就是保证项目的成功，其具体做法是和分包商签订协议，同时政府对分包商的工作进行跟进和监督。

在每一个 PPP 项目签订之前，澳大利亚政府与私人部门之间会进行反复的交流和商谈，对双方享有的权利和承担色义务进行明确的划分并签订协议，同时澳大利亚的法律体系相对完善，从而使合同有效性得到保障。例如，如果私人部门没有按照协议的规定完成工作，会受到政府部门的公诉，并且受到法律的处罚，也会影响企业的声誉，进而难以参与到其他项目之中。

吸引投资者的关键环节是保证私人部门获得利润。澳大利亚的公共部门提供的纳税人服务是免费的，而私人部门收取政府费用的前提是按照具体的要求和实际标准完成了自己的工作。此外，政府还会把一部分的资产使用权让给私人公司，帮助其获得收入，得到稳定的回报。

4. 严格的审计和绩效评价机制

澳大利亚政府通过建立审计和绩效评价机制指导 PPP 项目的实施。例如，维多利亚州的政府与私人部门签订的 PPP 合同中都对项目要实现的绩效指标进行了规定，并且这一指标会随着项目的开展不断改进和完善。审计部门负责对项目进行审计，包括审计项目是否按照相关规范进行，项目成果是否达到了预期的绩效等，并且向州议会上报审议结果。

除此之外，维多利亚州政府专门设计了一套会计核算方法应用到 PPP 项目中，使州政府的资产负债表中能够清晰记录各项目每年的具体运营情况。

第二节　各国 PPP 相关机构简介

一、英国：Partnerships UK

2000 年 6 月，英国财政部门经过改制，使 Partnerships UK（PUK）代替了原来的"财政部特别工作组"，并且将特别工作组的许多员工和业务也进行了接收。而之前由特别组负责的尚在实施阶段的各种项目也由 PUK 接管。PUK 吸取特别工作组的成功经验，通过连接私人部门的专业技能和公共部门的使命搭建了桥梁以促进公共部门和私人部门合作。PUK 比特别组具有优势，如丰富的资源、更多的员工和更多的服务等，与此同时，PUK 通过吸收私人部门资金的方式进行融投资业务。因此，PUK 既促进了英国国内 PPP 的发展，也在开拓国外的 PPP 项目市场中担任着重要的角色。

2001 年 4 月，财政部将 51% 的股份出售给了私人部门，而公共部门股份持有比例只占到了 49%。在这种情况下，PUK 转变成了股份公司，并且具有 PPP 性质，但是它只为公共部门提供服务。同时，财政部门成立了"PUK 顾委会"对 PUK 的所有工作进行监督，保证 PUK 能很好地履行公共部门的使命。

实际上，PUK 在为公共部门提供咨询服务的同时，会帮助公共部门分担一部分的投资工作，并通过项目运作使投资金额得到回收，从而获得回报。

二、爱尔兰：Central PPP Unit（CPPPU）

1993 年以来，爱尔兰的规模经济大约是之前的两倍，因此政府在着手建立交通基础设施过程中的压力是非常大的。2000—2006 年度的"国家发展计划"中提出了基础设施建设的需求十分巨大，同时在规划中确认了 PPP 的作用，称其在政府采购中具有特殊地位，并通过发展计划制定投资目标，争取以 PPP 的方式完成 23.5 亿欧元的投资目标。

政府的财政部组建了"中央 PPP 特别机构（CPPPU）"来引导和促进 PPP 的不断发展，政府的其他部门也设立专门的附属机构来处理私人部门融资这一项业务。CPPPU 主要是由 IDG 和 IAG 这两个职能部门组成的，其中 IDG 由全体公共部门组成，它的关键作用是密切联系政府部门的关键人员，保证政府部门能够进行协作、互相配合，进而促进政府建立与私人部门的伙伴关系，并为其提供高质量、高水平的公共服务。IAG 是由 IBEC、ICTU、CIF 和 Forfas 等组织的代表人员组成的职能部门，其在工作中致力为私人提供一个良好的环境进行商业投资。

CPPPU 成立以来，解决了许多 PPP 项目在法律和财务方面的问题。与此同时，CPPPU 制定了《PPP 框架规范》来对 PPP 的发展进行管理和规范，在很大程度上促进了 PPP 的发展。2001 年 11 月 1 日，财政部正式颁布了《PPP 框架规范》，为爱尔兰国内实施 PPP 提供了一些原则性的条款，为 PPP 发展做出了具体的规范，同时使 PPP 方式在政府采购中发挥极其重要的作用。《PPP 框架规范》提出了 CPPPU 目前承担的两个主要任务。一是在国内开发和实施 PPP 项目，进而建立一个可持续的动态 PPP 市场；二是通过具体措施保障 PPP 在政府采购方面的重要作用。

目前，CPPPU 正在发起一场运动，这一运动面向规模较大的私人财团、将要发展 PPP 的行业、负责采购公共服务的部门以及购买服务的民众。开层这场运动的最终目的是希望加深各界之间的交流，并对 PPP 有更深层次的了解。

三、菲律宾：BOT Center

2002 年 11 月，菲律宾总统阿罗约通过签署 144 号行政法令对 PSP 协调委员会进行了重组改制，并重新命名为 BOT 中心，同时将隶属关系从总统办公室转到了贸易工业部，以这种方式帮助政府的主管部门更好地协调和监督项目的工作，确保私人部门提供高质量的基础设施和高水平的公共服务项目，吸引更多的私人部门参与到项目中来，促进经济的快速增长。依据菲律宾的《BOT 法》，以 BOT 为基石，国家将提出和发展基础设施，促进包括政府独资或控股公司和地方政府部门在内的政府实施部门和私人部门之间达成合作，从而推动基础设施工程的开发和发展，并对私人参与的公共项目进行监督，努力推动政策体制在宏观层面的改革，创造一个良好的商业环境来吸引私人投资。

总体来说，BTO 中心有项目开发和项目监督两个主要职能。前者是指通过分析私人部门参与的可能性，对项目的风险进行评估，指出实施项目出现的问题并解决问题，在项目运行前期提供财务支持和法律建议；后者是指项目招标成功并签订协议后，BOT 中心会在之后的工作中监督建设过程和协议的执行过程，保证参与方能够获得 BOT 协议中提供的服务。图 4-1 为 BOT 中心的结构组织。

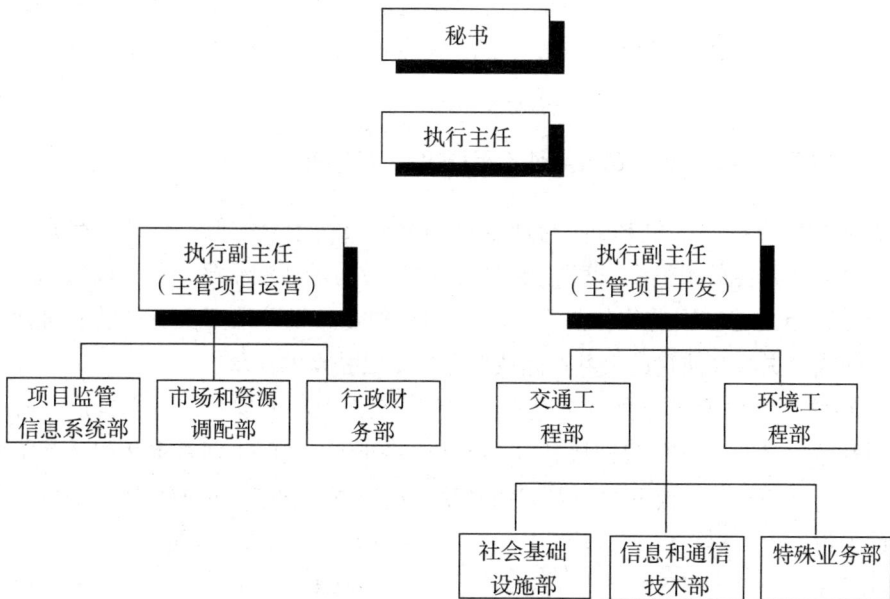

图 4-1　菲律宾 BOT 中心组织结构图

四、加拿大：Canadian Council for PPP（CCPPP）

加拿大人相信公众现在和以后需要的基础设施和公共服务可以通过 PPP 帮助政府的方式实现。在这种信念的带动下，1993 年，政府部门和私人部门大约 240 个单位共同组建并发展了"加拿大 PPP 委员会（CCPPP）"，委员会以促政府部门和私人部门的合作为目的，并致力开发各具创意的合作项目，进而为全体加拿大人带来更多的收益。

CCPPP 是一个非营利性质的无党派会员制的组织，其会员包括发起会员、合作会员、公共非营利机构会员、个人会员、荣誉会员。CCPPP 需要完成的工作主要有搜集有关 PPP 的理论和工程组织情况，并建立一个信息资源库对相关情况进行介绍；组织 PPP 研讨会，使参与者在研讨会上交流思想并互相借鉴经验；对研究成果进行出版，介绍与 PPP 相关的理论、案例、指南和研究成果等；组织开展全国性的 PPP 年会和论坛。同时，由政府的各个部门的代表成立理事会对 CCPPP 的工作实施管理和监督的权力。

CCPPP 制订了"全国奖励计划"。每年的年会上依据计划的原则施行奖励措施，包括在项目中具有重要作用的个人或团体。CCPPP 作为权威的 PPP 组织，积极促成政府部门与私人部门的合作，并在二者之间提供多种支持手段。此外，CCPPP 为私人部门带来了很多投资机会，使私人部门能够通过多种 PPP 方式，如简单外包、完全私有化等方式参与到公共项目之中。

五、美国：National Council for PPP（NCPPP）

美国 PPP 委员会（NCPPP）与加拿大 PPP 委员会十分相似，也是具有非营利性质的一个无党派会员制组织，其主要目的是提高政府的认知水平，并积极与私人部门进行合作，建立起牢固的伙伴关系，增加 PPP 的业务量，从而实现自己的目标，即用较低的成本提供高质量的公共产品或服务以满足公众的需求。

NCPPP 是由房地产分会、交通分会水务分会以及一些其他的分会构成，既对公共部门开放，又对私人部门开放。NCPPP 与 CCPPP 承担的工作基本相同，其工作的重点是成员之间互相交流并学习对方的经验，这样更有利于会员通过协作的方式完成自己的工作。

六、外国 PPP 机构总览

外国 PPP 机构的名称和性质如表 4-1 所示。

表 4-1　外国 PPP 机构小结

国　家	机构名称	机构性质
英国	Partnerships UK	中央政府发起、与私人部门共同组建的机构
爱尔兰	Central PPP Unit	中央政府组建的机构
菲律宾	BOT Center	中央政府组建的机构
捷克	Taskforce	中央政府组建的机构
加拿大	Canada Council of PPP	全国性非营利会员制组织
美国	National Council for PPP	全国性非营利会员制组织

第五章　PPP 模式基本流程

第一节　项目识别

项目识别是 PPP 项目的第一个阶段，该阶段的立足点是以科学系统的方式选择适合展开 PPP 运作的项目，而项目的具体识别流程如图 5-1 所示。该阶段主要由项目发起、项目需求初步分析、项目初步筛选、项目资料准备、物有所值评价、财政承受能力论证、项目识别结果处理七个部分构成。

一、项目发起

PPP 项目的发起主要有两种形式，一种形式是政府扮演牵头人角色，另一种形式是由社会资本扮演牵头人角色。政府可以以自我权责之力向由国家主控的某些行业寻求双方牵头人共同合作的项目，同时国家主控的某些行业可以从社会主管的发展方案中选择具有发展意义的 PPP 项目。在一定许可下，PPP 项目的发起也可以是社会资本的形式。在此形式中，社会资本将会充当一种桥梁和媒介功能，它可以将一些 PPP 项目以一种助力的方式将其推送到有关财政部门管辖区内。PPP 模式具有一大特色，其能够在宏观之中将由政府扮演牵头人角色的需求和社会资本扮演牵头人角色的需求较好地融合起来。在这个过程之中，双方资本的参与目的的出发点是什么则显得尤为重要。

在 PPP 项目的准备期和进行期，政府在努力实现自己的目的。一是希望解决项目启动建设过程中可能出现的资金链条断裂的状况，解决融资难问题，缓解地方政府在融资需求上所承担的资金上的风险。我国国务院颁布的有关文件中，曾明确规定应将政府融资的权限从融资平台中抽离出来，在宏观上能够全面规范地方性政府主控的资金风险。二是政府应改善自己的依法行政和服务能力的方式，从而进一步提高两者的质量。三是政府转变自我职能，提升政府形象，应从整体上改变往昔由政府自我花钱办事的局面，转向政府发挥监督和调控的功能，将具体的投资权和运营权都放手给社会资本，给予其更自由的成长空间。

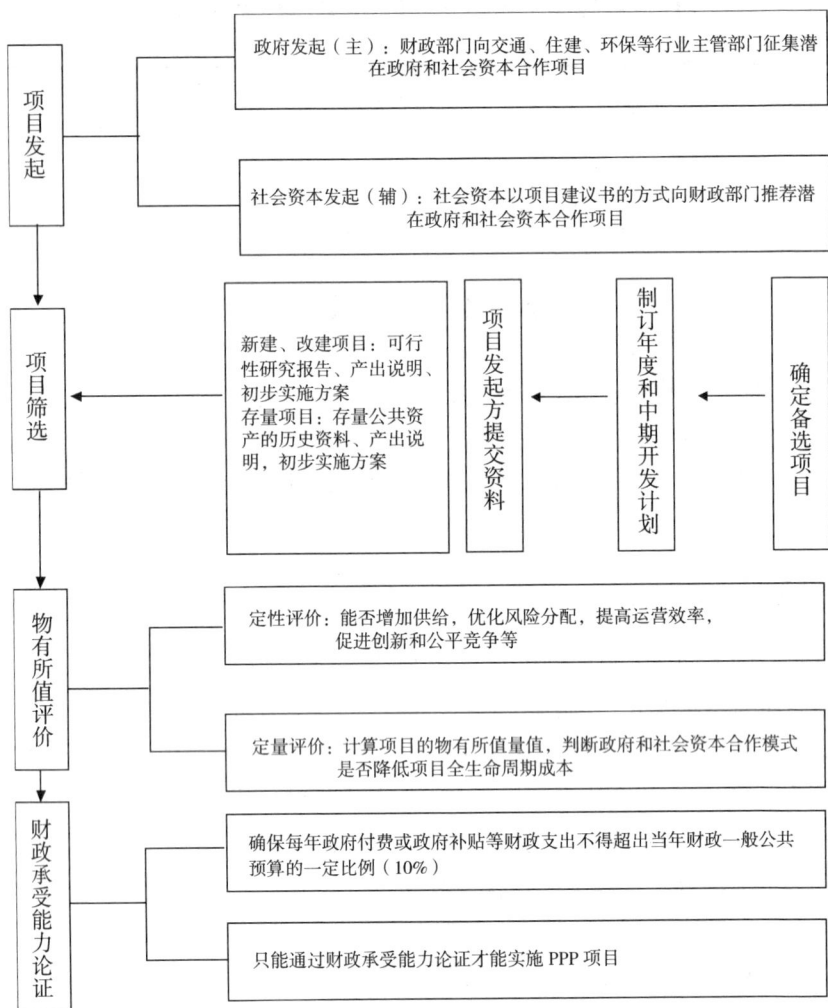

图 5-1　项目识别阶段流程图

　　另外，社会整体也在社会的自我主控资本中成为 PPP 项目的参与者，并且在此过程中努力实现自我。一是通过资金和人才等各种可流动资源去获取项目合同，其中项目合同主要是由相关项目进行过程中与施工单位签署的合同及与各销售行业签署的合同等，从而获取一定程度上的合理投资回报；二是从一些特殊的实行项目中去获取一定的垄断性利益，一般而言这种垄断性利益并不是长期的，是有时间限制的；三是在市场的归属比例当中力求脱颖而出，从而获得企业在同行业中的领军人地位，扩大其号召力。

二、项目筛选

并非所有的基础设施和公共事业项目都适合采用 PPP 模式。从 PPP 项目的特点考虑，适宜采用这种模式的项目一般具有一些显著的特点，如投资规模相对较大、价格调整机制相对灵活、市场化程度相对较高、需求长期稳定等。地方政府需要按规定进行 PPP 项目识别，通过项目筛选程序确定备选 PPP 项目，制订 PPP 项目年度和中长期开发计划，确定备选项目。

（一）需求初步分析

一个地区是否适宜开展 PPP 项目，具体需要考虑两点，一是应在该区域经济的可承受力度之内进行；二是要在相关法律法规的允许下进行，不能无视国家政策的宣传，也不能人云亦云，一哄而上。是否采用 PPP，在很大程度上取决于项目本身的性质，如技术复杂与否，收费过程中的难易度，如何确定和评估生产消费之间的需求以及设施是否齐全等。

（1）从设施数量的大小上看，适宜采用 PPP 模式的项目主要有道路、通信、电力、供水、卫生、路灯等，该模式项目具有数量大的特点。

（2）从技术的复杂性上看，航空及相关研发领域等由国家政府主控的、对技术有精益求精要求的项目不太适宜开展 PPP 模式。

（3）从收费的难易度来看，铁路、航空、水路、海运、电力、供水等立足于消费的一般性公共服务的收费和国防、社会安全、司法、卫生等纯公共服务相比，前者更容易采用 PPP。简单来说，收费的标准越低，外资或民营企业介入的程度会呈现反比的趋势。

（4）从生产和消费的规模上看，城市的运输、供水、污水处理、垃圾处理、路灯的安置及修建等项目有些较细的区域性要求，而项目的区域性过强，对外资或者民营企业资本的投入来说，使用 PPP 模式的可能性也会随之增加。

（二）项目资料准备

对于已经被纳入年度开发计划的 PPP 项目，则该项目的发起方需要向 PPP 中心提供系统性的相关资料。对于新改建的项目而言，应该提交具有可行性的相关研究的书面材料、整个项目竣工所预测的成本、项目的产出说明初步实施方案存量项目应该提交存量公共资产的历史资料等。PPP 项目所需资料如下表 5-1 所示。

表5-1　PPP 项目所需资料表

材料名称	具体内容
项目建议书	从项目自身的客观条件方面考察项目建设的必要性，一般由项目发起人向发改部门报送，提出立项申请，发改部门审查通过后下达项目建议书批复文件
可行性研究报告	在项目建议书的基础上，结合专项评估报告，对项目市场、技术、财务、工程、经济和环境等方面进行详细分析后编制的
水土保持方案	先经水利行政主管部门审查批准，按照国家规定水土保持方案报告书与环境影响报告书实行同级审批
环境影响评价报告	对拟建项可能造成的环境影响进行分析、论证的全过程
土地使用预审	国土资源管理部门在建设项目审批、核准、备案阶段，依法对建设项目所涉及的土地利用事项进行的审查
规划选址意见书	主要内容包括建设项目的基本情况和建设项目规划的主要依据，其作用是为了明确项目建设的地理位置
规划及用地许可	核实项目是否满足用地以及技术上的规则要求

（三）项目初步筛选

对于可开展 PPP 模式的工程的确定，需要由政府部门协同行业主管部门对具有发展性的 PPP 项目进行评估和初选，初选所确定下来的则拥有进入下一轮的资格。之后的一系列发展计划方案均需在此初选结果的基础上进行。

三、物有所值评价

物有所值是实施 PPP 的基本原则之一。所谓"物有所值"评价，是指公私合作的项目模式相比于政府传统采购模式是否具有一定优势，如是否增加供给、是否可优化风险、是否能提高效率等。同时，要将项目整个周期内的政府支出价值和公共部门的比较值（Public Sector Comparator，PSC）进行比较，高过公共部门比较值才是物有所值。

如何进行 PPP 模式的抉择，其出发点在于采用 PPP 模式和采用传统政府建议管理模式的优劣，以求使项目的决策更加科学化和合理化。政府单位同行业主管部门从定性和定量两方面出发，进行关于其价值取向规律的评价工作。在一定程度上，构建相关行业的物有所值定性分析模式仍具有一定的难度，尚处于自我实践和探究阶段，所以目前的评价仍以定性分析为主。

（一）物有所值定性分析

对于定性评价来说，其着重点在于采用 PPP 模式的项目是否比传统采购模式具有一定优势，如是否增加供给的力度，是否对风险的概率进行优化，是否提升企业的工作效率等。关于价值取向规律的定性解析操作步骤包括以下几方面。

（1）确定定性分析方法指标。在确定定性分析指标过程中，应着重考虑以下六项具有主导意味的评价指标：项目可待挖掘的生命潜力、风险识别与分配、绩效的方向性和创新的广阔性、隐形的竞争力、政府机构的能力以及可融资性。此外，还应注意一些具有辅助意味的评议标准，如对项目大小的规划、其有效期限是多少、非流动资产的类别、项目的系统性使用、成本数额精准性、收入的可持续上升的潜力、市场的向心性等。

（2）成立由经济、科技以及法律等专业人才组成的专项分析小组，并且专家人员应大于或等于 7 名。专家的选择应由项目归属地的省级财政部门通过物有所值评价公布专家推荐名单，并在符合一定条件下采取随机遴选的方式。

（3）召开专家小组会议，开展项目定性分析。专家针对项目具体情况展开充分讨论和协商之后，会依照相关项目评分标准进行评分，然后依据指标比例体系计算加权平均分，最后得出评分结果，形成专家小组的评价意见。

（4）对前一操作步骤的结果进行整理，并递交上一级单位部门进行商讨和核定。同一级别的政府单位将携同行业主管部门根据评分表和专家给出的意见和建议，做出定性分析结论。一般来说，评分结果在大于或等于 60 分的，项目通过物有所值定性评价；反之，项目未通过定性评价。

（二）物有所值定量分析

物有所值定量评价主要是将传统模式的原始数值、有关竞争调整值等公开性数值和关于项目的初始政府支出成本效益进行对比，以此来判断节约项目全生命周期成本的程度。有关物有所值定量分析的步骤可以遵循以下各点。

（1）编制分析方法。

（2）成立分析小组。

（3）计算 PSC（公共部门比较值）：PSC 值 = 初始 PSC 值 + 竞争性中立调整值 + 可转移风险承担成本 + 自留风险承担成本。

（4）根据项目初步实施方案，计算"影子报价政府支出成本净现值"（PPP）：PPPs 值 = 影子报价政府建设运营资本 + 政府自留风险承担成本；PPPa 值 = 实际报价政府建设运营成本 + 政府自留风险承担成本。

（5）对比大众公开数值和项目发起方所自我进行的有关项目支出成本投入，从而推断 ppp 模式在于降低项目初始整体性投入的资金幅度。物有所值量值 =PSC 值 –PPP 值；物有所值指数 =（PSC 值 –PPP 值）/PSC 值 × 100%。

（6）将定量分析结果进行整理并上报有关部门进行审定。

（7）将物有所值评价报告整理编订，上报省财政部门进行备案。

物有所值定量分析流程图见图 5-2。

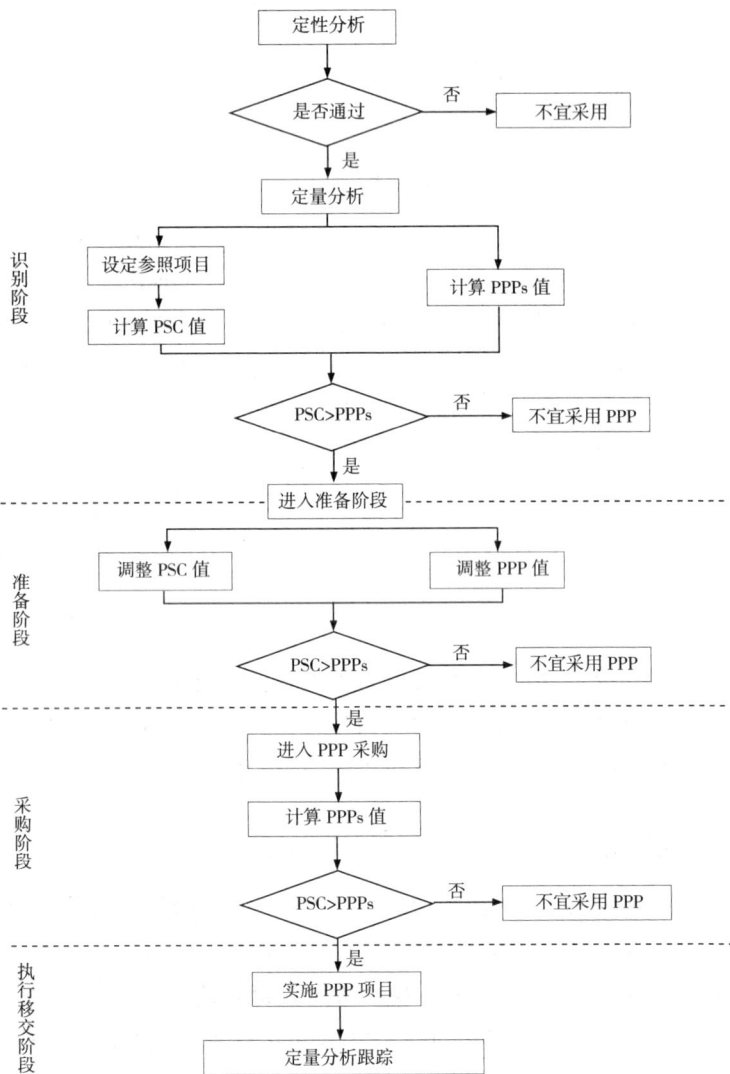

图 5-2　物有所值定量分析流程图

四、财政承受能力论证

财政承受能力主要是指一种金融的可担负度，包括如何进行责任的归属，如何对投入成本进行评估以及对各方参与者能力的评估和信息的公示与修改等。其承受能力是指对政府和社会资本合作项目关于各项支出的责任评估及预算，从而确定项目实施所产生的意义和影响，同时为 PPP 项目的财政管理提供参考物。PPP 项目财政承受能力论证的开展是非常必要且重要的，不但规范了财政支出管理，而且使财政风险得到了预防和控制，实现持续发展。对于论证合格的工程，将会被各级财政部门纳入年度开发计划之中，并提供服务和支持。对于论证不合格的工程，则驳回其前期请求和准备，不予支持和保障。财政承受能力论证包括：责任识别、支出测算、能力评估、信息披露。

（一）政府财政责任识别

（1）股权投资：在政府与社会资本共同组建的项目公司中，政府承担的股权投资支出责任。

（2）运营补贴：在项目运营期间，政府承担的直接付费责任。

（3）风险承担：项目实施方案中政府承担风险带来的财政或有支出责任。

（4）配套投入：政府提供的项目配套工程等其他投入责任，通常包括土地征收和整理、建设部分项目配套措施、完成项目与现有相关基础设施和公用事业的对接、投资补助、贷款贴息等。

（二）政府支出测算

PPP 中心或者财政部门应该充分考虑到各类支付的特点及其影响因素，从而对整个项目的可持续发展和升值期内有关财政单位所需承担的权责进行具体化的评估测算。

1. 有关股份支出

根据项目所需的启动评估数额和项目公司方的股份占有权利所形成的结构是否可持续发展而确定。

股权投资支出 = 项目资本金 × 政府占项目公司股权比例

2. 运营补贴支出

依据项目的建设和运营及所得效益合理确定，并且进行多次收费模拟的测验。

3. 风险承担支出

以各种形式对潜在的风险进行预测并采取相应措施，如比例法、情景分析法及概率法等。

（1）比例法。在对各类数据无法具体测算的情况下，可以将已有的某一阶段内的建设成本数额和操作步骤数额按一定的比例分配，从而测算潜在风险的支出费用。

（2）情景分析法。在不同类别的风险出现概率难以明确但风险程度可以评估的情况下，可以对导致出现这种情况的各种变量和因素事件进行一般性的和期望值最低的情景假设，以此来计算不同类别中可能发生的潜在风险所产生的不可控支出。

风险承担支出数额 = 基本情景下财政支出数额 × 基本情景出现的概率 + 不利情景下财政支出数额 × 不利情景出现的概率 + 最坏情景下财政支出数额 × 最坏情景出现的概率

4. 配套投入支出

统筹考虑社会和政府各自为其他产品投入的费用。

配套投入支出数额 = 政府预投入总成本 – 社会资本方已支付的费用

（三）财政承受能力评估

财政单位自身所能承受的何种限度的能力评估由两方面构成，一是财政支出能力评估，二是行业和领域平衡性评估。

1. 财政支出能力评估

参照已有同类别的 PPP 项目的可支配承受能力，评估 PPP 项目的实行所产生的对过去及未来规划的年度财政支出的影响。财政支出能力评估体现了财政支出的效益原则，总的来说，就是以最低额度的投资成本去获取最大额度的社会效益。在此过程中，财政支出需严格遵循市场规律，要发挥市场机制的基础性功能，优化资源配置。

2. 行业和领域均衡性评估

这一方面的评估主要是针对适宜开展 PPP 模式的社会化范围以及经济社会发展需要和人们对公共服务的要求，主要目的在于杜绝某一行业和领域形成 PPP 模式垄断，使其在不同行业和领域平衡发展。财政支出的公平分配原则在行业和领域的平衡发展中体现出来，也就是以再分配的方式去完善市场机制导致的财富分配不公平状况，从而实现分配公平，努力缩小贫富差距。

（四）政府信息披露

新的《预算法》在信息的公开度方面加大了力度，其中作为财政支出构成要素的 PPP 项目来说，更应加强信息的公开度和透明度。政府方面将在所辖的各财政机构中通过官网和指定的媒体等渠道定期性地对 PPP 项目的操作情况进行公示。其中，财政支出责任的信息包括具体的投资支付额度和每年度的预算计划安排、衡量财政最大限度的可承受力的影响因素和相关指标等。当工程项目进入操作阶段后，政府应全方位了解项目的具体情况并作出分析，包括成本的投资额度和如何进行质检等信息，并定期对外公示。具体的财政承受能力论证工作流程如图 5-3 所示。

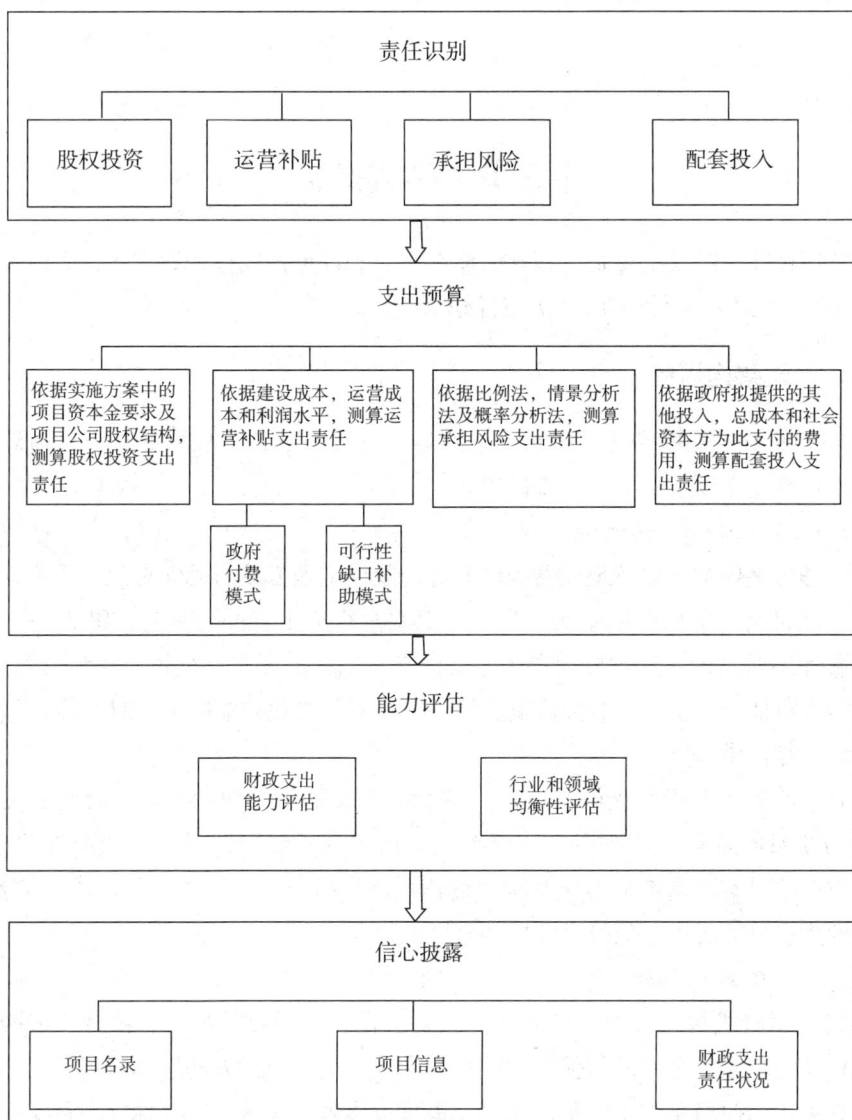

图 5-3　财政承受能力论证流程图

五、项目识别结果处理

政府的有关部门将会对项目实施方案进行物有所值和财政承受能力的有关检测，假若通过检测，则将递交政府再次审核；反之，则可在调整计划书和各项指标之后进行二次检测。若二次检测仍没有成功，则需放弃使用 PPP 模式，但仍可以采用其他模式进行。

第二节　项目准备

PPP 项目准备阶段主要是由管理的体系化、制订审核执行计划方案、实施条件的准备等组成，为 PPP 项目的顺利实施打好基础。

一、管理架构搭建

在 PPP 项目的实施和管理架构中，除具体负责实施 PPP 项目的项目公司外，政府部门通常需成立以下重要机构或机制。

（一）政府部门协调机制

在管理的整体框架中，最低县级政府部门及以上地方政府成立专门的政府部门协调机制，此机制一般由政府牵头，发改、财政及行业主管部门参与，组成 PPP 项目的后续服务协调团体，其主要权责在于负责有关工程的评议、组织协商和监管工作，进一步简化审批步骤，提升服务质量，使各方关系和谐化并缩减工作时间等。

（二）PPP 中心

PPP 中心具体负责某级政府所辖所有 PPP 项目的组织协调、政府资金调配、实施进度与质量问责等，可在该级政府单一部门内部（如财政部门）或跨部门建立。PPP 中心在项目实施前期通常关注项目的识别、审批与招标工作，随着项目的推进，其关注的焦点日益集中于项目启动后的合同执行监督等。

（三）项目实施机构

项目的实施机构一般由政府委派，主要工作在于项目的准备、项目的采购、监督管理以及充当多方之间的信使等。项目的主办方是一个拥有构思和付诸行动的有力载体，它可以与政府单位主管部门相关，也可以半独立于该部门。建立项目实施机构的优点是设立一个具体项目的问责与管理中心，它通常对某一具体项目进度进行监控与报告，进行财务、质量管理与问责。在项目实施机构与 PPP 中心都存在的情况下，两者需要进行密切协调。

（四）技术援助中心

在 PPP 项目实施过程中，政府需要召集项目所在行业及金融、经济、社会等各行各业专家顾问，如律师、财务分析师等，组成高精尖的专业素质人才指导团体和救助团体，在项目进行的各个不同阶段给予不同程度和类型的帮助与服务等。专家顾问将在制定战略供政府参考、协助公开公众信息、分析项目实施方案以及支持招标和谈判流程等方面发挥重要作用。

二、实施方案编制

在项目准备阶段，项目主办方需组织和领导编订有关计划的书面材料，也可以撰写项目的可行性研究报告。此方案的编制以项目初始阶段的项目建议书和实施初步计划方案为基点。项目实施方案的选择与编制应基于可操作的 PPP 项目运作方式，同时考虑到其他影响因素，如行业的技术限制和发展目标、法律监管体系、商业中的财务要求以及市场自身的规律等。

项目实施方案一般由项目概况、风险分配基本框架、项目运作方式、交易结构、合同体系以及监管架构六部分组成。

（一）项目概况

项目的概况主要指该项目的基本信息状况、经济发展衡量标准及该项目的归属权分配情况。

该项目的基本情况主要针对项目代表方所提供的产品和服务内容，开展 PPP 模式的重要性及实行此工程项目的最终目的和意义。衡量经济发展的技术标准主要针对国家可批的建设区域和自我流动资金链条的范围和来源等。项目方的股份所属权主要针对项目公司的成立与否以及内部结构的合理化分配。

（二）风险分配基本框架

因为 PPP 模式的项目工程所牵涉的利益主体十分复杂，需要谨慎处理好 PPP 项目的风险分配和利益分配。

可以在拆解潜在风险、优化其出现概率、投入与收益成正比和投入最大化的风险控制力度等原则的基础上综合考虑其他因素，如政府的监管能力和市场机制的自我调节能力等，从而在政府方面和社会方面实现最优能的风险管理。

一般来说，以项目前期准备和中期操作等为主的资金性风险由社会资本担负，以法律、政策等为主的政策性风险由政府担负，以具有未知的潜在性和无法预知抗衡的风险由二者共同担负。

PPP 项目代表了不同阶层的利益，一是代表着公平的公共利益的政府部门；二是代表着追求盈利的社会资本；三是代表着希望获得满意的公共服务和产品的公众。服务政府并不是要和社会资本分享利润，而是要对社会资本因实施 PPP 项目可能带来的垄断性产生的高额利润进行控制，给社会公众带来合理福利。项目的内部收益率是项目投资决策的基本指标，也是 PPP 项目体现利益共享的重要参数，准确把控好内部收益率是 PPP 项目能否实现多方利益平衡的关键。国内交通基础设施特许经营项目，内部收益率宜控制在 8%~12%。

（三）项目运作方式

项目的具体运作方式主要有以下几种：一是交由别人代为管理的运营模式；二是初步建设完成后投入运营，在获取效益之后交由他方的模式；三是初步建设完成确定所属权，然后投入运营的模式；四是将项目先交由他方进行运营和改建，之后再次购买的模式。具体模式的选择取决于费用及收益水平的高低、风险分配基本框架、融资的需求度以及有效年限等。

关于 PPP 项目运作方式的选择，政府部门（公共利益方）优先关注的因素应包括扩大服务范围、改善服务、提升效率以及提高公众满意度。政府部门应开展成本 / 收益分析，并与潜在社会资本合作伙伴进行广泛协商（经营者调查），以深入了解所考虑项目实施方案的优势和劣势。特定的 PPP 项目运作模式更容易被特定的行业所接纳，如被用于建设行业的 BOT。同样，卫生保健行业和供水服务则更适宜采用管理合同。同时，项目实施方案的运作方式设计必须因地制宜，并考虑政府特定目标的影响，如政府是否优先考虑降低服务成本，是否在一定程度上完善收费和集中资金的系统，是否优先扩大服务范围。目标不同，选择实现目标的 PPP 运作方式也不同。

（四）交易结构

以项目竣工为分水岭，前期的一系列准备工作、艰难运作以及后期的依据竣工项目所获取的收益等构成了交易的结构性特征。

项目的投资及其融资模式的主要侧重点在于阐释所支出的资本性资金的来源、性质用途以及资产的形成和转出等。政府在为合作方提供资金上的帮扶时应该使具体方式和必要性因素透明化。若需要对投融资的设定特定的监督管理措施，应使监管主体、内容、方法、程序以及监管费用的安排等事项具体化、明确化。同时，对投融资各方应规定违约责任，对存在违约行为的各方应追究违约责任。

工程的效益回报机制主要在于解析社会资本在投资后期所取得的相应的回报收益的方式。付费方式有消费者直接付费、具有发展性的补助付费和政府方面直接付费等。消费者直接付费也被称为用户型直接付费，是指由消费者直接付费购买产品和服务的方式，具有直接性。具有发展性的补助付费是指消费者虽然付费购买了产品或服务，但还不足以满足社会资本或项目公司成本回收和合理回报，而由政府出头以政策性优惠的方式对其进行付费补助的方式。政府直接付费是指政府直接付费购买公共产品和服务，主要由可使用性付费、需求性付费以及绩效付费三方面构成。

具有关联性质的配套安排主要指由项目以外的单位所提供的社会公共服务和后续的链条式服务。

（五）合同体系

合同体系主要由八个板块构成，分别为工程自身的协议合同、股份占有权的合同、融资份额的程度合同、工程的施工双方合同、工程的具体操作合同、原材料的交易合同、产品的买进合同和安全保障合同等。

在八大构成板块中，工程自身的协议合同为重要的具有法律性质的文件，它的主旨是项目自身的最高接纳度。所谓最高接纳度，主要是指相关权责、买卖时的注意事项和二次签约时的有关保障和调整等做出的最大让步程度。自身权责的最高接纳度的主要职责在于使工程项目的资产权归属性问题、社会方代表所应承担的公共责任问题、政府方应以何种方式支付的问题和风险的分配结果等问题变得明确。买卖时注意事项的最高接纳度的主要职责是使项目的合同有效期、回报机制以及如何收费等问题变得明确。

二次签约的最高接纳度主要指的是一个关于履约的保涵体系，包括具有强制性质的保险计划书和竞标书面材料书、工程建设履约的保函、检测性实验和交付维修保函等。调整对接边界的职责在于使突发状况、暂时性代替管理和超前预订时间完成、合同的不可控因素和项目的建设过程中的新增需求变得明确。

（六）监管架构

监管架构由授权关系和监管方式两部分组成。授权关系是指项目实施方从政府方面得到的许可承诺保证以及政府以直接或间接性的方式对社会资本的许可授权。

在项目的建设过程中，政府或其授权机构需承担起监管的责任，对项目的进度、工程的质量及有关投资成本等进行监督完善，但在具体项目建设过程中仍不能避免一些不如意状况的发生，如成本超支、进度停滞以及出现劣质工程等情况。由此进行考虑的话，政府必须发挥其监管作用，避免产生资源浪费。在具体的监管过程中，有三级管理模式可以参照，第一级监管由政府指定有关机构，在依据相关法律法规和合作协议的基础上，对项目的质量、工期以及成本进行监督；第二级监管可委托与项目没有任何利益联系的独立的第三方进行监管，它是对政府监管的补充；第三级监管是在某些具有特殊性质的工程中，可以通过设置民监委员会的方式对项目的质量、成本、安全等进行监管，并上报有关部门。

三、实施方案审核

为确保项目的可操作性，在一定的支出成本下保障项目收益，财政部门或单位需要对项目的预订计划进行专业性质的检测，主要包括物有所值和财政承受能力。若验证符合标准，则由项目主办方继续报政府审核，经政府审批合格才可继续组织实施；若未通过 PPP 中心的验证，则需调整方案进行二次验证；经二次验证还未通过的则不适宜开展 PPP 模式。

为了保证财政的可持续发展趋势，财政单位应在充分考虑整个项目的准备和后续发展期内的财政支出以及政府债务等因素的基础上，对部分政府直接付费或政府补贴的项目开展财政承受能力的验证，并且要求以政府牵头形式的财政支出不得高于当年财政收入的一定比例。

当项目正式签订合约的时候，财政部门需要承担起监管者及审核者的角色，确保合约内容与财政承受能力验证的一致性，杜绝因合约内容不符合事先约定所导致的财政支出及资源的浪费。财政部门需遵循合约约定，在期限内办理支付手续，使公共服务真正落到实处，树立良好的政府形象。

四、实施条件准备

（一）技术准备

拟实施 PPP 项目的技术规格需要在参考条款中进行定义和记录，并最终落实到 PPP 项目合同中。技术准备阶段就是初步确定技术标准和规模的时间。项目最终的技术标准和规模的确定，是一个建立在市场反馈意见以及项目在各个阶段设计能力基础之上的互动过程。一个项目的技术设计始于确定期望的覆盖目标与服务标准，以此为出发点，就能估算实现这些期望目标的费用（假定的效率提升幅度）与可回收成本的收费标准。政府可以选择采用收费标准，或提供成本补贴，或重新评估初始目标与服务标准。

技术准备工作应该以先前的行业分析工作为前提，这一阶段也使行业分析工作得到了进一步发展。在技术准备过程中需要使技术条款达到一个平衡，即假如技术标准过于严格，会导致社会资本在竞争中无法发挥最经济有效的解决方案，反之，则会使不同方案之间的差距逐渐加大，难以进行系统的比较和排序。为此，应该将焦点置于所祈求的项目结果，而不是使用方法的过程，目的在于让参与竞争的社会资本拥有更广阔的发展平台，能够更好地选择最适宜实现项目结果的技术方案。

（二）商务方面的准备

在 PPP 项目的商务方面的准备过程中，必须有一个既能被公众所理解接纳又具备供给恒常性的价格与服务组合的过程。在 PPP 项目商业、财务准备过程中，有三个重要因素需要重点考虑，即融资来源、收费方式与费率水平、补贴方式。

因此，在 PPP 项目准备期，需要对社会资本和政府两者的投入额度进行分析，主要包括四个方面。一是通过技术分析确定服务所需成本；二是通过市场及社会分析确定在特定的服务水平下人们的反应度；三是通过财务分析确定可回收成本的效率；四是通过协商与交换规范项目成本回笼之前的各种补贴。

（三）与利益相关方的预沟通

在 PPP 项目的开展过程中，所牵涉的相关利益方在早期参与 PPP 项目实施方案设计是非常必要的。利益的相关方可对项目的各个方面提出有价值的建议与意见，若未与利益相关方事先进行过协调和沟通，极有可能会影响项目的后续发展，使其脱离预定

轨道，浪费各种资源，合同执行也将陷入困境。因此，在准备阶段征求利益相关方意见尤显重要。

特别是与社会资本合作方潜在竞标人的预先协商尤其关键，它可确保拟实施 PPP 项目架构在实施过程中顺利运行。如果 PPP 项目架构的设计包括不切实际的结构组合（如高层次的服务、低廉的价格、不恰当的补贴、不合理的特许经营期限等），则可能使项目对参与竞争的社会资本的吸引力减弱，或者项目可实施性降低。因此，在准备阶段，从市场收集非正式的反馈非常有意义，当然更正式的协商要在项目实施过程中进行。

第三节　项目采购

一、采购方式选择

项目的买进需要在相关法律法规的允许范围之内进行。买进的方式包括向全社会大范围的公开性竞标、对某些心仪企业发出信号邀请其参与竞标、具有择优选择的竞争谈判以及具有竞争性质的和谐商讨和确定唯一的买进承担方。项目发起方对其买进方式的选择可以视具体情况而定。

（一）公开招标

在全社会大范围内进行公开性质的竞标主要指的是招标采购单位依法以招标公告的方式邀请不特定的供应商参加投标。公开招标的主要目的是为了建立公开、公平、

公正的平台，提供能使采购单位满意、最能实现效益最大化的机制。

竞争的优势要在利益足以吸引多个投标者时才能够显现出来，因此那些具有恒常性、技术经济参数精确以及拥有核心边界的条件且具备国家相关法律支持的项目更适宜采用公开招标。

一般的运营、维护和服务合同因为其服务范围已明确且通常是可量化的，故采取公开招标采购方式较为便利。而对于较为复杂的 PPP 项目，因其初始信息与结果通常是不明确的，加之合同执行的时间较长以及外部性的特点，使有限目标的设定和结果预测变得十分困难。此类项目采取公开招标的采购方式往往难以实施。

（二）邀请招标

邀请招标也称为有限竞争招标，它是指招标方在依照相关法律法规的前提下，按照自己在市场中所心仪的企业排名中无规律地抽选三家以上的企业作为自己的选择方，并为其投递一定的书面邀请材料，邀请其参加小范围的选择性竞标。这种形式竞标的适用情况不属于普遍性质竞标之列，其供应商的范围圈过于狭小；公开招标所产生的费用在政府总采购项目支出中的份额较大。

（三）竞争性谈判

竞争性谈判也是采购方式的一种，主要指项目谈判小组与所预选的供应商之间对货物的采购以及相关服务事项进行具有竞争性质的谈判。在这个过程当中，各个市场供应商需按照有关公示材料的要求提交方案和价格表，最终项目发起方需要在以谈判结果为主要依据的基础上择优选择最终商品供应商的方式。

具有竞争性质的谈判需要邀请一组投标者参与结构化谈判。通过使投标者意识到来自其他投标者的竞争压力，从而获得最好的报价。相比公开招标，这种采购方式过程迅速，成本较低，还能得到很好的报价。但由于筛选投标者的流程并不透明，可能无法选出最好的中标人，腐败风险有所上升。

竞争性谈判适用于以下四种情形。

（1）相关公告被发布之后没有供货商回应或者回应不合格以及二次招标仍不能通过的。

（2）因技术的过于复杂及其本身的敏感性，不能对其做出具体细节性评估的。

（3）招标时间不能与使用者的迫切要求相符的。

（4）未能对价格成本做出事前计算的。

（四）竞争性磋商

竞争性的商讨和谈判方式主要是指产品的买进方和政府买进方代表将以成立专家

谈判组的方式，与具备双方所要求的各个产品服务商对相关产品的买卖及交易之后的后期保障服务进行商讨谈判，要求产品的服务商需要按照要求递交有关证明材料和产品的买卖价格表，然后项目产品的买进方将根据谈判结果从入围名单中择优选择服务中心的买进方式。以下五种情形的项目可以采用此种方式进行产品的买进。

（1）政府充当发起人参与买进的项目。

（2）因技术的复杂性和其本身性质的敏感性，不能对其做出具体细节性评估的。

（3）因各种不确定因素导致无法事先计算出价格成本的。

（4）还未在市场竞争中完全成熟的项目和不能自己独立运行发展的项目。

（5）按照招标投标法及其实施条例必须进行招标的工程建设项目以外的工程建设项目。

（五）单一来源采购

确定唯一的买进服务方主要是指买进产品和相关后续服务的方式具有特定性和单一性的特点，以下情形适用于单一来源的采购。

（1）供货商具有唯一性。

（2）即使在紧急情况下也不能改变供货商。

（3）必须保证买进产品过程的一致性和不间断性，若出现所购产品量不足或购买新产品的情况，所补充的投入资金不得超过预订整体金额的10%。

单一来源采购能节省时间和资金，但这种方式有不可避免的缺陷，如不够公开公正，容易产生腐败现象，并且采购方式实行条件过于严格，在竞争性招标中不具备优势。采用时，项目实施机构应确信其谈判技巧及信息能够确保单一来源采购是有利的。

二、资格预审

关系民生的交通工程等项目的 PPP 模式交易应当对其进行资格预审，项目的主办方需要准备资格预审的书面材料，公示预审结果，邀请社会方代表和市场金融行业佼佼者等共同参与资格预审，检验方案是否被社会方代表所接纳并响应以及是否实现了最大优化的竞争，最后要将资格预审的书面材料递交 PPP 中心进行备案。

但这并不意味着所有的项目都将可以被实施，具体可分为三种情况。第一种是项目中有超过三家的社会资本在资格预审中通过了，该项目可以继续开展后续工作；第二种是如果通过的社会资本小于三家，该项目机构应重新调整方案进行二次资格预审；第三种是项目二次预审通过但社会资本仍不够三家的，可再次进行调整并确定新的买进方式。

三、采购文件编制

项目产品买进过程中应注意事项主要有竞争者注意条款、有关买进的约定、竞争对手需自我提供的资格证明材料、采购方式、资质信誉及相关业绩佐证文件、政府的授权书及政府单位的答复资料、买进的步骤及响应文件方案的撰写要求、递交文件的最后期限、准备期的时间及地点、强制执行缴纳的承诺金数额和方式、如何进行评审及政府方买进的政策体现、项目的初始合同方案及其他法律依据等。

对于具备竞争性质的商讨和谈判的买进产品及相关服务方式而言，除了上述内容，它还有自身的特殊性，要求在项目采购文件中将评审团与社会方代表谈判所得出的具有无法事前预测的内容标明，其中包括买进产品及服务过程中所要求的专业技能和后期的系列保障等。

四、响应文件评审

此外，过程中需要有评审组，其由项目方代表和评审方代表两方面构成，总人数必须在 5 人以上且不得出现刚好偶数的情况，并且项目公司代表不得多于小组总成员的 1/3。项目公司拥有自主选择评审方的权利，并且评审方中应至少有 1 名财务专家和 1 名法律专家，同时项目方代表不得兼职评审方专家身份从而参加项目的评审择优工作。

假如项目是以公开性的竞标、从心仪企业中择优邀请招标、多方竞争谈判、确定唯一的产品服务商方式开展买进产品及服务工作的，需严格在法律许可范围内运行后续工作。

五、竞争性采购基本程序

（一）采购公告发布及报名

具有择优选择性质的买进方式公告的发布将由政府的财政部门指定特定的媒体来公示。该公告包括诸多内容，如项目的操作方及其名称、项目的系统框架和核心侧重点、是否给予未进行资格预审的社会方代表参与买进产品活动的资格以及如何进行报名等一系列注意事项。

（二）资格审查及采购文件发售

　　如果已完成了资格预审，评审小组将对社会资本进行免审，即允许进行资格后审的，由评审小组在响应文件评审环节对社会资本进行资格审查。项目实施机构可以视项目的具体情况对符合条件的社会资本的资格条件进行考察核实。

　　买进产品文件价格的设置，其出发点应是非营利的，杜绝以项目买进产品的支出比例作为确定其售价依据的现象，应按照弥补买进产品文件印制成本费用的原则确定。

（三）采购文件的澄清或修改

　　在提交首次响应文件最终期限内，项目实施机构可以对已发出的买进产品文件进行必要的解释或修改，解释或修改的内容应作为后续买进产品及服务的文件的组成部分。解释或修改的内容可能影响响应文件的编订和撰写。项目实施机构应在提交首次响应文件截止时间至少五日前，以书面形式通知所有获取买进产品文件资格的社会方代表；不足五日的，项目实施机构应顺延提交响应文件的截止时间。

（四）响应文件评审

　　项目实施机构需严格依据采购文件的有关规定组织响应文件的后续措施。

　　评审小组将对响应文件进行两阶段的评审。

　　第一阶段的主要目的在于明确如何确定采购的需求计划。评审组将与社会资本进行多次商讨和协商，在此过程中可对文件中的采购技术、服务要求及合同草案条款等进行修订，对已不可量变的内容，应交由项目方最终审核，同时要通知所有参与谈判的社会资本。但对于文件中某些固定性款项不允许改动。

　　第二阶段的主要目的在于综合素质的打分工作。在第一阶段的工作完成后，由评审组对入围社会资本所提交的相关书面材料进行综合性的评分工作，撰写具体操作并向项目实施机构递交进入下一轮的社会资本名单。

　　项目实施机构需要将自我承诺的对社会资本的最大优惠度和外企代表采购我国货物中所应注意和享受的一系列举措以及对社会资本的某些具有法律保护的强制性要求都明确标注在前期的合同和相关的采购文件公告中。社会资本可以采用支票等非现金的方式向项目实施机构交付一定数额的承诺金，所缴纳的承诺金的比例不得高于预算总额的 2%，不得高于 PPP 项目初始投资总额或资产评估值的 10%。另外，对于流动性的资产投资或投资额较小的服务型合作项目，履约承诺金的比例不得超过平均六个月的服务收入额。

　　项目实施机构可以组织社会资本深入现场进行考察调研，但决不允许对个别社会资本给予特权准许其进行考察和为其释疑。

六、谈判与合同签署

项目实施机构需成立专业的工作组来进行采购结果质检的工作。工作组需按照入围社会资本排名，与各方代表进行关于合同中可变动条款进行最终的确认谈判，谈判过程中若有候选者最先与工作组形成了契约精神，则其为最终的胜利者。合同中的固定性款项不得在此轮谈判中提及，并且不得与已经淘汰的社会资本进行二次谈判。

最终的确认谈判结束后，项目发起方应协同最终胜利的社会资本签订修改之后的有关合同，并且需要将此合同进行一定期限的公示，公示期不得少于五个工作日。同时，合同中必须附带社会资本所承诺的书面材料和相关技术性的文件。假如合同中的内容涉及国家利益和商业秘密，可以予以选择性公示的特权。

如果在公示期内双方出现了不和谐的矛盾或无法达成一致的意见，政府审核不予通过，反之，则项目实施机构可与最终胜利的社会资本签订最终性质的协议。

如果因项目的需求需设立项目公司的，待公司成立后，项目实施机构需和公司再次签订合约，也可以签订具有补充性质的协议。

项目实施机构需将签订的合约在省级以上人民政府财政部门指定的媒体上进行公告，且发布公告的时间不得迟于自签订之日起的两个工作日，如若合同中涉及国家秘密、商业秘密内容，则不予公布。

同时，各级人民政府应对 PPP 项目采购过程中的违法、违规行为加大监管力度。

第四节　项目执行

PPP 项目发展的第四个阶段是项目的操作。PPP 项目的前三个阶段需要几个月的时间，包括项目计划书的撰写和社会资本的选择。第四阶段相比于前三阶段来说，需要 10~30 年的时间，具有期限性长的特点。这一阶段更是 PPP 项目产生物有所值、效益最大化的黄金阶段。此阶段一般由是否需要成立项目公司、如何进行融资管理、项目的进行建设期、试投入使用期、绩效考核方式、合约的监管、如何应对突发状况和阶段性评估等八大环节构成。

一、项目执行阶段流程图

项目执行阶段流程如图 5-4 所示。

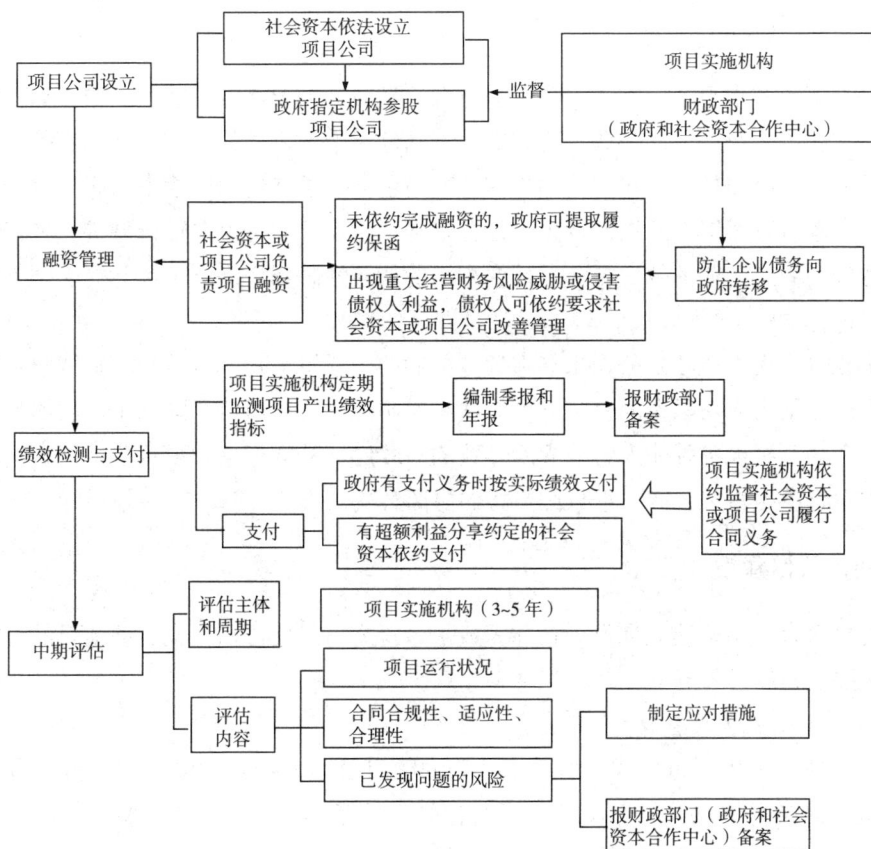

图 5-4　项目执行阶段流程图

二、项目公司设立

社会资本可在相关法律法规的支持下成立项目的具体操作公司，同时政府可派遣相关单位依法参股项目公司。项目实施机构和财政部门应监督社会资本按照采购文件及项目合同的相关约定，按时足额出资设立项目具体操作公司。

PPP 项目公司的股份持有者构成具有多元化的特色，此种形式的优势在于可以减缓单一股东的投资成本，提高项目的效率，使项目债务和股权收益达到平衡。同时，因为 PPP 项目的建设具有工期长、风险大的性质，所以需要多元化的具备专业能力的发起人，形成多方共同投资，按一定比例共享收益和权利，同时优化风险承担机制，使各路英雄有用武之地，降低单一股东的风险权责，避免资源浪费。

三、融资管理

社会资本和项目公司在商讨项目的融资问题时，需要准备一系列工作，如方案的设计、和相关企业单位的协调、合同的签署问题、融资之后的产权分配问题等。在这个过程中，政府和项目公司将共同扮演督察角色，力求杜绝因监管不当而导致的"企业跑路、政府背黑锅"的局面发生。社会资本和项目公司可以向银行借贷、进行租赁式的融资、固定产业的效益投入、债券市场的债务性融资、将未来收益提前预支贷款等形式进行融资。

如果社会资本或项目公司未能在约定的时间内融资成功，可适当放宽期限；假如在宽限期后仍未成功融资的，政府可对履约保函代管直至项目合同终止。假如是因大规模的金融危机或各种非人力因素所导致的，政府、社会资本和项目公司可在法律权限之内自行参照相关合同，进行民主式的协商解决。

四、项目建设

经社会资本出资建立项目公司并完成了融资之后，便可以正式启动项目的有关建设，主要包括以下几部分。

（一）工程协调管理

PPP 模式工程的组成成员有政府、PPP 项目公司、初始的股份持有者、资金的来源机构以及承担设计、建设和经营的有关公司等。项目公司的主要职责具有系统性和科学性的特点，一方面协商和管理为该工程服务的关联合同单位，另一方面应与工程所涉及的各相关单位和政府部门进行商讨协商，促使项目得以顺利开展。

（二）工程招标与分包

项目工程的具体操作公司在独揽了 PPP 项目所属权之后，以自我之力独自完成可能存在某种未知风险，因此需要以选择工程招标和分包的方式来选择具有资历和经验的、有特长的合作者来共同完成项目的建设。

（三）进度管理

项目承揽公司需依据合同的有关规定进行项目计划的进度管理，处理好各种衍生关系，从而确保在省时保质的前提下获得最大的投资效益。除此之外，还要对工程的不同操作阶段、不同阶段的具体事项进行统筹安排，对偏离原有进度计划的操作阶段进行改善和监管等。

PPP 模式项目工程的阶段性管理的主要内容由初步制订期望值计划、对计划的再次调整、提交进度报告、撰写阶段性进度完成情况等几方面构成。

（四）质量管理

项目工程竣工后的使用价值取决于其在项目建设过程中的质量优劣，因此必须重视对工程质量的监察督管。对 PPP 模式的项目工程来说，这一点尤为重要，因为 PPP 项目具体操作建设期有严格的时间要求，所以一些项目的承揽公司在工程质量的控制以及施工原材料的购买和使用上，其出发点在于眼前的短期目标性效益，往往难以保证操作期满后以及与项目主办方正式交接后的工程质量。PPP 项目往往是国家的基础设施，其质量好坏关乎民生安全和社会稳定，因此质量问题不容小觑。

PPP 模式项目中通常会不可避免地出现质量控制上的缺陷，如因建设资本、违规操作及监管不力等。对此，可以通过法律的约束力，加强政府对 PPP 项目的监管力度来提高工程质量。

（五）其他管理措施

为了保证 PPP 项目的顺利进行，需要规范和遵循完善的管理措施，除此之外的其他管理措施主要是由安全措施、关于工程具体细化的书面材料文件管理措施以及工程服务人员管理与监管项目行动措施等部分构成。

（六）项目竣工验收

项目公司应当在双方事先规定好的时间内使相关工程圆满完成，并且要通知政府来对工程的完成度进行验收，同时要为政府对项目的试运行积极协调，做好准备工作。

五、项目试运营

项目在操作步骤阶段的检测性实验的风析评估对其下一阶段的实施方案具有重要的作用，一方面是确保其圆满完成与后续工作的关键步骤，另一方面是保证运营安全的重要环节。在检测性实验环节阶段，项目公司可以参考如下步骤。

（一）设定项目试运营时间

根据项目完成所需要时间期限的不同，中小型项目的检测性实验可以设定年试运营期限；大型项目则可以灵活设置 3~5 年的试运营期限。

（二）项目运行情况监测

在检测性实验阶段，应通过各种形式对此项目的各项功能性设施运行程序进行检测管理，以便能及时有效地掌握试运营期间各设施的安全性，从而确保工程的圆满完成。

（三）项目效益情况观察

此项观察主要指能够及时且有效地对项目的中期操作阶段的收益率程度有一定的了解，从而进一步分析其合理性，并且对未来的潜在发展可能性和效益程度进行评估，看是否符合预定的期望值。

（四）项目问题及完善措施

在工程项目的检测性实验阶段，能够及时发现项目中潜在的风险和缺陷，并采取积极有效的补救措施，完善规章制度，为下一阶段的正式运营打好坚实的基础。

六、绩效监测与支付

在项目建成之后，有一些新的问题需要重新被考虑，如项目公司需依据事前各方约定好的各项条款在实施项目操作和检测实验的同时为公众提供产品和服务，对于 PPP 项目的绩效监测及回报问题应引起有关方面的注意。项目实施机构将根据有关规定监督社会资本或项目公司履行合同义务，定期对项目的产出考核标准进行检测，撰写每一季度和每一年度的材料报告，并且递交上级单位。

财政单位在公布的关于《政府和社会资本合作模式操作指南（试行）》中对 PPP 项目的不同的回报机制作出了明确的规定，分别为消费者直接付费、政府方直接付费、消费者直接付费加补助性措施付费等。

（一）政府支付

项目实施机构将根据有关规定监督社会资本或项目公司按时履行合同义务，定期对项目的产出考核标准进行检测，撰写每一季度和每一年度的材料报告，并且递交上级单位。对于在工程协议中所标明的政府所承担的财政补贴义务，财政部门应该将其纳入同级政府预算，综合各方因素考虑有关财政规划，最终在相关政策的保障下依法管理、依法办事。因此，财政单位和项目实施机构可以采用建立 PPP 模式的项目支付的专项渠道，最大限度地规避财政潜在风险。

（二）利益分享、奖励和惩处

政府承担了一定的财政支出的功能。项目实施机构可以根据有关的合同和法律法规通知财政部门向社会方资本或项目公司及时支付相应的收益和亏损。此外，政府也拥有同等的待遇和权责，可要求社会资本或项目公司向其支付一定款项。

如若项目最终的实际收益超出准备期所预测的，那么项目实施机构将为其他参与者实行奖励政策，这一最终结果也是作为合约期满后是否继续延期的依据；反之，则会实施一定的处罚措施或者对其进行人道主义救助。

七、合同履约管理

（一）合同修订、违约与争议解决

首先，在合约的生效期间面对竞争力小的现状，政府将陷入尴尬的局面，即很难在缺少相匹配资源和技能的情况下对社会资本的合同是否处于有效期进行及时有效的监管；其次，当不同矛盾和意见出现时，面对缺少调节机制和机构的状况，也将引起一系列事件，如在政府无法按时履约时，社会资本的自身权益也将随之受损。

所以，违约责任、合同修订以及争议解决这些工作在管理与执行项目合同的时候应该成为项目实施机构关注的重点。

1.合同修订

根据写在项目合同里面的程序及条件，项目公司和社会资本或者项目的实施机构在公共服务、产品的结构以及需求量、社会经济环境发生变化之后有权申请合同修订，通过政府的审核之后提出的申请就可以执行。

2.违约责任

合同双方需要履行合同上规定的义务，遵守合同的各项条款。如果项目公司、社会资本或项目实施机构各方没有按照合同约定履行义务，就构成了违约。违约的一方需要承担起与之相对应的违约责任，如支付违约金、在项目合同解除前赔偿损失、停止侵害以及消除影响之类。

3.争议解决

根据项目合同中的要求，项目公司、社会资本或者是项目实施机构在实施项目的过程中如果发生了争议且通过协商也不能解决的事项，可以通过向法院提起民事诉讼或者依法申请仲裁的方式来解决。

（二）债权人直接介入

如果在项目进行的过程中发生了财务风险或者非常严重的经营问题，侵害且威胁到了项目的债权人的利益，那么根据和项目公司、社会资本或者政府之间签订的合同中关于直接介入的条款或者协议，合同的债权人有权利对项目公司或社会资本提出要求，要么完善其管理，要么改善其经营。要是在直接介入了条款或协议之后解除了重大风险，此时债权人必须要停止介入项目。

八、应急管理

在合同进行的过程中，如果项目公司或者社会资本没有遵守项目合同中的约定，而且威胁到了重大公共利益与国家安全，或是危害了公共服务及产品的稳定持续的安全供给，政府就有临时接管项目的权利，且可以一直持续到项目启动或者程序提前终止。按照项目合同中的约定，违约方或者各责任方将承担在临时接管项目过程中产生的所有费用。项目公司或社会资本可以选择从他们原来应该获取的终止补偿里面扣减所需承担的所有临时接管产生的费用。另外，政府有权指定一个合乎要求的第三方机构对项目进行临时接管。

九、中期评估

完成融资需要先签订特许经营合同。近年来，国内的特许经营的法律政策环境在日趋完善。我国关于特许经营项目的期限一般是 20~30 年，公用事业特许经营项目是一个长期过程而非一个时间点。政府主管部门的工作在签订合同之后还没有结束，授予特许经营权后还需对特许经营项目进行监管。对一个已经成功招商了的特许经营项目作中期评估是非常必要且大有益处的。通过研究并辨识项目的防范措施、履约风险及其履约情况，能够非常快速地了解与城市居民的生活关系密切的公用事业的实施情况，这对项目运行的整体提高及改进也有好处。

政府在比较细节和专业的问题上是很难做到及时有效的深入了解和调研的，而中期评估是了解掌握项目运营进展情况的重要途径。这时第三方的中介机构就提供了非常有效的帮助，其可以对项目进行非常专业的评估，给政府部门提供专业参考。政府还可以通过中期评估来检测自身的监管，以实现监管重点和方向的调整，进而把自身优势及监管资源发挥出来。

中期评估有利于降低项目风险，推动特许经营项目的健康发展，有利于在项目运作遇到难题时政企双方一起主动寻找解决问题的方法，在政企之间搭建了一座有效沟通的桥梁。中期评估是项目公司和投资者从第三方的角度去熟悉掌握企业情况的重要依据。中介方在中期评估中给出的中期评估报告能用作项目运作方关于企业运营状况的记录，还可以给企业实现自身的良好运营和管理打下良好基础。

所以，项目的实施机构必须在 3~5 年之内作一个中期评估，中期评估应以分析项目合同的合理性、适应性、合规性以及项目运行状况为重点。项目评估有两种主要的方式，第一种是政府公用事业主管部门对咨询机构进行委托，令其以第三方的身份对特许经营的项目进行中期评估；第二种是政府公用事业主管部门组织有关人员对特许的经营项目进行中期评估。

合同双方共同签订的特许经营协议的约定以及政府的相关规定是中期评估确定的主要依据。在《市政公用事业特许经营管理办法》里有这样的要求，即要对得到了特许经营权的企业的经营状况作一个中期评估。所以，中期评估的相关评估调研主要是对特许经营企业的经营情况开展的。

第五节　项目移交

一般是在提前项目合同终止或者是结束项目的合作期限之后进行项目移交。项目移交就是项目公司把所有的项目设施以及与之有联系的权益用合同中定下的程序和条件一起交给政府指定的其他机构或者政府相关部门。项目公司在PPP项目的特许经营期满后就得把项目的经营权或经营权与所有权同时移交给政府相关部门。项目移交有五个阶段，分别是项目性能和功能测试、项目资产评估、资产交割、移交准备、项目绩效评价。

项目移交需要遵守相应的基本原则，即项目公司一定要保证项目符合政府对回收项目的一系列基本要求。政府在项目合同提前终止或项目合作期满后需要对移交的项目自行运营或者进行重新采购，而项目公司需要做的是尽量降低移交对公共服务或产品供给产生的影响，并且确保项目能够持续运营。

一、移交准备

移交项目的时候，政府派出的其他机构或者是项目的实施机构将会代表政府相关部门回收项目合同中已经约定好的项目资产，还需要组建一个移交项目的工作组，并且依照项目合同中的约定以及项目公司或者社会资本定好的补偿办法和移交情形，同时制订资产评估和性能测试方案。

项目合同中对移交内容、补偿方式、移交标准和移交形式必须作出明确的约定。其中，移交内容涵盖了项目文档、人员、知识产权、资产等；补偿方式包括有偿移交与无偿移交；移交标准包括最短可使用年限及设备完好率等指标；移交形式包括提前终止移交及期满终止移交。

如果要采用有偿移交这种补偿方法，就应该在合同中写明补偿方案；在项目合同中约定的不清楚或根本没有作出约定的，项目的实施机构就要依据"恢复其一样的经济地位"这一规定来作出补偿的方案，然后报给政府，在政府经过审核且认可之后施行。

（一）移交内容
（1）项目实施过程中的相关人员。
（2）和项目设施有关的零部件、备品备件、机器、设备及其他资产。
（3）项目设施。

（4）移交项目需要的其他文件。

（5）使用项目土地的权利和项目用地的其他权利。

（6）维护和运营项目设施的过程中需要的技术信息和技术。

（7）关系到项目设施的文件、图纸、手册以及资料（电子文档和书面文件）。

（二）移交的条件和标准

1. 技术方面的标准和条件

项目设施必须处在较好的运营状况，还要符合双方共同约定的环保、安全和技术标准。

2. 权利方面的标准和条件

土地、项目设施及其所接触到的任意资产都应有相应的标准和条件。

（三）移交费用

（1）如果由于合同一方的违约造成了项目终止且必须把移交提前的后果，就能够把相应所有移交费用交给违约方承担。

（2）由项目公司和政府方一起承担移交手续产生的有关费用。

（3）办理移交手续的时候产生的所有开销由项目公司来承受，这样的做法比较常见，并且在办理移交手续的时候产生的有关开销也会在这个项目的财务安排中得到优先的考虑。

二、项目资产评估

移交项目的工作组需要把委托权交给拥有相应能力的资产评估机构，根据项目合同中规定的评估办法，要对移交资产作出评估，以此作为补偿金额的确定根据。

（一）组建与评聘 PPP 项目公司所移交项目的价值评估机构

因为工作涉及的交通基础设施项目有非常强的专业性和较大的规模，所以公司在 PPP 项目移交的价值评估工作中必须按照协议的规定由政府或者项目公司找到并且聘用一个双方都能认可的第三方来实现所需移交项目的价值评估，还可以通过政府和项目公司分别推荐一些专家共同组成评估机构来完成与之有关的价值评估工作。

不管 PPP 项目公司所移交的项目的价值评估机构是如何构成的，都必须坚持公平公正的原则。只有通过这样的方式，项目价值评估机构才可以从第三方的立场对项目在移交的时候产生的所有价值给出合理公正的测评结果。因为价值评估的结论关乎合同双方的利益，所以评估机构一定要坚持做到公正公平。

（二）确定 PPP 项目公司移交项目价值评估的组织工作

（1）由评估机构制定 PPP 项目公司移交项目价值评估的评估计划。

（2）筛选PPP项目公司所移交的项目价值评估需要的资料。

（3）确认PPP项目公司所移交的项目价值评估的范围等。

（4）完成评估报告。

三、性能测试

项目移交的工作组需要完全根据移交标准和性能测试方案对所移交的资产进行性能测试。要是性能测试的结果没有达标或者与技术标准及移交条件不相符，那么负责移交的工作组就要让项目公司或者社会资本进行更新重置、提取移交或者恢复性修理，这样才能保证项目符合移交时的约定。

四、资产交割

项目公司或者社会资本需要把能够通过性能测试要求的技术法律文件和项目资产的知识产权、资产清单一同呈送给项目的实施机构，然后办好管理权移交手续和法律过户。项目公司或者社会资本要一起处理好与项目运营安全过关相联系的工作。

（一）项目相关合同的转让

为了能在移交项目的时候继续履行项目公司在项目运营和建设时制订的所有合同，要把那些还没有完全实现的合同从项目公司转给政府或者政府安排的其他机构。为了确保上面所说的义务可以完全被实现，项目公司在签订合同的时候就应该跟相关的合同方（如运营商或者承包商）进行具体的约定，在移交项目的时候需要授权项目公司把其中涉及的合同转让给政府或者政府指定的其他机构。在实践的过程中，可以转让的合同有很多种，包括项目供应原料的合同、承包工程的合同、购买产品或服务的合同、服务运营的合同、保险的合同、租赁融资的合同、租赁的合同等。

一般情况下，政府会依据合同根据项目继续运营过程的重要性来决定是否转让合同。除了这些，如果合同中还没有满期的相关担保，也需要按照政府的具体要求转让所有项目。

（二）技术转让

有的PPP项目对项目实施的专业性有比较严格的要求，在实施过程中可能会用到第三方的技术（其中包含了从第三方通过技术许可或者技术转让的方式取得的技术）。在这样的情况下，政府一定要保证在移交项目后如果再用那些技术也不需要向第三方做出侵权赔偿。

所以，在PPP项目的合同中作出约定，项目公司在移交时需要把项目维护与运营过程中使用的全部技术都交给政府或者是政府指定的机构，还要可以完全使用所有技术且无须承担所有因为侵权产生的索赔。如果相关技术的归属权属于第三方,在和第三方签订技术授权合同的时候,项目公司需要和第三方制订清楚的条约,同意在移交项目的时候项目公司把授权技术的合同移交给政府部门或政府指定的机构。

此外,PPP 项目的合同应约定在移交日之前,如果某些技术的使用权限已经满期,那么项目公司就有帮助政府得到使用所有技术的义务。

合同的约定决定了主要由哪一方负责办理移交与之相关的合同转让和资产过户等手续,一般情况下是交由项目公司来负责的。

对移交过程中必要的风险转移安排要作出明确规定,如果在移交日之前,就由项目公司来承担起项目设施带来的全部或者部分损坏或损失的风险,除非是因为政府方的违约或过错导致了该损坏或损失;要是在移交日或者之后,就应当由政府来承担项目设施过程中的全部或者部分损坏或损失的风险。

五、绩效评价

财政部门(PPP 中心)在项目移交完成之后应该组织相关部门对 PPP 模式应用、成本的效益、项目的产出、可持续性、监管成效等作出绩效评价,而且要按照有关的条款公开他们的评价成果。公开出来的评价成果会作为政府开展社会资本和政府共同管理工作决策的重要参考依据。

整个 PPP 的操作过程由一系列文件记录各阶段的成果,表 5-2 所列为部分标志性的成果文件。

表 5-2　PPP 项目各阶段相关文件列举

序　号	阶　段	工作内容		成果文件
1		项目发起		《项目建议书》
2		《项目预可行性研究报告》		
3			新建、改建项目	《新建、改建项目可行性研究报告》
4	项目识别			《新建、改建项目初步实施方案》
5		项目筛选		《新建、改建项目产出说明》
6			存量项目	《存量项目公共资产历史材料》
7				《存量项目产出说明》
8				《存量项目初步实施方案》

续 表

序 号	阶 段	工作内容	成果文件
9	项目识别	物有所值评价	《项目物有所值评价报告》
10		财政承受能力评价	《财政承受能力评价报告》
11	项目准备	制订实施方案	《项目实施方案》
12	项目采购	资格预审 《资格预审公告》 《资格预审申请》 《资格预审评审报告》	《资格预审文件》
13			
14			
15			
16		项目采购 《项目采购补遗文件》 《竞争性磋商文件》 《采购需求方案》 《项目采购响应文件》 《项目采购评标报告》	《项目采购文件》
17			
18			
19			
20			
21			
22		谈判与合同签署 《项目合同》 《特许经营协议书》	《谈判备忘录》
23			
24			
25	项目执行	项目公司设立 《项目公司工商营业执照》	《项目公司设立文件》
26			
27		融资管理 《项目投资协议》 《履约保函》	《项目融资方案》
28			
29			
30		绩效监测与支付 《项目产出说明》 《修订项目合同申请》	《项目产出绩效指标季/年报》
31			
32			
33		中期评估	《项目中期评估报告》
34	项目移交	移交准备	《项目移交补偿方案》
35		性能测试	《资产评估和性能测试方案》

序　号	阶　段	工作内容	成果文件
36	项目移交	绩效评价	《项目绩效评价报告》
37		项目后评价	《项目后评价报告》

第六节　项目绩效评价

交通基础设施 PPP 项目绩效评价的目标是通过全面细致的总结，为政府制定相关政策时提供科学依据，同时不断提高 PPP 项目管理、设计、决策、运营、施工的水准，实现最大化公众福利、改进管理措施、提高投资效益、促进生态平衡、合理利用资金、提高公共产品的供应能力和质量等。绩效评价是其全生命周期中十分必要的信息反馈环节，是 PPP 模式运作的必要组成部分。

项目运营阶段、建设过程和决策过程中暴露的所有问题能通过绩效评价的方式反映出来。绩效评价可以推动项目全生命周期中所有工作慢慢改善，检验出项目投资的决策是否正确，并把所有的信息反馈给管理决策部门，从而形成一个完整全面的绩效管理系统。通过健全的绩效管理，可以为公众和社会资本树立一个好的政府形象，推动我国 PPP 模式应用的标准化与规范化，从而深化社会资本的吸收，并加强交通基础设施的建设和运营，使其更加符合新公共管理理论，实现政府的有效管理。

建立关键绩效指标 KPI（Key Performance Index）是 PPP 项目绩效评价的关键环节。通过提升各个 KPI 指数，促进 PPP 项目达到绩效目标是绩效管理的关键路径。这里将重点介绍基于 KPI 的绩效评价模型，采用虚拟标杆的方法构建 PPP 项目的综合绩效评价体系。

一、PPP 项目的虚拟标杆

（一）标杆管理简介

标杆管理法是企业生产经营中持续改进、优化经营策略和追求高绩效的方法之一。标杆管理的核心是以行业内最优秀企业作为学习的榜样，以它的管理效率和水准作为标杆。通过学习，企业重新思考和改进经营思路和管理方法，创造自己的最佳业绩，争取赶上和超过竞争对手，成为行业中的强者。

（二）虚拟标杆

进行标杆管理的关键是寻找、确立标杆。实施标杆管理，先要解决两个关键性的问题：一是标杆瞄准的内容是什么，即向别人学习什么，树立什么标杆；二是标杆的高度，即管理目标值。要在传统的标杆管理中实施标杆瞄准，第一步是解决和谁作比较以及向标杆学习什么的问题。

最优价值是 PPP 项目的最终目标。不一样的利益相关者对每个 PPP 项目抱有不一样的目标和期望，绩效管理可以分析实际项目运作时与绩效目标和最终目标间的差距，并找到薄弱之处，对其进行有指向的改进，提升项目的绩效，所以这两个目标共同构成了 PPP 项目的内外标杆。PPP 项目的两个虚拟标杆是绩效目标和最优价值。虚拟标杆具有虚拟的特点，是为项目确定的努力方向，而不是现实中存在着的竞争性项目或者竞争对手，也不是实际项目能够实现的目标。虚拟标杆和传统的标杆管理大不相同，它的确定给 PPP 项目找到了两个凌驾在不同类型和存在于项目内部的 PPP 项目上的标杆。其中，虚拟标杆的确立应当满足利益相关者的共同需求，因而离不开 PPP 项目利益相关者共同绩效目标的识别、选择和实现的目标指标体系。

二、PPP 项目综合绩效评价体系

（一）基于虚拟标杆的 PPP 综合绩效评价体系

PPP 项目绩效评价中的虚拟标杆就是 PPP 项目的绩效目标。虚拟标杆有外部标杆和内部标杆两种。内部标杆对一个特定的 PPP 项目来说，就是这个项目在策划阶段定好的绩效目标值。利益相关者设定绩效目标所得出的标杆是 PPP 项目整个阶段中衡量自我的标准尺度。把绩效指标和 KPI 联系在一起，设置为了实现之前定下的目标而一定要实现的 KPI 标杆指数，在全生命周期内不断审视每个 KPI 和虚拟标杆的差距，把这个当作未来项目运作时的调整方向，实现绩效目标的持续增长。另外，PPP 项目的外部标杆是全部同类的 PPP 项目绩效指标水准可以实现的最优值。实际上，这常常是一个不容易达到的水平，只是为了促进 PPP 项目的利益相关者一起提升项目绩效，给不同的 PPP 项目提供同一水平的合理的评价平台，考察每个 PPP 项目的绩效水平。

KPI 可以被分成动态和静态的指标，旨在充分考虑 PPP 项目在变化的项目内部环境和比较稳定的宏观环境影响之下的绩效变化。静态指标属于物理特征指标的部分。因为这些绩效指标在项目开始设计和施工前就已经定下了，所以它们也被看作是对项目之后运营、设计、施工的边界条件，是输入型的指标，表现了 PPP 项目的使用效能，决定了 PPP 项目的奋斗方向和目标实现。动态指标属于 PPP 项目中的输出型指标，表现了 PPP 项目过程中合作伙伴关系、效率、经济性的改变。把输出型和输入型的指标结合在一起，搭建一个输入 / 输出的模型，将时间的节点当作项目的决策单元（DMU），能够权衡每个时间的节点上决策单元（DMU）的有效性变化，从而表现出项目绩效的改变。

所以，可以把 PPP 项目综合的绩效测评分成两个阶段，其绩效评价流程如图 5-5 所示。

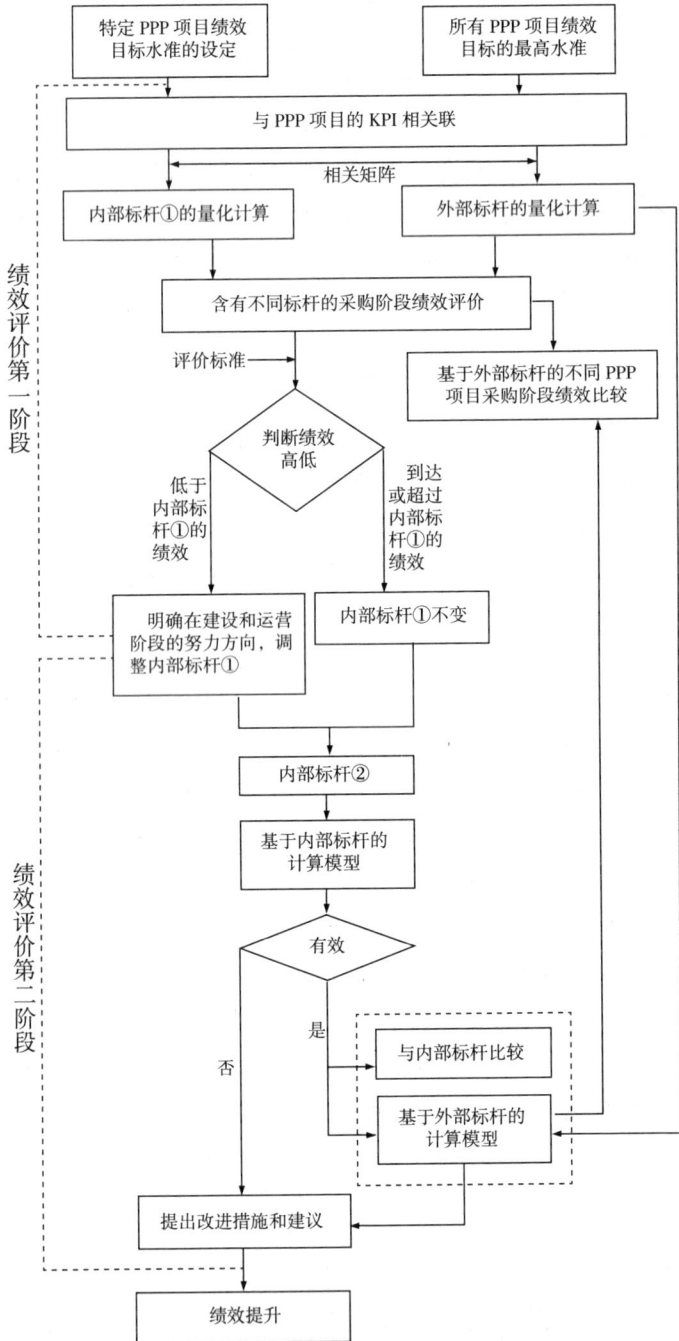

第一阶段是要对 PPP 项目采购阶段的绩效进行评价，来源于物理特征指标部分的 KH 是评价的指标，通过绩效目标的水准设定得出那个阶段所选用的内部标杆，使用绩效目标的最优值得出外部标杆。进行绩效评价的时候，需要分两种情况进行下一阶段的绩效管理。第一种是当绩效不足时，由于物理特征指标在 PPP 项目的施工运营阶段不会发生变化或者只发生微小的变化，所以要相对调整后面阶段的部分虚拟标杆，以避开之后因虚拟标杆的设定太高，利益相关者变得消极的状况；第二种是绩效满足要求时，就能和外部标杆对比，这样就可以在接下来的时期得到更好的绩效。通过计算得出的应用外部标杆的绩效还能和同行业不一样的 PPP 项目进行横向比对，进而学习同行的优秀经验和方法来增强自己的绩效水平。

第二个阶段主要包含标杆限定域的 DEA 方法测算运营和施工期的绩效变化。根据计算结果是否有效来推断过程中的活动有效性，然后凭借这个算出每个时间节点的绩效。

（二）PPP 项目绩效评价的虚拟标杆量化

如果要按照阶段对 PPP 项目进行绩效评价，就先要解决虚拟标杆量化的问题。

第一步：构建绩效目标水准 D 和 KPI 的关系矩阵（表 5-3）。

表 5-3　绩效目标水准 D 和 KPI 的关系矩阵

KPI	KPI 的线性权重	绩效目标及其相应的水准							
		PO_1	PO_2	PO_3	…	…	…	…	PO_M
		D_1	D_2	D_3	…	…	…	…	D_M
KPI_1									
KPI_2									
KPI_3									
…									
…									
…									

KPI$_m$							

第二步：通过联系每个 KPI 在所有的 KPI 里的线性权重，关注绩效目标 PO 和 KPI 的相关矩阵以及已经设定好的绩效目标水准 D，然后对其进行求和，就可以得出每个 KPI 的内部标杆值，下面是详细的计算步骤。

$$IB_k = \sum_{i=1}^{n} D_i \quad Q_k \quad C_{ik} \qquad (5-1)$$

式中：IB_k——第 k 个 KPI 的内部标杆值；

D_i——对第 i 个绩效目标水准的设定；

Q_k——第 k 个绩效指标的权重；

C_{ik}——第 k 个 KPI 与第 i 个绩效目标的相关性强弱。

其中，对 D_i 的设定采用了梯形模糊函数，即将其去模糊化，含义参见表 5-4。利益相关者主观评判转化为模糊数，即 $D_i = d_i = (e_i + f_i + g_i + h_i)/4$，从而式（5-1）可以变换为：

$$IB_k = \sum_{i=1}^{n} d_i \quad Q_k \quad C_{ik} \qquad (5-2)$$

同理，可以得到基于绩效目标最优值和最差值的标杆。

表 5-4　绩效子目标水准的语言变置评估和对应的模糊数

绩效子目标水准的语言变量	模糊数
非常差（EP）	（0，0，0，20）
介于非常差和差之间（EP/P）	（0，0，20，40）
差（p）	（0，20，50，70）
介于差和中之间（P/F）	（30，50，50，70）
中（F）	（30，50，80，100）
介于中和好之间（F/G）	（30，80，80，100）
好（G）	（60，80，80，100）
介于好和非常好之间（G/EG）	（60，80，100，100）
非常好（EG）	（80，100，100，100）

第三步：设置标杆语言的变量。式（5-2）得到的标杆值要跟以绩效目标的最差值和最优值为基的标杆值进行对比，根据这些推测出内部标杆的方位，然后就能与项目详细的 KPI 值进行对比计算，设置相应四个等级，具体如下。

（1）当 $\dfrac{IB_k - IB_{k\min}}{IB_{k\max} - IB_{k\min}} \geq 0.09$ 时，语言标杆等级为"极好"（EG）。

（2）当 $0.75 \leq \dfrac{IB_k - IB_{k\min}}{IB_{k\max} - IB_{k\min}} < 0.9$ 时，语言标杆等级为"好"（G）。

（3）当 $0.5 \leq \dfrac{IB_k - IB_{k\min}}{IB_{k\max} - IB_{k\min}} < 0.75$ 时，语言标杆等级为"中"（F）。

（4）当 $\dfrac{IB_k - IB_{k\min}}{IB_{k\max} - IB_{k\min}} < 0.5$ 时，语言标杆等级为"差"（P）。

同时，上面的四个不同等级可以推测每一个 KPI 的值，在实际的 PPP 项目中推测详细的 KPI 指标值时，也需要考虑到部分指标中所涵盖的比较广泛的意义。因此，上面的指标一部分可以定量，一部分只可以定性，在这里主要是要结合定性的主观判断和定量的数据共同来评判。

三、含有不同标杆的采购阶段绩效评价

（一）Minkowski 距离计算方法

对绩效指标的评判有四个等级的语言变量，评判时可以根据项目运作中的实际情况评判是极好、好、中或差。然而，这四个语言变量是模糊不清的，包含了大量的不确定信息。根据上面的评级标准，如果单个 KPI 的评分为 100 分，那么可以设定 KPI 四个等级的评分是处于四个区间的。

（1）"极好"（EG）→ [90，100]。

（2）"好"（G）→ [75，90）。

（3）"中"（F）→ [40，75）。

（4）"差"（P）→ [0，40）。

根据灰色系统理论，白数、灰数和黑数是描述不确定信息的三个分类。令数 $\otimes x = \left[\underline{x}, \overline{x}\right] = \left\{\underline{x} \leq x \leq \overline{x}, \underline{x}, \overline{x} \in R\right\}$，对于灰数的下限 $\underline{x}$ 和上限 $\overline{x}$ 两个数可以定义如下：

（1）如果 $\underline{x} \to -\infty$，$\overline{x} \to \infty$，那么 $\otimes x$ 被称为黑数，不包含任何信息；

（2）如果 $\underline{x} = \overline{x}$，那么 $\otimes x$ 被称为白数，包含完整而清晰的信息；

（3）其他情况下，$\otimes x = \left[\underline{x},\overline{x}\right]$ 被称为灰数，包含不充分和不确定的信息。

灰数实际上可以看成是模糊数的特殊形式。假设两个三角模糊数 $\overline{a} = (a_1, a_2, a_3)$，$\overline{b} = (b_1, b_2, b_3)$，那么 $\overline{a}$ 和 $\overline{b}$ 之间的 Euclidean 距离可以按下式计算。

$$d\left(\overline{a},\overline{b}\right) = \sqrt{\frac{1}{3}\left[\left(a_1 - b_1\right)^2 + \left(a_2 - b_2\right)^2 + \left(a_3 - b_3\right)^2\right]} \quad （5\text{-}3）$$

当模糊数和转换成为灰数和时，$\overline{a}$ 和 $\overline{b}$ 之间的 Euclidean 距离可以按下式计算。

$$d\left(\otimes a,\otimes b\right) = \sqrt{\frac{1}{2}\left[(\underline{a} - \underline{b})^2 + (\overline{a} - \overline{b})^2\right]} \quad （5\text{-}4）$$

根据式（5-1）、式（5-2）、式（5-4）可以得到 m 维空间的 Minkowski 距离，假设在 m 维空间中有两个灰数序列 $\otimes x_i = \left[\underline{x}_i,\overline{x}_i\right]$ 和 $\otimes y_i = \left[\underline{y}_i,\overline{y}_i\right]$，并考虑灰数的权重，其 Minkowski 距离可用式（5-5）计算。

$$d\left(\otimes x_i,\otimes y_i\right) = \sqrt[p]{\frac{1}{2}\sum_{i=1}^{m}\omega_{gi}\left[\left|\underline{x}_i - \underline{y}_i\right|^p + \left|\overline{x}_i - \overline{y}_i\right|^p\right]} \quad （5\text{-}5）$$

（二）含有不同标杆的绩效评价

根据式（5-5）可以进一步拓展出如何衡量特定 PPP 项目与其内部标杆和最优标杆的贴近程度，以此作为衡量绩效高低的标准。

（1）假设特定 PPP 项目的 KPI（KPI_1–KPI_{10}）在第一阶段的评判值为灰数向量，$\otimes P_i = \left[\underline{P}_i,\overline{P}_i\right]$ 其对应的权重为见 W_i，可以根据表 5-3 的全部 KPI 权重线性求解得到。

（2）设最优状态、绩效目标设定状态和最差状态下的标杆评判值向量分别为

$$\otimes I_{i\min} = \left[\underline{IB}_{i\max},\overline{IB}_{i\min}\right]$$

$$\otimes IB_i = \left[\underline{IB}_i,\overline{IB}_i\right]$$

$$\otimes IB_{i\min} = \left[\underline{IB}_{i\min},\overline{IB}_{i\min}\right]$$

则 $\otimes P$ 到三个标杆的距离分别为

$$d\left(\otimes P_i,\otimes IB_{i\max}\right) = \sqrt[p]{\frac{1}{2}\sum_{i=1}^{m}W_{gi}\left[\left|\underline{P}_i - \underline{IB}_{i\max}\right|^p + \left|\overline{P}_i - \overline{IB}_{i\max}\right|^p\right]} \quad （5\text{-}6）$$

$$d\left(\otimes P_i,\otimes IB_i\right) = \sqrt[p]{\frac{1}{2}\sum_{i=1}^{m}W_{gi}\left[\left|\underline{P}_i - \underline{IB}_i\right|^p + \left|\overline{P}_i - \overline{IB}_i\right|^p\right]} \quad （5\text{-}7）$$

$$d\left(\otimes P_i,\otimes IB_{i\min}\right) = \sqrt[p]{\frac{1}{2}\sum_{i=1}^{m}W_{gi}\left[\left|\underline{P}_i - \underline{IB}_{i\min}\right|^p + \left|\overline{P}_i - \overline{IB}_{i\min}\right|^p\right]} \quad （5\text{-}8）$$

$\otimes P$ 对 $\otimes IB_i$，和 $\otimes IB_{i\max}$ 的贴近度分别为

$$C_i^* = \frac{d\left(\otimes P_i, \otimes IB_{i\min}\right)}{d\left(\otimes P_i, \otimes IB_{i\min}\right) + d\left(\otimes P_i, \otimes IB_i\right)} \qquad (5-9)$$

$$C_{\max}^* = \frac{d\left(\otimes P_i, \otimes IB_{i\min}\right)}{d\left(\otimes P_i, \otimes IB_{i\min}\right) + d\left(\otimes P_i, \otimes IB_{i\max}\right)} \qquad (5-10)$$

C_i^* 和 $C_{\max}^*$ 都是数值越大说明绩效越高，越接近标杆。通过式（5-9）可以衡量出特定 PPP 项目在采购阶段与内部标杆的接近程度，以此判断出绩效的高低。通过式（5-10）可以衡量出特定 PPP 项目在最优标杆下的绩效表现，以此作为不同 PPP 项目之间绩效比较的工具。

四、项目后评价

对交通基础设施的 PPP 项目后评价一般在项目建成且运营 2~3 年之后，使用系统工程的方式，对项目的运营、决策、施工、设计的每个阶段的工作以及改变的原因作出详细的评价、分析、跟踪和调查。

（一）项目后评价的基础

1.项目后评价的目的

对交通基础设施的 PPP 项目做出后评价的目的是通过对项目公司实施的项目管理的程序、规划、政策以及投资项目作出客观的判断和评价，总结之前的教训和经验，给有关的部门增加投资的效益、有效利用资金、加强建设管理水平、改进管理及制定相关政策、提升项目决策能力等提供科学依据。其主要体现在以下三方面。

（1）尽早对信息进行反馈，对相关的政策进行调整，完善或者改进在建项目。

（2）根据反馈的教训与经验，改进以后的项目和投资计划的管理，加强决策水平，完善并调整发展规划和投资政策，增多投资产生的效益。

（3）提高投资管理的水平，提升管理部门的责任心和项目实施的社会透明度。

2.项目后评价的基本原则

（1）反馈性。后评价跟项目前评估进行比较，最大的不同之处是信息的反馈。后评价的最后目的是将评价结果反馈给决策部门，为调整投资政策和规划提供根据，给新项目的评估和立项提供基础。所以，后评价反馈的方法、机制和手段是后评价能否成功的关键环节。

（2）可信性。可信性决定于项目最终受益者、项目投资方、管理人员是不是可以客观地评价项目，给评价工作提供有用的资料和信息，还决定于评价方法的适用性和资料信息的可靠性。

（3）独立性。独立性就是项目后评价不会受到前评估人员、项目决策者、执行者和管理者的干扰。和项目管理者与决策者自我评价的情况不一样，项目后评价应由投资评价的决策者安排独立专家一起完成，也可通过独立的专家或者咨询机构来实现。"独立"是指从事项目后评价的专家和机构必须符合没有加入项目的前期计划、管理服务以及工程实施的咨询业务的个人和机构。

（4）透明性。根据推广应用的效果和评价成果的反应去判断，要尽量地使评价透明化，这样就会为其他的个人和单位提供经验。同时，评价的透明度越高，了解和关注评价的人也就越多。

3. 项目后评价的必要条件

（1）项目的经营时长要达到 2~3 年以上。

（2）项目一定要完成建造而且在竣工之后通过验收。

（3）项目公司或者政府的主管部门认为必须要进行后评价，可以不满足上面的条件。

4. 项目后评价的基本内容

（1）建设项目目标的持续性评价。通过对服务情况、运行机制、运营状况、内部管理、收费等内部条件和建设项目的周边环境、管理体制、配套设施建设、方针政策等外部条件作出研究，评析项目目标（如环境保护、财务效益、社会经济效益等）的持续性，而且得出对应的建议和解决措施。

（2）概述建设项目。简要概说项目位置，包括项目竣工、立项、设计、决策、开工时间等，突出项目的特别之处；简单介绍项目主要的技术经济指标、建设规模、技术标准，还有建设项目在施工、决策、立项及设计等每个时期重要指标的演变状况等。

（3）建设项目影响评价。评价和分析项目对区域的自然环境、经济、文化、社会等方面造成的影响可以划分成环境影响评价和社会经济影响评价。

（4）建设项目过程评价。根据国家相关规定、法令、制度，对运营管理期、建设实施期、项目前期等进行评价和分析，进而吸取教训与经验。

（5）建设项目效益评价。按照事实上的数据与后评价时我国发布的参数作出财务评价与国民经济评价，并且按预测数据跟前期工作阶段作出的评价进行对比，研究它们的成因和差别。

（6）结论。通过分析前面几个部分，可以得到有关可持续发展、相关指标改变合理程度、经济成果、管理水平、建设项目前期工作质量、社会环境影响等方面的评价结果。项目后评价的主要成果体现在以下几个方面。

① 根据建成项目运行情况修正原可行性研究。

② 根据实际完成项目标准、规模、工期、质量、造价及管养成本与原计划对比。

③ 重新进行经济分析评价（含国民经济评价和财务分析）。

④ 对项目建设全过程进行总结，提出可借鉴的经验，针对问题和教训提出改进措施和建议。

（二）项目后评价的分析方法

交通基础设施 PPP 项目的后评价往往采取综合比较法，也就是通过比较决策时预期的目标与生成项目事实上的成效，从项目管理与实施、效益与效果、服务与运营、影响与作用这些方面进行对比追踪和评价分析，从差异中发现问题，总结经验和教训，提高认识。项目的后评价也可以应用前期工作的评价方法。

后评价是对项目运营状况、前期工作及项目管理的再度评价，所以在进行综合对比时，一定要特别关注将定量分析与定性分析相结合，定量分析一定要用定性分析去进行解释，而定性分析一定要有定量分析作为补充。

1. 项目后评价的定性分析方法

（1）综合评价方法。把所有的评价方法结合在一起，进行综合评价。

（2）效益评价法。把项目的计划投入或成本与项目的实际效益进行比较，对其作营利性分析，用来推测之前决定的投资项目是否值得。

（3）影响评价法。在建成项目之后要调查项目在每个阶段造成的各种效果和现实影响，用来推断决策目标是否正确。

（4）过程评价法。将项目从招标、设计、立项决策到建设实施的每一个程序的实际进度和原来的目标、计划进行比对，分析项目效果的好坏，找到项目成败的教训和经验，使未来目标的制定和项目的实施计划更加切合实际。

2. 项目后评价的定量分析方法

（1）统计分析法。统计分析法是完全进行数学分析的办法，它的主要思路是项目还没有实施的时候根据一个分析的目标找两组不同的考察对象，其中一个作为对照组，另一个作为实验组，然后记录下相关的数据。对照组需要有和实验组相像的特征且不能在项目所在地区，而实验组在项目的所在地区。在作出项目后评价后，再分开研究对照组和实验组的相关资料和数据，用检验和统计的办法去推测实施项目为被分析的目标所带来的事实影响是不是有显著性。

（2）指标对比法。按照实际的状况推断出来的数据或实际上的数据，通过计算得出的每个项目的预测指标和后评价指标或者是在国内外同一类的项目指标进行比对，用来衡量项目的效果和同一类的项目效果或者是预测效果之间的差异，然后推测出现这种情况的原因，找寻处理问题的办法。

（3）指标计算法。通过表现项目运营、项目准备、项目实施还有项目决策每一个阶段事实效果的指标进行测算，用来分析和判断项目建设实现的事实上的效益。其中，表现项目的实际效益的指标会很多，如项目事实上的内部收益率、实际投资效益成本比等。

（4）因素分析法。多种因素共同决定了项目投资效果的每个指标，只有分解综合性指标为原始的因素，才可以确认指标完成好坏的真正原因。把综合指标分成许多因素的办法就是因素分析法。因素分析的第一步是确定一个指标有什么组成因素；第二步是确定每个指标和所有因素之间的关系；第三步是要确认每个因素所占的份额。

统计法中常用的是回归分析法，这个方法一般分成两个步骤，先是对项目的实验组的收入水准作回归分析，然后对项目的对照组作回归分析。

3. 项目后评价指标体系的设定

要进行项目后评价工作，先要有一些能够科学、全面地描述交通基础设施 PPP 项目从准备、决策、设计、施工到建成运营的全过程的实际状况以及反映实际状况与预测情况偏离程度的物理量或者参数。所有项目的后评价指标体系要依从下面的规则。

（1）代表性。项目从开始准备到建成后运营的过程中有很多特点，在项目影响、经济效益、技术水平、组织管理、运营状态、工程质量等方面都能够提炼出一些指标，这些全面性的要求不代表越多越好，而要有针对性地根据后评价的倾向设定指标进行选择。此外，所有指标的定义不仅都要具体科学，还要有细致明白的代表性特征。在可以实现全面性的前提下，指标体系要尽量清楚、明白、简要，这样才不会在分析后评价时造成混乱和困难。

（2）全面性。项目后评价是对项目从提出到建成运营整个过程作出的再评价。所以，项目的后评价指标必须要完整地反映出交通基础设施 PPP 项目的整体情况，不但需要有成本效益的指标，还要有体现项目招投标、委托设计、可行性研究这些前期工作与项目实施过程的实绩指标。

（3）经济效益指标和社会效益指标结合起来。交通基础设施属于公益性事业，是国民经济的基础，它的社会意义与对国民经济的间接效益常常要大于其本身的经济效益，所以交通基础设施 PPP 项目后评价和一般的工业项目后评价不一样，这一特点应得到充分关注。因为我国现在还没有一套比较完善的分析计算环境效益和交通基础设施项目社会效益的方法，所以在后评价环节需要看重对项目事实上的经济和社会环境影响进行研究，一定要处理好宏观的投资效益与微观的投资效益间产生的矛盾。

（4）可比性。比较标准的选择往往会决定项目投资实绩的好坏。为了让项目的后评价可以非常准确地表现出投资项目的实际情况，必须先确保项目的后评价指标和前评估及项目在实施过程中的有关指标保持基本一致。项目后的评价指标设置还要和国内外同类的项目的有关指标有可比性，这样才有利于横向对比分析。

（5）经济指标和技术指标结合起来。经济指标就是表现建设项目的效益、投资、工期、功能等经济效果的所有指标，如投资回收期、收益总额、投资总额之类，它可以综合地、整体地表现全部的建设项目的经济效益，而且在项目的后评价中起主要作用。技术指标也称为单项指标，就是从某一个角度表现项目的实际效果的指标，这体现了项目实施的时候某一个资源的生产技术水平、工程质量、利用程度等。技术指标和经济指标的关系是既补充又结合。因为经济指标包括的内容非常庞杂，还受到特别多因素的影响，所以使用它的时候也许会隐藏着一些薄弱环节及不利因素，这不利于对投资项目实绩产生客观、公正的评价，所以必须通过部分的技术指标去弥补经济指标的弱项。另外，经济指标也能够抵消某些技术指标出现的片面缺陷。

（6）适用性。设置指标是为了评价和分析服务，所以选出来的指标不但要有详细的内容，还要有外在的特定表达形式，这些是可以通过观察或者计算体会到的，这样才具有可操作性。设置后评价的指标还需要尽量使用常规的或者已有的调查方法及统计数据进行确认，然后确保指标的有效性和适用性。

4.项目后评价的程序

交通基础设施 PPP 项目后评价作为一种技术经济分析工作，涉及面非常广，不仅要有严谨的、科学的办法，还要有细致的程序。虽然每个建设项目的规模和复杂的程度都不一样，每个项目的后评价的工作程序有或多或少的区别，不过从整体上观察，每个项目后评价都会按照一个依从规律的、客观的基本程序，这个程序往往涵盖以下六个阶段。

（1）提出问题。确定项目的后评价的具体要求、对象和组织机构。项目后评价工作是基础设施建设管理程序中规定的环节，原则上要对全部竣工的交通基础设施项目都进行后评价，可是因为交通基础设施项目的作用影响和投资规模常常相距颇多且数量巨大，所以秉持着有效性、代表性的原则，后评价的工作总在一定的范围内进行。

项目的后评价组织单位可以是建设单位或项目法人，也可以是交通行政主管部门、国家发改部门。不管哪种方法，在组织机构上都要满足公正性、客观性的要求，还要有检查反馈的功能，这样才可以保证评价的公平客观，而且把与后评价的相关消息快捷地反映给决策的部门。

（2）筹划准备。筹划准备阶段最重要的是要搭建出一个有合适结构的工作组，而且按照委托单位提出的要求作出细致的项目后评价计划。后评价的计划内容包括了选定评价方法、配备项目评价人员、安排预算、安排时间进度、建立组织机构、确定内容深度与范围等。

（3）深入调查，收集资料。建设项目后评价一定要以重要运行参数测试数据、项目建成进行的种种调查和项目各阶段正式的文件为依据。这个阶段的重要工作是确定调查方法和调查对象并开展实际调查工作，制定详细的调查提纲，总结后评价要用到的各种数据和资料。其中的数据和资料主要包括项目建设资料、本行业有关资料、国家经济政策资料、反映项目实施和运营实际影响的有关资料、项目运营状况的有关资料、与后评价有关的技术资料及其他资料。

（4）分析研究。根据后评价的内容，使用定性分析和定量分析的办法，找出问题和改进方法。后评价用的定量研究方法有很多，如准试验的方法、指标计算法、因素分析法、指标对比法、回归分析法等。

（5）编制项目后评价报告。把分析出来的结果进行总结并作出后评价的报告，然后交给被评价单位和委托单位。后评价工作的最后结果是后评价报告，要根据相关文件定好的内容要求仔细编写，要兼顾全面和突出重点。另外，后评价的报告编制要科学客观，不能受到项目每个阶段文件的束缚。

（6）成果送审。编制完后评价的报告后，要按照规定上报给相关的部门组织进行审查，而且要及时反馈审查意见。建设项目的所有单位要严肃地看待后评价的成果，而且要总结教训和经验，找到措施、对策，改进在建项目，完善已建的项目，指导待建的项目。

（三）项目后评价成果的应用

1.项目后评价成果的反馈

项目后评价系统的关键节点是评价成果反馈机制，该机制是集构成、推广、学习、应用评估结果于一体的过程，其本身具有动态性。与此同时，保证评估结果能在正在兴建、已有项目及其他待开发活动中应用是此项机制一个不可或缺的义务。因此，我们在评估机制效能时要参考其付诸实践后的成效反馈信息，这是至关重要的。这些收集上来的信息便是经验教训，可以为项目从开始到完工的任何阶段提供必要的借鉴和帮助，从而不断完善，不断进步。比如，立项阶段的项目论证和选定、项目准备阶段的设计方案优化和进步、正在建立中的项目存在的困扰及其防治手段、已竣工项目后期经营管理完善和改进等。项目后评价系统借助其面向已竣工项目统计的记录信息不断加强项目组织经营的公开性和负责性。

反馈过程具有两大特性，其中一点是有关评价信息的汇总与汇报，囊括了评价效果、评价者职责、问题决策计划、评价监督、信息反馈和推广实行等部门机构；另一点是推广、学习从评价结果中所获得的经验，旨在完善政策的修订与实施。

后评价报告反馈之所以具有动态性，是因为其在经过整理评析和实践运用后会再次回到投资活动中，这种投资活动既包括待兴建的项目，也包括已有的项目。根据这一特性，后评价报告反馈随信息应用方案和实用的变化而变化，是由符合项目经营周期的反馈机制决定的。这样，后评价就能够成为"需求驱动型"的反馈机制，其职责和作用就是满足不同阶段、不同层次的需求。所以，反馈必须具有及时性、简易性、多样性、针对性，这就取决于设置机构时是否能形成反馈链。我们应该用立法的形式来搭建反馈机制，用正式与非正式的方式使新的项目和活动在制订策划时能够更多地重视后评价提供的信息经验。反馈机制应与四个方面建立紧密的联系，即与政策制定的联系、与计划管理的联系、与投资执行过程的联系、与人员培训系统的联系。

2. 加强项目后评价与项目决策管理的联系

项目后评价旨在把项目后评价的成果反映到新项目的决策和管理过程中，积累经验、吸取教训。因此，对行业主管部门和投资者来说，开展项目后评价意义重大。为做好项目后评价工作，第一步是要建立和完善投资制度及其相关的法律，通过制度、程序、法律三者搭建一个体系网，构建必需的执行、治理组织；第二步，应该搭建项目管理的数据信息库，对项目的初始选择、设立、运行、完成到整体运营这个过程进行严密监测与管理；第三部，补充后评价的业务人员，提升后评价的业务水平，在具体操纵中运用并不断完善国际化的理论思想与方式方法，从而提升水平。

在具体操作上，已有项目的后评价与新兴项目的决策要有联系，这是不容忽视的环节，通过这种联系能体现项目后评价的价值。在进行项目决策的时候，应该多借鉴国际、国内的成功经验，可以在项目立项报告中增加"已有类似项目的成功经验"这一项，分析过去类似项目中遇到的问题和项目实际效果，从而未雨绸缪，采取相应措施，完善自我项目。在准备项目的时候，要搭建相应的信息收集和流转系统，用以掌握项目检测指标、监测程序、执行和管理的进程，对于那些还没有搭建信息收集和流转系统的项目，要建立精细、严密的报告制度，随时监测，随时报告，防患于未然；在进行项目总结评估的时候，要建立和完善合理评价机制和信息反馈收集制度，让其达到制度化、体系化、规范化的程度。上述几个阶段可以共同促成一个较完善的体系系统。

3.后评价报告成果的推广借鉴

交通基础设施 PPP 的项目后评价报告结果在推及其他项目以供参考采用时具有计划性、组织性，这是完善促进政府与社会资金相互扶持的重要方式之一。评价者应该在合理按照任务委托协议或合同规定的基础上，根据不同评价主体的不同特性来概要报告。推广参考方式是存在很大差别的，这主要是由评价者的经验和地位决定的。不同评价者对参评主体的认识程度、推及程度的了解以及其他各方面信息的需求都是有差异的。反馈机制包括概要与总述、综合性报告、年度报告、自动信息数据库系统、目录信息以及研讨等。另外，我们还可以借助内参材料、新闻发布会和专业会议等方式进行报道，并推广到社会各个方面。

第六章　交通基础设施领域 PPP 模式的供求分析

第一节　交通基础设施的投资供给分析

一、交通基础设施单一融资渠道无法支撑未来高位的投资需求

从整体上看，我国目前的交通基础设施在投资量上是相当不足的，供求矛盾很明显。依照相关研究提供的数据信息来看，截至 2020 年，国家交通基础设施建设将达到 525 万千米，需投入 16 万亿元左右。其中，铁路方面的建设资金需 2.2 万亿元左右，公路方面的建设资金 12.5 万亿元左右。可以说，交通基础设施需要的资金数额是庞大的，单独依靠政府财政拨款是杯水车薪，且资金链容易断裂，因此资金投入不够是交通基础设施建设最大的障碍。

（一）政府筹资铁路资金

政府筹资铁路资金的渠道大体包括铁路建设债券、铁路建设基金、中央预算内资金、企事业单位自筹资金、铁路专项资金等。按目前可获得信息来推测，在未来的五年里，每年铁路建设债券将提供 1 500 亿元资金、铁路建设基金每年平均投资约为 300 亿元资金、中央预算内资金等其他相关方式可用于铁路建设的资金约为 230 亿元。因此，单单依靠目前的融资渠道是不能够满足铁路固定投资额度的，不能保证铁路建设的顺利进展。

1.铁路建设债券发行规模基本稳定，上升空间有限

以铁路建设基金收入为担保的铁路建设债券是原来铁道部和现中铁总公司获取铁路建设项目资金的重要来源。参照相关的数据指标来看，近些年，从铁路建设债券中筹集的资金平均为每年 1 500 亿元，这是基本稳定的，保障了基本的交通基础设施。但是，我们从新世纪的发展形势来看，债券发行规模将会被限制，进一步扩大发行量

是不可行的。2012 年底，我国发行的铁路建设债券积累金额已高于我国证券法规定的"企业公开发行债券不得超过其净资产的 40%"的红线，虽然国家发改委在商榷之下可能会特批，但是大幅度增加规模的概率不大，所以实际上能为铁路建设所使用的资金将不足 1 500 亿元。

2. 铁路建设基金的收入增速将下滑

在未来的几年里，铁路基金收入的数额可能会呈现逐步下滑的态势，造成这个态势的主要原因在于经济结构逐步调整变化，对资源性运输的需求逐步减少，虽然整体上看还是在增长，但速度已经减慢，甚至出现负增长态势。近些年来，煤炭市场已经饱和，出现了持续低迷的趋势，煤炭需求不多，铁路运输煤炭量也随之下降。再加上，煤炭行业是提供铁路建设基金收入的主力军，大约占总收入额度的 40%，更加重了对铁路建设基金收入的影响。照这个态势发展下去，铁路建设基金的收入会大打折扣，也会拉低政府筹资铁路资金，还会对其他资金收入渠道造成压力和影响。

3. 其他的融资方式开发潜力较小

国家对铁路建设方面的资金投入已经出现逐年下降的情势了，2014 年预算金额仅为 231 亿元，比 2012 年减少了大约 374 亿元。依据现在的投资金额，地方政府也有转移预算资金的态势，用于铁路建设的资金在未来只减不增。另外，中铁总公司能拨款给新兴铁路建设的资金也有所回缩，其规模不会有明显增长，再加上铁路行业及其衍生行业盈利水平同比下降，其筹资投资的力度也会相应减少。

（二）公路筹资

公路资金的获得主要是车辆购置税、中央和地方预算拨款资金、地方独立筹集和企事业单位贡献资金。车辆购置税提供的资金平均每年约为 2 600 亿元、中央和地方预算拨款用于公路建设的资金平均每年在 200 亿元左右。如果单单依靠这些，是无法满足每年约 2 万亿元公路建设投资预算需求的。

1. 车辆购买需求日趋饱和，其提供的资金将减缓增速

交通运输部预测平均每年将有 2 600 亿元的资金可以用于公路建设，可事与愿违的是，2014 年仅从购车所得税中收入了 2 400 亿元，这是我们依照最新统计的数据信息得出的结果。其原因在于车辆购买需求日益饱和；汽车销售价格不断降低；新能源汽车在国家政策的引导、鼓励下是免税的。

2. 公路投资占中央和地方预算比重小

中央和地方的预算投资多运用于其他领域，其面向公路建设的预算投资规模较小，所占预算总额比重小。相关统计信息显示，近年来，中央和地方的预算各占公路总投资额度的 0.5% 和 1.0% 左右，这还是囊括国债和地方转贷后的结果，可以说是微

乎其微了。按照目前的财政支出状况，未来几年增加投资额度的概率很小。

3.地方独立筹集和企事业单位贡献资金发展空间不大

地方和企事业单位面向公路建设的投资已达到一定规模，而且这几年处于偿还债务的高峰期，地方独立筹集和企事业单位贡献资金发展空间不大。

实际上，无论中央还是地方的各级政府都在绞尽脑汁地想办法，但是仍无计可施。原因在于地方能够出卖租让的土地已所剩无几，即使地方财政加大投资力度，但毕竟总体金额有限，实属不易。因此，各级政府进一步增加公路建设的投资规模也成了几乎不可能的事情。

以地方政府汇集交通领域资金为例，到 2013 年 6 月，地方政府面向交通相关领域建设偿还的债务有 13 943 亿元，其中由政府负担保责任的需偿还债务有 13 189 亿元，这项信息来源于国家审计部门在 2013 年底公开的《全国政府性债务审计结果》。如果政府不能很好地处理高杠杆率与高债务带来的问题，基础设施建设的资金来源会受阻，中国未来经济的发展也会受到影响。

二、交通基础设施管理制度无法满足需求

政府在投资交通基础设施时常常会受到"低效率、高债务"的制约，这和交通基础设施管理制度的供应不足有密切的联系。之所以供应不足，在于其投资的主体呈现单一化趋向，且不断受到自然垄断特性的制约而无法拓展投资渠道，社会性、公益性便是最突出的自然垄断特性，这是长期以来隐藏在汇集资金制度背后的。管理制度的供应不足会使现有的基础设施无法满足大众对高质量、高服务、高效能的期望，严重制约交通设施建设的发展。

（一）法律意识匮乏

目前，我国的行政体系制度尚处于不断完善的阶段，有关基础设施建设项目投资的法律法规有待健全，为人民服务的意识还较薄弱，从而使一部分问题开始出现，造成了行政体制方面的漏洞急需修复。其中，最为突出也是先要改正的问题就是中央和地方各级政府之间相互推诿，责任界定不明显。比如，就全国性质的交通基础设施（如国道、省道）来说，规划和审批的权利是紧紧握在中央手里的，但是实际建设和筹集资金等具体的、基础的工作却由地方政府负责，这样一来，地方政府就有些捉襟见肘，顾得上建设，顾不上经营，顾得上经营，又发愁没有地方可以获得财政支持，一层层重担压在地方，可地方还没有独立决定关键性事务的权利，从而导致效率大幅度降低。

（二）竞争意识匮乏

目前，我国处于经济发展阶段，如果单单依靠政府牵头做事，各项工作的自主性、创新性便会有所下降，而且缺乏必要的竞争意识，管理机制僵硬，效率不高。自1978 年改革开放伊始，我国交通基础设施运营管理成本高、贪污腐败程度高、服务支出成本高等问题就开始渐渐浮出水面。造成这一切的原因是优胜劣汰的意识不够、忧患意识不足、政府的力量用不上。按照现在的市场形势来看，企业必须不断提高效率或者降低成本才能够立足于市场，否则将面临淘汰。

（三）公众意识匮乏

长久以来，我国交通领域的基础设施建设采用自上而下的体系制度，很多有效信息的第一知情人是政府，而作为受益人和使用人的人民大众往往会忽视很多信息。这就割断了生产者和消费者之间有机联系的体现，不仅违背了基础设施建设的基本规律性，而且没有充分尊重和维护直接受益者的基本合法权利。市场是连接交易双方的纽带，有一方空缺，市场便不能发挥纽带作用。也可以说，我国交通领域基础设施建设的公众意识匮乏，不是很关心公众的满意度、公众的期望意愿、基础设施运行的效能和公众使用的舒适度。

第二节　交通基础设施建设投资需求分析

一、"十三五"时期交通基础设施建设预算

参考《中国交通建设"十三五"规划及中长期战略研究》，再依据目前我国交通基础设施建设的程度和发展水平、交通运输需求的增长率以及结构需要、经济社会发展提出的需求来看，未来几年，各类交通基础设施和运输方式都需要达到一定的规模。

"十三五"时期，我国交通运输综合发展能力已经跻身于世界中等发达水平行列，共有里程数 525 万千米左右。民用机场、高铁、铁路、内河航运道路、航道（三级及以上）、高速公路以及公路的里程数见表 6-1。各类交通运输方式共同构成了服务高效便捷、分工层次清晰的交通体系。

表 6-1 2020 年交通基础设施建设发展水平

指　标	单　位	2014(万)	2020			
			综合交通网中长期规划	徐宪平（我国综合交通运输体系构建的理论与实践）	专项规划或相关研究机构	测算依据：增长率、灰色关联以及相关研究机构
综合交通运输总里程	万千米	470	—	—	—	525
铁路营业里程	万千米	11.2	12 以上	12.9	13.8（中国铁路总公司） 14（国家发改委综合运输研究所董焰） 14.5（国家发改委综合运输研究所罗仁坚）	13.5（3.9%）
高铁营业里程	%	1.6	—	—	1.8（中国铁路总公司总经理盛光祖）	2.1（9.8%）
公路通车里程	万千米	446	—	557	480-490（国家发改委综合运输研究所罗仁坚）	500（3.4%）
高速公路	万千米	11.19	10	12.1	11.8（国家公路网规划2013-2030） 12（国家发改委综合运输所报告）	12
内河航道里程数	万千米	12.63	13			12.9（0.26%）
三级及以上航道里程	万千米	1.08	—	1.2-2.5	1.4《加快推进长江等内河水运发展行动（2013-2020 年）》	1.4

续　表

指　标	单　位	2014(万)		2020	
民用机场数	个	193	244	234~260	244《全国民用机场布局规划（2006-2020）》	244

二、分析"十三五"时期交通基础设施所需资金

（一）计算思路

投资估算思路一：将省、市公布的"十三五"时期交通基础设施建设所需投资总额定义为随机样本，然后计算出交通基础设施建设投资资金的平均数值，从而计算出全国交通基础设施所需要的投资金额的加权平均数值。

第一步，主要省份（市）公布的"十三五"时期交通投资计划中投资规模总额记为 $Invest_i$（$i=1，2，3\cdots n$）：1，2，3$\cdots n$ 分别代表不同各个省份。

第二步，主要省份（市）公布的"十三五"时期交通投资计划中投资规模求平均值记为 $Aver\_invest_i$（$i=1，2，3\cdots n$）。

第三步，加权平均估算出"十三五"全国交通基础设施投资需求总额，记录 $Trans\_invest = \sum_{i=1}^{n} Aver\_invest_i$。

投资估算思路二：将各类交通运输方式的建造平均成本与各类交通基础设施在"十三五"时期的里程数的乘积，加权平均估算出全国"十三五"时期交通基础设施建设投资需求。

第一步，将各类交通基础设施目前的平均建造成本设定为 $Cost_i$（$i=1，2，3$）：1，2，3 分别代表是铁路、公路、水运交通运输方式。

第二步，未来五年新增各类交通基础设施里程数 $Trans_i$（$i=1，2，3$）。

第三步，估算出全国"十三五"时期交通基础设施建设投资需求 $Trans\_invest = \sum_{i=1}^{3} Cost_i \times Trans_i$。

（二）所需要的投资总额测算结果

经过缜密的计算，我们得出结论："十三五"时期全国交通所需要的投资总额在15 万亿 ~16 万亿。

具体是根据如下方法进行计算的。

第一种方式：先收集整理四川、福建、广西等 11 个省公布的《十三五交通基础设施投资计划》信息，计算出"十三五"时期 11 个省份的交通领域基础设施所获得的投资数额在 5 100 亿元左右，并以此为基础计算出"十三五"时期全国交通领域基础设施所获得的投资数额（表 6-2）。

表 6-2　测算结果

	Invest$_i$（交通投资规模总额）	Aver_invest$_i$（平均规模总额）	Trans_invest（投资需求总额）
	亿元	亿元	万亿元
重庆	4 000	5 000~5 200[10]	15.5~16
广东	5 000		
云南	5 000		
河南	2 350		
安徽	2 800		
浙江	10 000		
陕西	5 500		
福建	6 500		
四川	5 000		
湖南	6 731		
甘肃	8 000		
西藏	5 431		
新疆	1 800		
内蒙古	4 000		

注：5 400 亿元是去掉样本中最大值和最小值，求出的平均值；5 500 亿元是直接样本省份算术平均得到结果。

第二种方式的测算过程如下。

第一步，估算出各类交通基础设施目前的平均建造成本。

铁路平均造价测算依据，普通铁路造价为 6 080 万元 / 千米，铁路时速 250 千米 / 小时的造价为 8 339 万元 / 千米，铁路时速 300 千米 / 小时的造价为 14 049 万元 / 千米，则铁路平均造价为 9 500 万元 / 千米（表 6-3）。

表6-3　铁路案例的造价汇总表

序 号	名 称	造价（万元）	总长（千米）	总造价（万元）
一、	普通铁路——时速 250 千米 / 小时以下	6 080		
1	青藏铁路	1 534	1 956	3 000 000
2	京九铁路（北京—九龙）	11 577	2 536	4 000 000
3	铜陵至九江铁路——时速 160 千米 / 小时至九江铁路	2 000	250	500 000
4	青海铁路	3 469	98	340 000
5	秦沈铁路——时速 200 千米 / 小时	3 713	404	1 500 000
6	福厦铁路——时速 200 千米 / 小时	5 549	275	1 525 900
7	宜万铁路	5 987	377	2 257 000
8	张唐铁路——时速 160 千米 / 小时	5 997	662	3 970 000
9	向莆铁路——时速 200 千米 / 小时	6 194	581	3 598 900
10	甬台温铁路——时速 200 千米 / 小时	6 020	282.39	170 000
11	江阴港铁路支线	7 559	17.86	135 000
12	福州至平潭铁路	23 589	90	2 123 000
二、	时速 250 千米 / 小时	8 339		
1	福厦铁路	5 282	273	1 442 000
2	长吉城际铁路	7 951	108	860 000
3	昌九城际铁路	4 952	131	650 000
4	海南东环铁路	6 564	308	2 022 400

序　号	名　　称	造价（万元）	总长（千米）	总造价（万元）
5	南广铁路	7 104	577	4 100 000
6	厦深铁路	5 455	550	3 000 000
7	汉宜铁路	8 142	292	2 376 000
8	柳南客运专线	9 317	227	2 112 000
9	成绵乐客运专线	12 312	318	3 920 000
10	宁安城际铁路	9 962	258	2 570 200
11	贵广铁路	10 012	857	8 580 000
12	渝黔新线	13 020	345	4 492 000
三、	时速 350 千米 / 小时	14 049		
1	武广铁路——时速 350 千米 / 小时	10 918	1 068	11 660 000
2	郑西客运专线	11 936	458	5 466 800
3	广深港客运专线	19 598	104.6	2 050 000
4	沪宁客运专线	14 067	300	422 000
5	沪杭客运专线	17 432	158.5	2 763 000
6	杭甬客运专线	14 133	150	2 120 000
7	哈大客运专线	10 210	904	9 230 000
8	京沪高速铁路	16 763	1 318	22 094 000
9	京石客运专线	15 612	281	4 387 000
10	石武客运专线	13 888	840.7	11 676 000
11	合蚌客运专线	10 408	130.67	1 360 000
12	合福客运专线	13 623	806	10 980 000

公路平均造价的计算有两个程序，基于 2012 年一、二、三级公路造价成本来演算推导，一级公路的平均制造成本大约是 2 327 万元 / 千米，二级公路的平均制造成本是 1 800 万元 / 千米，三级公路的平均制造成本是 540 万元 / 千米。根据这些数据可以算

出公路建设制造成本的平均数值，可参考表 6-3。分析数据信息并结合以往的经验可发现一个规律，大约每三年平均制造成本就会增加 1 000 万元。因此，可以大致计算出平均 2 500 万元 / 千米的制造成本。第二个计算程序，2014 年公布的信息指出，四车道高速公路的平均制造成本是 7 700 万元 / 千米，依照这项信息来推导四车道高速公路的平均制造成本是一般公路的三倍，那么一般公路的平均制造成本就是 2 550 万 / 千米左右，与此同时，未来公路规模的扩大大多体现于普通公路，因此上述信息可以作为一个参考数值，从而计算出 2 500 万元 / 千米是公路建设的平均制造成本，详见表 6-4。

表 6-4　公路建设的制造成本统计单

	项　目	建设里程（千米）	总投资（万元）	单位成本（万元/千米）
一级公路	内蒙古省道 212 线海流图至五原段公路	47.36	820 000	1 731.42
	内蒙古省道 216 线察汗淖至敖勒召其镇段公路	150.4	539 400	3 586.44
	内蒙古省道 305 线甘旗卡至库伦段公路	121.85	264 500	2 170.64
	内蒙古省道 305 线甘旗卡至库伦段公路	65.42	119 300	1 823.35
二级公路	西川 G317 线俄尔雅塘至岗托	385	612 700	1 591.43
	云南：维德二级公路	193	547 000	2 834.20
	元绿二级公路	132.6	420 000	3 167.42
	洛礼二级公路	81	60 000	740.74
	都安至武鸣二级公路	103	69 000	669.90
三级公路	贵州金沙城关镇经茶园至木孔乡、交禹谟镇黄老箐至茶园中渡两条三级公路	68	30 000	441.18
	甘肃省肃州高标准三级公路板南路	4.2	272	64.76
	广西贺州公会至回龙三级公路	29	4 190	144.48
	山东大沽河河堤三级公路	220	89 842	408.37
	四川 G318 线东俄洛至海子山三级公路	276	456 000	1 652.17

　　水运平均制造成本计算结果为内河高等级河道每千米平均制造成本大约在 2~3 万亿元，这项数据是依照《交通基础设施投融资体制改革》统计研究得出的。

第二步，根据表 6-5 的"十三五"时期新增各类交通基础设施的数值，算出铁路、公路、水路的交通投资规模额分别为 2.2 万亿元、12.6 万亿、0.68~0.8 万亿元。

表 6-5　基于估算思路 2 的"十三五"时期交通基础设施投资需求估算结果

单位	Cost$_i$（平均建造成本）	Trans$_i$（新增里程数）	Trans_invest（投资需求总额）
	万元 / 千米	万千米	万亿元
铁路	9 500	2.3	2.2
——高速铁路	11 000	0.5	0.55
公路	2 525	50	12.6
——高速公路	7 700	0.81	0.63
水路	25 000–30 000	0.27	0.68~0.8
总计			15.5~16

第三步，估算出全国"十三五"时期交通基础设施建设投资需求为 15.5~16 万亿元。

第三节　基于"胡焕庸线"的交通发展需求分析

一、通过"胡焕庸线"初识中国交通格局现状及发展趋向

胡焕庸是中国著名的人口地理学者，他在 1935 年提出了著名的理论——"胡焕庸线"，指出我国人口分布密度是不均的，东南部分人口密度大，西北部分人口密度小。在他那个时代，中国的人口仅有 4.5 亿多，96% 的人口集中在东南部分，只有 4% 的人口分布在西北部分。

以 2000 年的信息数据为基础进行分析，中国科学院国情小组得出了令人信服的理论成果：东南部分的国土面积占中国陆地总面积的 43.18%，却容纳了中国总人口的 93.77%，产生了 95.70% 的 GDP；相比较之下，西北部分的国土面积占据中国陆地总面积的 56.82%，仅容纳了中国总人口的 6.23%，产生了 4.30% 的 GDP。从比较中可以发现，几十年过去了，中国经济、政治、社会发生了翻天覆地的变化，但"胡焕庸线"两侧的人口密度和经济发展水平还是呈现巨大差异的。

　　"胡焕庸线"虽然是来自地理界的理论成果，但是它超越了一般的地理概念，甚至不能将其称为"经济地理"的推论，而应该归纳为社会科学。"胡焕庸线"指出了中国发展中产生的一系列问题，并提供相应的解决办法。尤其是 1978 年改革开放以后，中国体制革新，城乡变迁迅速，科技日新月异，经济腾飞，工业化、城市化高速向前迈进，"胡焕庸线"是进一步了解中国经济发展与基本国情密切联系的必要线索和依据之一。

　　为了更清晰明确地掌握全国交通基础设施分布格局与"胡焕庸线"的关系，我们根据可获取的相关信息，采用相同的方式，把青海、宁夏、西藏、甘肃、新疆、内蒙古等省份归为"胡焕庸线"的西北地区，以下简称为"西北部分"；把剩下的其他省份归为"胡焕庸线"的东南地区，以下简称为"东南部分"，需要提及是，"东南部分"不包括香港、澳门和台湾。经过一系列的精密计算，得出结果：西北部分的土地面积占中国陆地总面积的 54.5% 左右，容纳 6.6% 左右的人口，贡献约 6% 的 GDP。因为我们计算出来的结果是在合理范围的，具有科学性与可接受性，所以这个计算方式是科学、可行的。从整个计算的结果可知，无论是交通运输服务还是交通运输基础设施，都呈现差异化的发展布局，其分割线基本与"胡焕庸线"相吻合。

二、"胡焕庸线"两侧交通发展现状分析

　　对比我国和发达国家的交通发展水平现状，可以得出，我国交通路网的密度同发达国家还有很大的差距，进步空间很广。但是，如果按照"胡焕庸线"来划分中国，从一定量的空间和人口密度对比状况来看，我国同发达国家之间的差距就没那么大了，因为发达国家的交通路网已修建饱和，需求减少，而中国在经济发展的情况下，正在大幅度发展交通建设。如果按照这个发展趋势进行下去，只要中国有清晰的发展思路和合理的方式，将于 2049 年左右弥补同发达国家之间的差距。

　　按照 2010 年的数据进行对比，我国的铁路网密度是每 100 平方千米有 0.95 千米铁路，同越南、巴基斯坦、土耳其等发展中国家水平一致，而与德国、意大利、日本、英国、法国等国家相比还是有一定差距的。换个角度来看，以地区为审视对象，我国东南部分的铁路使用里程数量是每 100 平方千米有 1.66 千米，约占日本的 $\frac{1}{3}$，法国的 $\frac{1}{4}$，德国的 $\frac{1}{7}$，英国的 $\frac{1}{8}$。而西北部分的铁路使用里程量是每 100 平方千米有 0.37 千米，相对于美国与俄罗斯有很大差距。

　　我国公路网密度为每 100 平方千米有 41.75 千米，与越南、巴基斯坦及土耳其等

发展中国家水平大体一致，与日本、美国、英国、法国、德国等发达国家相比水平有一定差距。如果以地区为审视对象，我国东南部分的公路网密度为每 100 平方千米有 79.44 千米，与美国等发达国家的发展水平是差不多的，但和日本、德国、英国相比还是有些许差距的，约占日本的 $\frac{1}{4}$，德国的 $\frac{1}{2}$，英国的 $\frac{1}{2}$。相比之下，我国西北部分的公路网密度约每 100 平方千米有 11 千米。

根据上述讨论，我们应该清晰地认识到，在未来几年，开展交通建设应该充分考虑"胡焕庸线"两侧的差异，要运用差异化发展思路，有针对性的高效发展，对交通基础设施建设的不足之处进行弥补。具体来讲，"胡焕庸线"东南部分需要建设集均衡性、高效能、绿色可持续为一体的综合型交通体系；"胡焕庸线"西北部分要把握"一带一路"国家战略政策这一宝贵机会，积极融入世界，扎根当地，将发展重点放置于重要枢纽城市和交通主干线的建设上，不断完善发展便捷性、实用性、高效性交通体系，打造适应当地情况的特色发展理念。

三、分析"胡焕庸线"两侧交通建设所需资金与地方财政自给率关系

（一）"十三五"时期"胡焕庸线"两侧交通建设所需资金估算

经过一系列缜密的计算，"十三五"时期投入东南部分的交通建设资金为 5 300 亿元左右，投入西北部分的交通建设资金达 4 800 亿元左右，上述数据都是取平均值。相比较来看，东南部分交通建设的规模是西北地区的 1.5 倍多，但因为西北部分地广人稀，人均交通建设投入资金高达 5.6 万，而东南北部分仅有 1 万多元，因此西北部分的人均交通建设所需资金是东南部分的 5.6 倍。在这些数据的基础上可以进一步计算出"十三五"时期西北部分的交通基础设施建设资金需 2.9 亿元左右，东南部分为 12.8 亿元左右，详见表 6-6。

表 6-6　"胡焕庸线"两侧的交通基础设施投资需求测算

	交通投资规模总额（亿元）	人均交通投资规模总额（元）
重庆	4 000	13 373
广东	5 000	4 697
云南	5 000	10 607
河南	2 350	2 490
安徽	2 800	4 603

续 表

	交通投资规模总额（亿元）	人均交通投资规模总额（元）
浙江	10 000	18 155
陕西	5 500	14 570
福建	6 500	17 078
四川	5 000	6 143
湖南	6 731	9 991
甘肃	8 000	30 876
西藏	5 431	—
新疆	1 800	7 833
内蒙古	4 000	15 968

（二）分析"胡焕庸线"两侧交通建设所需资金与地方财政拨款规模的联系

从总体上看，"胡焕庸线"两侧交通建设所需资金与当地财政拨款的规模是有联系的，呈现明显的地区差异。"十二五"时期，东南部分的财政自给率为 56%，这表明地方财政支出的一多半是地方政府单独承担的，也表明地方政府是可以独立自主地支付一大部分经济建设所用资金的。假设"十三五"时期，地方政府还能保持这么高的财政自给率，那么东南部分的地区是可以满足较高水平的交通建设投资需要的。相比之下，西北部分就不是那么乐观了，其财政自给率还不到 30%，这就证明有高于70% 的资金是需要中央政府帮助支付的，那么在"十三五"时期，这些地区的地方财力不能支撑起较高位的交通投资需求，详见表 6-7 和图 6-1、图 6-2。

表 6-7 "十二五"时期胡焕庸线两侧地方财政自给率的测算

		2011	2012	2013	2014	2011—2014 年平均值
东南半壁	重庆	0.58	0.56	0.55	0.58	0.57
	广东	0.82	0.84	0.84	0.88	0.85
	云南	0.38	0.37	0.39	0.38	0.38

	2011	2012	2013	2014	2011–2014 年平均值
东南半壁 河南	0.41	0.41	0.43	0.45	0.42
安徽	0.44	0.45	0.48	0.48	0.46
浙江	0.82	0.83	0.80	0.80	0.81
陕西	0.51	0.48	0.48	0.48	0.49
福建	0.68	0.68	0.69	0.71	0.69
四川	0.44	0.44	0.45	0.45	0.44
湖南	0.43	0.43	0.43	0.45	0.44
西北半壁 甘肃	0.25	0.25	0.26	0.26	0.26
西藏	0.07	0.09	0.09	0.1	0.09
新疆	0.32	0.33	0.37	0.39	0.35
内蒙古	0.45	0.45	0.47	0.48	0.46

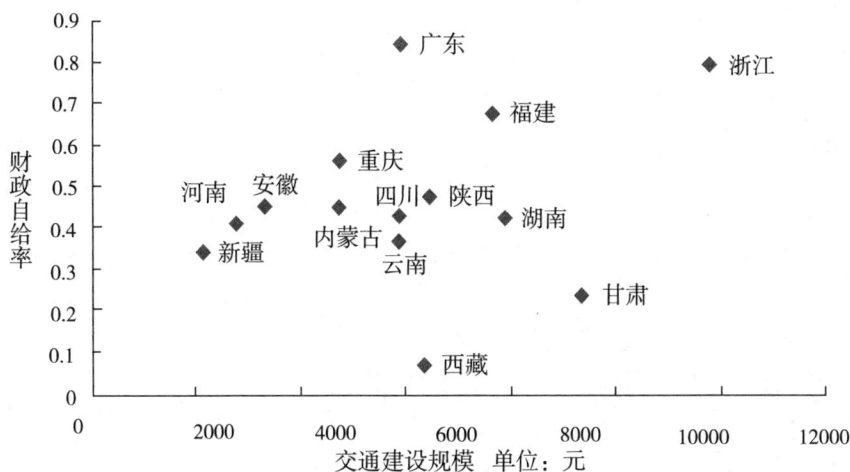

图 6-1　胡焕庸线两侧交通建设规模与财政供给率的关系

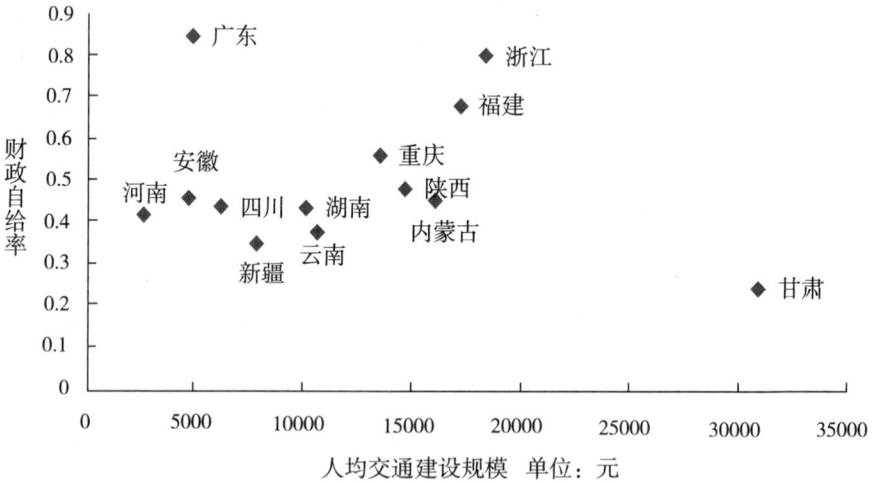

图 6-2 胡焕庸线两侧人均交通建设规模与财政自给率的关系

第七章 交通基础设施 PPP 项目定价模型

第一节 博弈论：定价模型基础

博弈论的思想及对博弈性质问题的研究可以追溯到 19 世纪初甚至更早，一般以 1944 年《博弈论与经济行为》的发表作为博弈论登上历史舞台的象征。在随后的很多年，相关学者将研究对象主要集中于双人零和博弈上。直至 20 世纪 50 年代，约翰·纳什（John Nash）提出了非合作博弈的纳什均衡，由此开辟了研究博弈论的新世界。在纳什提出理论主张以后，相关学者便以博弈论为主线，进行延伸拓展，开拓创新出了一条新思路。学者 Reinhard Selten 把纳什均衡的定义延展到动态的，乃至是多阶段的博弈，旨在拓展纳什均衡的评析区域，并进一步提出了精炼博弈的纳什均衡；Harsanyi 提出了不完全信息的博弈问题及解决方法。从 20 世纪 50 年代开始，博弈论开始在生物科学、政治交流、金融投资、海外贸易等方面崭露头角，并得以广泛应用。

一、基本概念

博弈论是研究行为参与者在特定的外界环境影响下，以自身了解的信息资源为基础进行方案策划，并且在过程中收获相应的结果的理论。博弈论研究是参与者采取的不同策略及各种策略之间的平衡问题，这是在一定的制度规则下运作的。这里的制度规则既包括参与者，又包括参与者的行动及衍生结果。参与者在某个时间节点所作的博弈决策既有可能是连贯的，又有可能是离散的。博弈是囊括了参与者、支出、策略等多种因素的。

1. 参与者。参与者是博弈过程内的决策主体，一个博弈最少要有两个参与者，否则是无法完成博弈行为的。在博弈的时候，参与者要尽量使自己的利益最大化，效能达到最大化。个体、企业公司，乃至政府部门都可以作为参与者出现在博弈行为中，他们在一定的环境中会做出各自的行动选择。

2. 行动。参与人在某决策时点作出行动策略，参与人 i 的全部策略用 A_i 表示，则 A_i 中的一个行动为 a_i，n 个参与人作出的行动组合可以表示为（a_1，a_2，a_3，...，a_n），其中第 i 个分量是参与人 i 作出的行动选择。

3. 信息。在博弈行为进行中，参与者会依据自己掌握的一切相关因素进行分析，从而选择对自己最有利的行动来完成。这就彰显了信息资源在博弈行为过程中的重要性，信息代表着一种优势。

4. 战略。战略是参与者自我选择的行动指南。如果参与者双方是同时开始博弈的，那么一次博弈就结束了；倘若一方比另一方先开始，二者具有先后顺序，那么后者会分析前者的行动，从而针对其行为做出相应有效的行动，进而选择对自己有利的行为方式。

5. 支付。效用是表现参与者在博弈过程中所收获的利益情况，其评价了全体行动参与者所衍生的结果。这个结果能反映参与者的兴趣倾向，博弈结束时参与者的损益情况要依赖于效用函数表现。

6. 结果。这是博弈参与者重点关心的，包含均衡支付组合、均衡策略组合状态等。

7. 均衡。通过各参与者的博弈行为完成整体流程后，均衡策略便在一个特定条件下形成的环境中达成了自我的最优化状态。当实践均衡战略时，参与者双方在博弈过程中的行为序列称为均衡结果。均衡策略是均衡结果的内在形式。

二、博弈论分类

（一）分类

博弈论有合作博弈理论和非合作博弈理论两种类型。前者更注重团队理性，后者更注重个人理性。现实中的博弈论大多是非合作博弈，是参与者在一定的条件下以各自最大化的利益为准则达到一个均衡的状态。

从参与者的不同行动顺序的角度来审视，博弈论划分为静态博弈和动态博弈。前者是指在博弈过程中参与者的行动是同时进行的，没有哪一方可以通过别人的举动来调适自己的行为；而动态博弈的参与者是有先后之分的，一般态势下，后作决定的参与者可以通过先作决定的参与者的行为来对比自己的行为，从而不断调试和改善，选择对自己最有利的行动。

从参与者掌握的信息情况这个角度来审视，博弈论划分为完全信息博弈和不完全信息博弈。前者指的是参与者在博弈过程中能够互相了解双方的目的与能力水平，后者是没有这一特性的。博弈论的分类见表 7-1。

表 7-1 博弈论的分类及均衡解

	静态博弈	动态博弈
完全信息	完全信息静态博弈 （纳什均衡）	完全信息动态博弈 （子博弈精炼纳什均衡）
不完全信息	不完全信息静态博弈 （贝叶斯纳什均衡）	不完全信息动态博弈 （精炼贝叶斯纳什均衡）

我们将所有参与者的最佳计划整合定义为纳什均衡，即在一个固定的策略环境里，任何一个参与博弈行为的人都不能够以改变策略环境来使自身的利益扩大和自身水平的提高，因此这种平衡状态是没有人愿意去主动打破的。其典型博弈环境是"智猪"和"囚徒困境"。

根据近几年国外的博弈论相关理论和实践发展的历程来看，博弈论已在公共服务领域得到了一定范围的应用。比如，政府监管相关公司、俱乐部物品理论的分析、制定基础设施项目的决策体制、项目定价以及收费机制等方面都有博弈论的影子。特别是在运营性项目中表现得非常明显。当政府对负责城市基础设施兴建的企业进行监督考察时，充分利用"博弈论"，就可以分析出不同利益者之间的关系，并使其发挥各自优势；通过分析俱乐部的物品理论，我们可以了解不同利益群体对某一行为的不同看法和思考，进而对症下药。总而言之，就是要在一定的环境条件下，努力形成一种均衡的态势，保证参与者的利益最大化。

（二）博弈论中的信息非对称化

现今社会，博弈论已成了经济学主流区域，我们在探究博弈行为时要考虑不完全的信息和完全的信息这两种态势，因为在对博弈论进行研究时，信息是极为重要的。

1970 年，学者阿克尔洛夫在其著作《次品问题》中提出新的理论主张——信息不对称理论，其中第一次提及了"柠檬市场"的理念，指出逆向选择问题是现实存在的。阿克尔洛夫亲临生活现实，深入二手车市场收集信息，发现二手汽车市场中有很多交易参与者对汽车信息的掌握情况是有差异的，因此多少会产生一些矛盾，从而导致很多好的二手车不断从二手市场流出，遗留下那些质量较差的汽车，最终使二手汽车交易市场破产。

造成信息非对称化的原因有两个方面：第一，行为主体缺乏一定程度的认识水平，不能对某些及时、充分的信息进行了解；第二，行为主体无法承担起高额的资金用于获取必要的信息。因此，信息的获取是不公平的，分布密度和格局也有所差异，这就是信息非对称化的表现。长此以往，可能会导致"道德风险"以及"逆向选择"等问题。

国内外很多相关领域的学者对"道德风险"和"逆向选择"等问题的探索研讨是很深入的，很有建设性。他们将"道德风险"的内涵解释为，当行为主体不能确认一件事情的结果和个人行为相关时，只能依靠道德来制约一个人的行为。然而，拥有大量信息的信息优势者以自我利益为中心，有意将相关的重要信息隐藏不言，从而对另一方造成了不可估量的损害。市场是具有不确定性的，分工明确、细致入微，这样一来，参与者获取信息的代价和成本就会增多，在一定程度上就会使人们追求更高的利益。由此我们可以得出结论，"道德风险"有一定概率会使交替的成本值提高，同时会降低交易的安全性。因此，在交易过程中，委托人一定要履行自己的责任和义务，在交易行为中起到监督管理的作用，并采取一定措施减少甚至避免一切不良行为的出现，从而使代理人不再肆意妄为地使用信息非对称化理论来冲击交易规则，威胁交易的安全。这就需要依靠博弈论来解决问题，一般在 PPP 项目中应用较为广泛。

对于"逆向选择"，相关领域的学者将其内涵解释为具有信息优势的参与者，其利用对方的信息获取水平不足的缺点，多获取一些独特的、珍贵的信息，从而使自己获取额外的利润。"逆向选择"之所以产生，是因为交易市场的信息非对称化。通俗来讲，就是参与者双方做策略布局时，对方的策略选择与实施是关系到自己的利益，而对方选择的策略又不为自己所知时，较为理性的经济人会只考虑自己的利益，这样比较稳妥。比如，典型案例有"囚徒困境"，审讯员在对囚徒进行审判诘问时，囚徒之间是隔绝的，信息流通渠道被阻隔，因此大多数囚徒会选择坦白。因为信息不对称化使他们不能确认其他囚徒选择了何种答案回答，只能理性地选择对自己最有利的回答。但所谓对自己最有利的回答却不是最理性化、最优化的结果。因为政府相关部门和私人企业在 PPP 模式中构成了委托与代理的关系，同时在确立项目风险负责的策略时，政府相关部门和私人企业是不一样的，这样就会促使双方进行博弈，从而不可规避地产生了"道德风险"和"逆向选择"等问题，导致最后的合作结果并不是最好的。通过上述所言可以了解到，在基础设施供给市场中，信息的非对称化会使合作水平降低、效率不足，即便政府相关部门和私人企业应用 PPP 模式也无法使现有状况有所改观。因为双方信息掌握的程度不一样，其分担风险的责任就会有差异，从而产生矛盾。因此，改善这一现状就变得迫在眉睫。第三方监管机构介入是一个有效的方法，其可以利用自身具备的经验和专业素养来对私人部门的所作所为进行监督和规范，并将私人部门草拟的风险分担责任信息上报给政府相关部门，从而使政府相关部门掌握具体的信息，便于对风险分担方案进行改良。这样就有利于提高基础设施建设的水平和服务的能力，降低危险性与劣质性，获得更好的社会期望值。

第二节　交通基础设施 PPP 项目博弈定价模型

一、PPP 项目博弈定价模型的构建

交通基础设施 PPP 项目的价格会对常规交通公司、PPP 项目特许公司及消费者的权益产生直接的影响。假若 PPP 项目制定的价格低于消费者心理接受价格，将对选择常规交通项目的消费者产生冲击，使消费者更倾向于 PPP 项目，这样一来，常规交通公司的利润就会降低，从而使常规交通公司进一步降低价格。假如 PPP 项目制定的价格超过了消费者心理接受价格，消费者的数量就会减少，这样既不方便消费者，又会有损 PPP 项目的利润值。由此可知，制定价格是博弈过程的一个体现。在交通基础设施 PPP 项目定价博弈中，PPP 项目特许公司及常规交通公司掌握的信息是相对完整的，即二者掌握的信息基本一致，二者不仅是竞争关系，更是合作关系，双方都有共同的目标，如果想要实现自己利益的最大化，这样就需要双方进行博弈，争取一个均衡点。

消费者在选择出行方式时会考虑很多因素，除了价格，还涉及出发和到站时间（参考速度因素）、准点度（能否准时到达站点）、便捷度（指交通方式的方便换乘和可达性）、舒适度（交通拥挤带来的不舒服程度，与客流量或交通流量密切相关）、服务质量（项目能提供的服务质量或水平）、安全度（选择某种交通方式出行的安全性）及票价等。实际上，消费者、PPP 项目特许公司、常规交通公司三方共同促成了交通基础设施 PPP 项目价格的确立。

为了构建完全信息动态博弈定价模型，建立模型的基本假设如下。

第一，假设博弈参与人，即 PPP 项目特许公司、常规交通公司及公众（消费者）都是完全理性的。

第二，假定所有的出行者都是同质的，对他们来说，出行方式的选择是一个决策的过程，总是希望能够选择效用最大或者成本最低的出行方式。

第三，假设出行成本用广义成本表示，其主要包括出行者从车站起点到终点所需时间、票价、交通拥挤带来的不舒服度、出行便捷度、提供的服务质量、安全度和准点度等七个方面。

（4）假设选择交通基础设施 PPP 项目出行耗费的时间是 T_A，票价是 P_A，客流量或交通流量是 Q_A，便捷度是 δ_A，服务质量是 q_A，安全度是 α_A，准点度是 β_A；假设选择常规交通项目出行花费是 T_B，票价是 P_B，客流量或交通流量是 Q_B，便捷度是 δ_B，服务质量是 q_B，安全度是 α_B，准点度是 β_B；线路上的总客流量是 Q，即 $Q=Q_A+Q_B$。

（5）假设出行者的时间价值系数为 ξ_1，舒适度的价值系数为 ξ_2，便捷度的价值系数为 ξ_3，服务质量的价值系数为 ξ_4，安全度的价值系数为 ξ_5，准点度的价值系数为 ξ_6；耗费时间、票价、舒适度、便捷度、服务质量、安全度及准点度的权重系数分别为 ω_1、ω_2、ω_3、ω_4、ω_5、ω_6、ω_7。

（6）PPP 项目产品/服务的定价与常规交通项目的定价分别以 PPP 项目特许公司和常规交通公司的收益最大化为定价目标。

当交通基础设施 PPP 项目产品或者服务制定价格时，博弈参与方 PPP 项目特许公司和常规交通公司的信息是完全的，而且 PPP 项目在常规交通项目的票价为 P_{B0} 时，会确定一个最优价格达到其收入最大化的目标；而对于常规交通公司来说，原来确定的 P_{B0} 已不是最优，PPP 项目的定价会使其收入降低，常规交通公司为了获得收入最大化，根据 PPP 项目产品/服务的价格会相应调整自身的价格。总之，在完全信息动态定价博弈下，参与人双方都会达到收入最大化的目标。

根据前面的假设可知，出行者选择 PPP 项目出行的广义成本可用下式表示：

$$C_A = \omega_1\xi_1 T_A + \omega_2 P_A + \omega_3\xi_2 Q_A + \omega_4\xi_3\delta_A + \omega_5\xi_4 q_A + \omega_6\xi_5\alpha_A + \omega_7\xi_6\beta_A \qquad (7-1)$$

同理，出行若选择常规交通项目出行的广义成本可用下式表示：

$$C_B = \omega_1\xi_1 T_B + \omega_2 P_B + \omega_3\xi_2 Q_B + \omega_4\xi_3\delta_B + \omega_5\xi_4 q_B + \omega_6\xi_5\alpha_B + \omega_7\xi_6\beta_B \qquad (7-2)$$

当 $C_A-C_B>0$ 时，常规交通项目分担的客流量或交通流量大于均衡状态下分担的客流量或交通流量，此时 PPP 项目会调整自己的价格，以争取更大的客流量；当 $C_A-C_B<0$ 时，常规交通项目分担的客流量或交通流量比例小于均衡状态下分担的客流量或交通流量，此时常规交通公司会调整自己的价格，以争取更大的客流量或交通流量。双方通过反复博弈后，只有当 $C_A-C_B=0$，即两种出行方式的广义成本无差异时，PPP 项目和常规交通项目才能达到收益最大化的目标。

根据上述分析，可以令 $C_A-C_B=0$，即

$$
\begin{aligned}
C_A = {}& \omega_1\xi_1\left(T_A - T_B\right) + \omega_2\left(P_A - P_B\right) + \omega_3\xi_2\left(Q_A - Q_B\right) + \omega_4\xi_3\left(\delta_A - \delta_B\right) + \\
& \omega_5\xi_4\left(q_A - q_B\right) + \omega_6\xi_5\left(\alpha_A - \alpha_B\right) + \omega_7\xi_6\left(\beta_A - \beta_B\right) = 0
\end{aligned}
\qquad (7-3)
$$

$$Q = Q_A + Q_B \qquad (7-4)$$

将式（7-4）带入式（7-3）中可算出 PPP 项目和常规交通项目均衡状态下分担的客流量 Q_a 和 Q_b，如式（7-5）和式（7-6）所示。

$$Q_A = \frac{Q}{2} - \frac{\omega_1\xi_1(T_A - T_B) + \omega_2(P_A - P_B) + \omega_4\xi_2(\delta_A - \delta_B)}{2\omega_3\xi_2} + \frac{\omega_5\xi_4(q_A - q_B) + \omega_6\xi_5(\alpha_A - \alpha_B) + \omega_7\xi_6(\beta_A - \beta_B)}{2\omega_3\xi_2}$$

$$(7-5)$$

$$Q_B = \frac{\omega_1\xi_1(T_A - T_B) + \omega_2(P_A - P_B) + \omega_4\xi_3(\delta_A - \delta_B)}{2\omega_3\xi_2} + \frac{\omega_5\xi_4(q_A - q_B) + \omega_6\xi_5(\alpha_A - \alpha_B) + \omega_7\xi_6(\beta_A - \beta_B)}{2\omega_3\xi_2} + \frac{Q}{2}$$

$$(7-6)$$

在定价博弈过程中，常规交通项目先定价并以收益最大化为目标，根据分析得到的 P_B 和 Q_B，常规交通项目的定价决策模型如下：

$$\max_{P_B} f(P_B) = P_B[\frac{\omega_1\xi_1(T_A - T_B) + \omega_2(P_A - P_B) + \omega_4\xi_3(\delta_A - \delta_B)}{2\omega_3\xi_2} +$$
$$\frac{\omega_5\xi_4(q_A - q_B) + \omega_6\xi_5(\alpha_A - \alpha_B) + \omega_7\xi_6(\beta_A - \beta_B)}{2\omega_3\xi_2} + \frac{Q}{2}]$$

$$(7-7)$$

在定价博弈过程中，交通基础设施 PPP 项目也以收益最大化为目标，根据分析得到的 P_A 和 Q_A，PPP 项目的定价决策模型如下：

$$\max_{P_A} f(P_A) = P_A[\frac{Q}{2} - \frac{\omega_1\xi_1(T_A - T_B) + \omega_2(P_A - P_B) + \omega_4\xi_3(\delta_A - \delta_B)}{2\omega_3\xi_2} +$$
$$\frac{\omega_5\xi_4(q_A - q_B) + \omega_6\xi_5(\alpha_A - \alpha_B) + \omega_7\xi_6(\beta_A - \beta_B)}{2\omega_3\xi_2}]$$

$$(7-8)$$

根据上述信息可以得出结论，定价的博弈过程就是交通基础设施 PPP 项目和常规交通项目以自我掌握的对方价格信息量为基础，调节自己的经营方式和价格来使自己获得最大化的利益。

二、求算得出博弈定价模型

以下根据交通基础设施 PPP 项目与常规交通项目定价的博弈决策模型式（7-7）和式（7-8），求解定价博弈精炼纳什均衡。先分别对式（7-7）和式（7-8）求 P_A 和 P_B 的一阶偏导。

即令

$$\frac{\partial f(P_A)}{\partial P_A} = \frac{Q}{2} - \frac{\omega_1\xi_1(T_A - T_B) + \omega_2(2P_A - P_B) + P_A + \omega_4\xi_3(\delta_A - \delta_B)}{2\omega_3\xi_2} +$$
$$\frac{\omega_5\xi_4(q_A - q_B) + \omega_6\xi_5(\alpha_A - \alpha_B) + \omega_7\xi_6(\beta_A - \beta_B)}{2\omega_3\xi_2} = 0$$

可得：

$$P_A = \frac{\omega_3\xi_2 Q - \omega_1\xi_1(T_A - T_B) + \omega_2 P_B \quad \omega_4\xi_3(\delta_A - \delta_B) - \omega_5\xi_4(q_A - q_B) + \omega_6\xi_5(\alpha_A - \alpha_B) + \omega_7\xi_6(\beta_A - \beta_B)}{2\omega_2}$$

（7-9）

同理，令

$$\frac{\partial f(P_B)}{\partial P_B} = \frac{\omega_1\xi_1(T_A - T_B) + \omega_2(P_A - P_B) + \omega_4\xi_3(\delta_A - \delta_B)}{2\omega_3\xi_2} +$$

$$\frac{\omega_5\xi_4(q_A - q_B) + \omega_6\xi_5(\alpha_A - \alpha_B) + \omega_7\xi_6(\beta_A - \beta_B)}{2\omega_3\xi_2} + \frac{Q}{2} - \frac{\omega_2}{2\omega_3\xi_2} P_B = 0$$

可得：

$$P_B = \frac{\omega_1\xi_1(T_A - T_B) + \omega_2 P_A + \omega_4\xi_3(\delta_A - \delta_B) + \omega_5\xi_4(q_A - q_B) + \omega_6\xi_5(\alpha_A - \alpha_B) + \omega_7\xi_6(\beta_A - \beta_B) + \omega_3\xi_2 Q}{2\omega_2}$$

（7-10）

联立式（7-9）和式（7-10）可以求得 P_A、P_B，即 PPP 项目和常规交通项目产品 / 服务定价完全信息动态博弈模型的精炼纳什均衡。

$$P_A = \frac{3\omega_3\xi_2 Q + \omega_1\xi_1(T_B - T_A) + \omega_4\xi_3(\delta_B - \delta_A) + \omega_5\xi_4(q_B - q_A) + \omega_6\xi_5(\alpha_B - \alpha_A) + \omega_7\xi_6(\beta_B - \beta_A)}{3\omega_2}$$

（7-11）

$$P_B = \frac{3\omega_3\xi_2 Q + \omega_1\xi_1(T_A - T_B) + \omega_4\xi_3(\delta_A - \delta_B) + \omega_5\xi_4(q_A - q_B) + \omega_6\xi_5(\alpha_A - \alpha_B) + \omega_7\xi_6(\beta_A - \beta_B)}{3\omega_2}$$

（7-12）

即精炼纳什均衡 P_A 为博弈定价模型求得的 PPP 项目产品 / 服务定价。

三、确认博弈定价模型中权重及价值系数的方法

博弈定价模型中广义成本各因素的权重、评价值及价值系数的确定，可以采取问卷调查的方式来对交通沿线的居民做一个普查分析，以便于掌握他们在选择交通方式时对广义成本各因素的重要性、评析值及价值系数的意愿。

（一）确定广义成本各因素的权重

我们可以用 AHP 法来确定广义成本各因素权重，以下是实际过程。

第一步，构造评判矩阵 $A=(a)_{n\times n}$，将广义成本包含的七个因素，即票价、便捷度、准点度、乘车时间、安全度、舒适度及服务质量等进行两个因素之间轮流对比，从而判定每个因素的重要程度，具体方法应用比较标度法，详见表 7-2。

表 7-2　比较标度及其内涵

标度值	含　义
1	表示元素 i 和 j 相比，两者具有同等重要性
3	表示元素 i 和 j 相比，元素 i 比元素 j 稍重要
5	表示元素 i 和 j 相比，元素 i 比元素 j 明显重要
7	表示元素 i 和 j 相比，元素 i 比元素 j 强烈重要
9	表示元素 i 和 j 相比，元素 i 比元素 j 绝对重要
2、4、6、8	表示元素 i 和 j 相比，其差别介于上述两者之 M 的情况
倒数	若元素 i 与元素 j 重要之比为 S_{ij}，则元素 j 与元素 i 重要性之比为 $S_{ij}=1/S_{ij}$

第二步，求解判断矩阵的特征向量 w 的分 w_k。具体计算方法是 $w_k = \left\{ \prod\limits_{j=1}^{n} a_{kj} \right\}^{\frac{1}{n}}$（$k=1, 2, \cdots, n$）。

第三步，求解权重向量。对特征向量 $w=(w_1, w_2, \cdots, w_n)^T$ 进行规范化处理，$W_k = \dfrac{w_k}{\sum\limits_{k=1}^{n} w_k}$（$k=1, 2, \cdots, n$），得到 $W=(W_1, W_2, \cdots, W_n)^T$ 即为所求的规范化特征向量，也就是权重向量。

第四步，一致性检验。在对判断矩阵进行搭建时，因为搭建主体具有差异性，搭建客体具有复杂性，会使产生的判断缺乏客观性和全面性。一般情况下，每次对判断的思维标杆都是不一样的，如果判断结果与均衡值相差甚远，该结果作废，所以我们应该做到一致性检验。一致性检验的方法是先求解判断矩阵的最大特征值 $\lambda_{\max}$，然后求一致性指标 CI 和随机一致性比率 CR。

判断矩阵的最大特征值 $\lambda_{\max}$ 的计算如下：

$$(BW)_i = a_{i1}W_1 + a_{i2}W_2 + \quad + a_{i7}W_7 \tag{7-13}$$

$$\lambda_{\max} = \frac{1}{n} \sum_{i=1}^{n} \frac{(BW)_i}{W_i} \tag{7-14}$$

式中：n 为判断矩阵的阶数。

计算一致性指标 CI：

$$CI = (\lambda_{max} - n)(n-1) \tag{7-15}$$

计算随机一致性比率 CR：

$$CR = \frac{CI}{IR} \tag{7-16}$$

当 $\lambda_{max}=N$，$CI=0$ 时，为完全一致；CI 值越大，判断矩阵的完全一致性越差，一般只要 $CR<0.1$，即认为其一致性可以接受，否则重新进行调整判断。

（二）计算广义成本各因素的评价值的办法

我们很难用准确的数据来显示交通基础设施 PPP 项目与常规公共交通项目的广义成本的各种因素评价值，但是采取某些系统的方法是可以计算出大致范围的。这里所谓的系统方法是"模糊集"理论，用语言价值变量对其评价值赋予结果，同时应用三角模糊数来体现所得，然后将具有主观性的信息资源进行整合。三角模糊数同语言价值量之间的紧密联系详见表 7-3。

表 7-3　三角模糊数与语言价值量之间的对应关系

评价指标的语言价值变量	对应三角模糊数	评价指标的语言价值变量	对应三角模糊数
很差 VB	（0，0，20）	较好 CG	（60，70，80）
差 B	（0，10，30）	好 G	（70，80，90）
较 men	（0，20，40）	很好 VG	（80，90，100）
中等 C	（30，50，70）	非常好 SG	（90，100，100）

m 位被调查者独立给出广义成本因素的评价值矩阵为 $X^{(m)} = \left[X_{ij}^{(m)} \right]_{n \times l}$，其中 $X_{ij}^{(m)}$ 用对应的三角模糊数表示为 $X_{ij}^{(m)} = \left(f_{ij}^{(m)}, g_{ij}^{(m)}, h_{ij}^{(m)} \right)$。对 m 位被调查者给出的信息集成，得到广义成本因素的评价值矩阵 $X = \left[X_{ij} \right]_{n \times l}$，其中 $x_{ij} = \left(\frac{1}{m} \sum_{k=1}^{m} f_{ij}^{(k)}, \frac{1}{m} \sum_{k=1}^{m} g_{ij}^{(k)}, \frac{1}{m} \sum_{k=1}^{m} h_{ij}^{(k)} \right)$。将模糊数转化为非模糊价值量方法是设三角模糊数为 $A = (f, g, h)$，其非模糊价值量则为 $D(A)$，计算公式为：

$$D(A) = \frac{1}{5}(f+g+g+g+h) = \frac{1}{5}(f+3g+h) \tag{7-17}$$

根据上述公式则有

$$D\left(x_{ij}\right) = x_{ij} = \frac{1}{5}\left(f_{ij} + 3g_{ij} + h_{ij}\right) \tag{7-18}$$

由式（7-18）可计算出广义成本各因素的评价值。

（三）确认广义成本各种因素价值系数的办法

我们可以通过问卷调查结果取平均数值的方式，来确认广义成本各种因素价值系数。

四、博弈定价模型的结论与评价

分析 PPP 项目定价博弈的精炼纳什均衡，可以得到以下结论。

（1）博弈的精炼纳什均衡 P_A 与 ω_1、ω_2、ω_3、ω_4、ω_5、ω_6、ω_7 均成正比，即满足 PPP 项目收益最大化目标的定价与出行耗费时间、舒适度、便捷度、服务质量、安全度和准点度的权重系数成正比；博弈的精炼纳什均衡 P_A 与 ω_2 成反比，即与票价的权重系数成反比。

（2）博弈的精炼纳什均衡 P_A 与 ξ_1、ξ_2、ξ_3、ξ_4、ξ_5、ξ_6 均成正比，即满足 PPP 项目收益最大化目标的定价与出行者的时间价值系数、舒适度的价值系数、便捷度的价值系数、服务质量的价值系数、安全度的价值系数和准点度的价值系数成正比。

（3）博弈的精炼纳什均衡 P_A 与 $T_B - T_A$ 成正比，即两种交通方式耗费的时间差越大，则定价 P_A 越高；与 $\delta_B - \delta_A$（即两种出行交通方式便捷度之差）成正比；与 $q_B - q_A$（即两种交通方式提供的服务质量）成正比；与 $\alpha_B - \alpha_A$（即两种出行交通方式安全度之差）成正比；与 $\beta_B - \beta_A$（即两种出行交通方式准点度之差）成正比。

（4）博弈的纳什均衡 P_A 与总客流量或交通流量 Q 成正比，总客流量 Q 越大，则定价 P_A 越高。

五、交通基础设施 PPP 项目定价博弈模型的优缺点

（一）优点

（1）本模型具有现实性和实际性，是在充分考察市场环境的基础上确定产品价格和服务价格的，符合制定价格的原则，具有良好的理论基础和现实内涵。

（2）本模型具有综合性和全面性，将消费者可能会考虑的价格、时间点、便捷程度、服务水平、舒适程度、安全性能及时间精确度都融合在一起进行考虑。

（3）本模型合理性更高，模型中提出了在博弈过程中对广义成本产生影响的各种因素的权重因差异化的综合经济发展水平及当地消费者的一般价值观念而异。

（4）该模型更具科学性与指导性，是在原有的模型基础之上延伸发展的结果，

对如何合理进行确定交通基础设施 PPP 项目价格这一行为有更好的现实指导性。

（二）缺点

（1）因为评判主体是具有主观差异性的，其判断标准不统一，这给模型中舒适度、便捷度、服务质量、安全度、准点度及耗费时间等价值系数制造了不稳定因素。为保证可靠性与科学性，我们需要以问卷调查的形式面向消费者测定时间点、便捷程度、服务水平、舒适程度、安全性能及时间精确度等因素的价值系数。

（2）该模型在定价过程中，单单考虑了市场竞争的诸多因素，而没有对 PPP 项目特许公司投资的投资动机、预期目标乃至特许权协议经济因素对价格的影响进行充分考虑。

第三节　基于合同设计及风险收益对等的PPP 项目定价模型

一、基于 PPP 项目合同设计的定价原理

交通基础设施 PPP 项目是包含于准公共产品中的，其提供的服务或者产品的成本包含两部分，一部分是变动成本，这部分占比较小，另一部分是固定成本，占比很大，因此该类项目具有成本的可次加性，即在一定的条件下，由一个项目公司提供的项目成本比多个项目公司共同提供相同数量的项目产品或服务的总成本小得多。

由此可见，对交通基础设施 PPP 项目来说，垄断市场经济更加合理。在交通基础设施 PPP 项目或服务不足的市场结构条件下，如果政府不控制，生产将出现产品／服务供给不足、生产成本高、垄断价格高等问题，严重损害消费者的公共利益。交通基础设施项目是整个社会生产和生活的基础，影响地区经济的发展。政府作为公共工程项目的管理者和公众利益的代表，必须通过制定和执行政策对这些项目加以管理。

交通基础设施 PPP 项目特许经营制度是一种控制模式，这种控制主要由政府和 PPP 项目承包公司签订合同约束，以达到防止垄断价格形成的目的。由此可见，交通基础设施 PPP 项目服务的价格受许可合同的具体条款约束，所以这种产品／服务项目的分析必须与特许经营合同相结合，不能将 PPP 项目公司的投资成本与预期收益分开来分析价格水平。

特许权合同的特许权期、政府补贴、投资回报、资本结构回报、资本投资、政府担保、交通基础设施 PPP 项目提供服务定价限制必须基于特许经营合同设计的条款。

（一）特许期

特许期是指特许经营的期限和终止条件之间的时间。采用 PPP 融资模式的交通基础设施项目，政府需要获得项目公司特许经营权，以补偿项目建设投资、运营成本和维护成本，获得相应的回报。特许期中所有权和商业所有权的分离并不涉及项目的最终所有权。特许期包括建设期和经营期，是对经营权期限的界定。

关于特许权期的确定，理论界进行了较多的探索，其研究始于 2002 年，香港理工大学的 Shen 和东南大学的 Li 教授在综合考虑了政府和私营机构的利益基础上，提出了一个确定特许权期限的较为合理的数量决策模型。杨宏伟等（2003）提出了政府和项目公司之间的特许权期博弈模型；秦旋（2005）提出了基于资本资产定价模型的特许权期计算模型；Ye and Tiong（2003）在假设各种风险因素的概率分布为已知的前提下提出了特许权期激励决策模型。

交通基础设施 PPP 项目租期的确定有两种。一种是固定的，固定特许期指的是政府和项目特许公司一旦确定特许期，项目建设和运营严格执行按照既定的时间限制，除非特殊原因，特许经营协议（如不可抗力的影响）不得随意延长或缩短特许期限。另一项是灵活的租赁期限、项目投标和特许经营协议，谈判没有明确建设和经营期限，但在租期届满的条件下，租期的实际长度由项目收益的实际决定。我国 2004 年颁布的《市政公用事业特许经营管理办法》第十二条规定："特许经营期限应当根据行业特点、规模、经营方式等因素确定，最长不得超过 30 年。"这两种情况适用于不同的项目类型，同时它对项目定价有不同的影响。

（二）资本结构

PPP 项目的总投资主要是股权投资（即资本金）以及向金融机构贷款的数额，这构成了该项目的资本结构。通常来说，当一个特许经营项目的总资产回报率高于债务融资成本时，在金融杠杆作用下，债务基金的比例越高，PPP 项目特许经营公司投资的股本回报率就越高。因此，特许权人通常希望该项目的债务资本比例更高，但破产的风险会更大。由于轻轨或地铁项目是关系到人民生产和生活的重要工具，对该地区的经济发展有重要影响。政府负责未来的轻轨或地铁项目的可持续发展，因此交通基础设施 PPP 项目的风险往往高于合同风险水平，破产风险带来的损失最终只能由政府承担，而特许权人只承担所投股本资金的有限责任。当特许权人股权投资收益高于项目资产投资收益时，债务基金比例越高，PPP 项目产品或服务的价格越低。在项目加盟商利益的情况下，债务在资本结构中的比重越大，意味着政府的交通基础设施项目在未来面临更大的破产风险。因此，政府往往会权衡可以向特许权人和债务方担保的水平、公众本身的利益和风险，且在投标文件或特许权人合同中作出规定。

（三）政府担保

交通基础设施 PPP 项目的建设和运行期较长，同时由于环境的变化，项目存在很大的不确定性。汇率、利率变动和通货膨胀超出了项目的预期，可能会导致很多风险，如交通流量低于预期。私营机构在投标时往往会考虑到上述风险，并可以在一定范围内承担，若风险大于预期，私营部门可能放弃项目投标，这对于 PPP 项目吸收社会资本是不利的。因此，为了吸引社会投资者，政府通常在 PPP 项目招标文件和特许协议中为项目提供担保，如最低收入或最低交通量保证、汇率担保、利率变动担保、通货膨胀保证和环境风险保证，确保 PPP 项目资本投资的合理回报。

（四）政府补贴

交通基础设施 PPP 项目是一种具有很强外部性的准公共产品。PPP 项目公司难以通过门票收入收回全部投资，以此获得合理的投资回报。补贴通常由政府提供，如项目补贴，给一个已完成的项目经济补偿，或者在特许合同中提供政府补贴。

二、给予 PPP 项目风险收益对等的定价原理

PPP 项目提供的产品或服务价格不能完全由市场机制决定，应该以生产价格为基础，反映供求的关系。因此，定价应确保 PPP 项目得到相同的投资并得到合理的回报。按照马克思的生产价格理论，合理的投资回报率应该是社会平均资本利润率，但这一选择的平均利润有明显的局限性。因为根据马克思的社会平均利润率原则，只有在不同行业之间自由流动，达到均衡时，社会的平均利润率才会形成。然而，交通基础设施等准公共产品具有自然垄断的特点，限制了资本的自由获取，使产业资本在很长一段时间内无法达到供需平衡状态。同时，应根据收益和风险原则确定投资回报水平，即考虑 PPP 项目公司承担的风险规模对预期回报率的影响。因此，对 PPP 项目特许公司来说，交通基础设施 PPP 项目定价的投资回报率应是加权平均资本成本与它所面临投资风险匹配的。

对运输基础设施 PPP 项目公司来说，资本结构包括 PPP 项目公司的股权资本和债务资本。这两种基金的成本和风险是不同的，因此应以资本加权平均成本作为其投资收益率（折现率），即不同种类资本加权平均成本的项目（资本综合成本），其计算公式如下：

$$R = R_c\left[\frac{C}{C+D}\right] + R_d\left[\frac{D}{C+D}\right] \qquad (7-19)$$

式中：R_c 为股本资金成本；R_d 为债务资金成本；D 为项目债务资金的市场价值；C 为项目股本资金的市场价值。

PPP 项目公司的股权资本成本高于债务资本成本 R_c，如何根据风险收益对等定价原理计算两类资金的成本呢？债务融资成本 R_d 相对容易获得。债务资本成本可以根据 PPP 项目的经济实力、投资者的信用和可能的融资结构来计算。而股权资本成本的计算相对较为复杂，为了确定资本投资风险和收益等值的合理回报，可以运用资本资产定价模型 (CAPM) 进行计算，资本资产定价模型是衡量系统风险和系统风险如何影响收益率的有效方法。根据资本资产定价模型，投资者应考虑投资决策项目体系的风险和投资决策比的投资回报，以此来补偿项目的风险及应得的利益，即任何资产的必要补偿等于风险溢价加上风险溢价补偿。交通基础设施 PPP 项目的预期资本回报也是据此来确定。因此，其预期投资收益率可以用资本资产定价模型来确定，计算公式如下：

$$R_c = R_f + \beta_i \left(R_m - R_f \right) \qquad (7-20)$$

式中，R_c 为资本金资金成本，即项目的合理资本金投资收益率；R_f 为无风险投资收益率；R_m 为市场平均投资收益率；β_i 为包括行业风险、企业风险在内的特定投资方案资本投资风险系数。

在上式中，β_i 风险修正因素与投资者、资本结构和行业的系统风险有关，即不同投资行业其系统风险特征完全不同，因此系数 β_i 也不相同。同时，系统风险受到债务比率的影响，不同公司的债务比率会有所不同，负债公司的财务风险高于相同类型无负债公司的财务风险，前者的系数 β_i 要高于后者，上述两者之间的系数可以用如下公式描述。

$$\beta_i = \beta_n + \beta_n \left[\frac{D(1-t)}{C} \right] \qquad (7-21)$$

式中，β_i 为有负债的同类公司的系数；β_n 为无负债的同类公司的系数；D 为有负债公司中债务资金的市值；C 为有负债公司中股本资金的市值；t 为公司税率。

国家有关部门颁布的标准指出，在交通基础设施行业，无债投资公司的系数用公式来计算相似系数投资公司债务，然后根据资本资产定价模型来计算交通基础设施 PPP 项目公司股权基金预期投资回报率（资本成本）。与此同时，债务资本成本和资本结构相关数据以不同类型的加权平均资本成本计算公式，即式（7-19），就可以算出资产期望投资回报率（贴现率）。

三、基于合同设计及风险收益对等的定价模型

基于合同设计和定价原则的分析，交通基础设施 PPP 项目为了影响特许经营合

同定价的所有因素，为了建立定价模型，可以根据租赁合同和未来的期望对相关数据进行估计。同时，考虑计算方便作出以下条件。

（1）合同约定特许权期为 T，其中建设期为 T_1，特许经营期为 $T_2=T-T_1$。

（2）随着人民币升值和中国经济的发展，预计人民币与美元的兑汇率将以每年 α 的比例变化，且合同规定，汇率由 PPP 项目公司承担，损失超过 ε 由政府承担。

（3）合同规定，特许经营期限内的利率 r 变化在内由 PPP 项目公司负担，超出损失的由政府负担。

（4）合同中指定特许期，因通货膨胀导致物价上涨，使建设投资和经营成本增加，通货膨胀率 i 在规定范围内的损失由项目公司负担，超出 i 时，损失由政府负担。

（5）假定交通基础设施 PPP 项目在全部完成后，即项目特许经营期第一年初的价格为 P，在此之前因考虑到项目线路并未形成网络，因交通不便导致客流量较少，建设期已开通的运营线路的产品价格为 P 的 γ 倍，考虑到未来的物价上涨等通货膨胀率因素，预计特许经营期内每 3 年调整一次产品价格，调整的平均幅度为 ψ。

（6）特许协议规定，在 PPP 项目整个运营期间，政府担保的最低客流量为 $Q_{\min}$，即在该项目特许经营期间，客流量小于 $Q_{\min}$ 时，损失由政府给予补贴。

（7）在政府权衡消费者利益和承担风险后，特许协议中 PPP 项目的权益资本比率是总投资的比例为 η。

（8）假定无风险投资收益率为 R_f，市场平均投资收益率为 R_m。

（9）假设这个项目每年从运营的第一年偿还本金 A。

（10）折旧采用平均年限法计算。

根据风险收益对等定价原理，我们可以分析运输基础设施 PPP 项目的现金流量情况。PPP 项目的主要现金流入是收入，除了主要的营业收入，如广告收入、沿线房地产开发经营收入等，还有特许经营合同授予的政府补贴；项目资金流出主要包括建设投资、运营成本、贷款利息、营业税、所得税等。在此基础上，将给出交通基础设施 PPP 项目的总收益和总成本，具体如下：

$$B_t = PQ_t + Y_t + S_t \tag{7-22}$$

$$C_t = C_t^i \times r_e + C_t^m + r_i \times L_t + (PQ_t + Y_t) \times t_1 + \left[(PQ_t + Y_t)(1-t_1) - C_t^m - r_i \times L_t \right] \times t_2 \tag{7-23}$$

式中：B_t 为项目第 t 年总收入；P 为交通基础设施 PPP 项目产品或服务的平均价格；Q_t 为项目第 t 年客流量或交通流量；Y_t 为项目第 t 年主营业外收入；S_t 为项目第 t 年因未达到特许权协议约定的政府担保的最低客流量、最低收入或利率和汇率变化导致的损失并在政府担保范围内而应给予的补贴；C_t 为项目第 t 年总成本；C_t^i 为项目第 t 年建设投入；r_e 为项目第 t 年的汇率；C_t^m 为项目第 t 年的经营成本；L_t 为项目第 t 年初的贷款余额；t_1 为项目销售税率；t_2 为项目所得税税率；r_i 为项目第 t 年的贷款利率。

费用效益分析是将项目的费用和效益进行比较，并保证项目在经济上合理可行。常用的指标是效益费用比 BCR，它是项目特许期所取得的效益现值和费用现值之比。当 BCR $\geqslant$ 1 时，效益现值大于费用现值，PPP 项目在经济上是合理的。在此，取 BCR=1，计算公式如下：

$$\text{BCR} = \frac{B}{C} = \frac{\sum_{t=T_1+1}^{T} B_t(1+R)^{-t}}{\sum_{t=1}^{T} C_t(1+R)^{-t}} = 1 \tag{7-24}$$

$$\frac{B}{C} = \frac{\sum_{t=T_1+1}^{T} (PQ_t+Y_t)(1+R)^{-t}}{\sum_{t=1}^{T_1} C_t^i \times r_e + \sum_{t=T_1+1}^{T} \left\{ C_t^m + r_i \times L_t + (PQ_t+Y_t)\times t_1 + \left[(PQ_t+Y_t)(1-t_1) - C_t^m - r_i \times L_t \right] \times t_2 \right\}(1+R)^{-t}} = 1$$

$$\tag{7-25}$$

联立式（7-24）和式（7-25），通过数学推导，求解计算价格 P。

$$\frac{B}{C} = \frac{\sum_{t=T_1+1}^{T} (PQ_t+Y_t)(1+R)^{-t}}{\sum_{t=1}^{T_1} C_t^m \times r_e(1+R_c)^{-t} + \sum_{t=T_1+1}^{T} \left\{ C_t^m + r_i \times L_t + (PQ_t+Y_t)\times t_1 + \left[(PQ_t+Y_t)(1-t_1) - C_t^m - r_i \times L_t \right] \times t_2 \right\}(1+R)^{-t}} = 1$$

$$\tag{7-26}$$

$$\sum_{t=T_1+1}^{T} \left[(PQ_t+Y_t)(1-t_1)(1-t_2) - (C_t^m + r_i \times L_t)(1-t_2) \right](1+R)^{-t} = \sum_{t=1}^{T_1} C_t^i \times r_e(1+R_c)^{-t}$$

$$\tag{7-27}$$

$$P = \frac{\sum_{t=1}^{T_1} C_t^i \times r_e(1+R)^{-t} + \sum_{t=T_1+1}^{T} \left[(C_t^m + r_i \times L_t) - Y_t(1-t_1) \right](1-t_2)(1+R)^{-t}}{\sum_{t=T_1+1}^{T} Q_t(1-t_1)(1-t_2)(1+R)^{-t}} \tag{7-28}$$

令

$$1-t_1 = A \tag{7-29}$$

$$1-t_2 = B \tag{7-30}$$

$$1 + R = \overline{R} \tag{7-31}$$

同时，在定价时为了便于计算，将每年的客流量或交通流量 Q_t 视为不变常数 Q，将式（7-29）、式（7-30）和式（7-31）代入式（7-28），可以得到：

$$P = \frac{\sum_{t=1}^{T_1} C_t^i \times r_e \times \overline{R}^{-t} + \sum_{t=T_1+1}^{T} \left[(C_t^m + r_i \times L_t) - Y_t A \right] \times B \times \overline{R}^{-t}}{\sum_{t=T_1+1}^{T} Q \times A \times B \times \overline{R}^{-t}} \tag{7-32}$$

令由该模型计算得出的交通基础设施 PPP 项目产品或服务价格为 P_2，对其构成进行分析可知主要由以下四部分组成。

第一部分：

$$\frac{\sum_{t=1}^{T_1} C_t^i \times r_e \times \overline{R}^{-t}}{\sum_{t=T_1+1}^{T} Q \times A \times B \times \overline{R}^{-t}}$$ 是项目的总投资分摊到交通基础设施 PPP 项目产品或服务的单价。

第二部分：

$$\frac{\sum_{t=T_1+1}^{T} \left[(C_t^m + r_i \times L_t) - Y_t A \right] \times B \times \overline{R}^{-t}}{\sum_{t=T_1+1}^{T} Q \times A \times B \times \overline{R}^{-t}}$$ 是项目运营期内的经营成本分摊到交通基础设施

PPP 项目产品或服务的单价。

第三部分：

$$\frac{\sum_{t=T_1+1}^{T} r_i \times L_t \times B \times \overline{R}^{-t}}{\sum_{t=T_1+1}^{T} Q \times A \times B \times \overline{R}^{-t}}$$ 是项目贷款利息分摊到交通 PPP 项目产品或服务的单价。

第四部分：

$$\frac{\sum_{t=T_1+1}^{T} Y_t A \times B \times \overline{R}^{-t}}{\sum_{t=T_1+1}^{T} Q \times A \times B \times \overline{R}^{-t}}$$ 是项目运营期内项目其他收入对交通基础设施 PPP 项目产品

或服务单价的影响。

四、基于合同设计和风险收益对等的定价模型评价

基于合同设计和风险收益对等的交通基础设施 PPP 项目定价模型具有以下优点。

（1）该模型在综合考虑运输基础设施 PPP 项目特许合同的经济影响定价的因素和 PPP 项目公司恢复其投资和预期利润的情况下，第一次提出了定价模型，符合现实，具有良好的现实意义和应用价值。

（2）在这个模型中，研究了现有的定价模型（以资本资产定价模型确定资本金投资成本，并以此为贴现率），在考虑到资本结构、资本成本和债务资本成本的情况下，确定综合资金成本，并作为项目贴现率，该方法更科学，得出的结果更准确。

（3）该模型中涉及的参数很容易收集，为计算交通基础设施 PPP 项目产品或服务价格提供了良好的保证，同时模型各组成部分的含义是直观和清晰的。

（4）该模型为现有的运输基础设施 PPP 项目提供了丰富的定价模型理论，结果更具科学性，对交通基础设施 PPP 项目定价决策具有重要意义。

基于合同设计和风险收益的交通基础设施 PPP 项目定价模型的缺点如下：该模型的价格从 PPP 项目公司的角度来看，更多地考虑其投资回收和获得的预期收益，只适用于经营性的交通基础设施 PPP 项目产品的定价，具有一定的局限性。

第八章　交通基础设施 PPP 的风险管理研究

第一节　交通基础设施 PPP 项目的风险类别

项目风险是导致项目损失的不确定性因素。风险作为一个项目建设的必伴事件，贯穿项目建设的全生命周期，成为项目建设的主线之一。交通基础设施 PPP 项目相关利益者多、历时长、涉及面广、不可控因素多、风险点众多，因此风险成为 PPP 项目能否成功的关键因素。风险连着成本与收益，是 PPP 项目合同条款的主要内容，在特许协议和合同设计中应当权责对应，并将风险分配给最有利承担的合作伙伴。

影响 PPP 项目实现预期目标的风险因素源于法律、法规、政策、市场供需、资源开发与利用、技术的可靠性、工程方案、融资方案、组织管理、环境与社会、外部配套条件等。影响项目经济效益的风险因素可归纳为下列内容。

一、政治风险

政治风险是指政治和政策方面的风险。政治风险存在于项目全过程，按其表现形式可分为国家风险和国家政治经济稳定性风险，如政府信用、政府干预、政府官员腐败、征用／公有化、政府决策延误／失误、公众反对风险等。

二、法律及合同风险

法律及合同风险是指法律法规和合同方面的风险，如法律体系不完整、法律变更、第三方违约风险、费用调整、合同及文本风险等。

三、金融风险

金融风险是指在建设生产经营过程中由于利率或汇率等金融环境变动直接或间

接地造成项目价值降低或收益受到损失的风险，如利率风险、通货膨胀风险、汇率风险、税收调整、融资风险等。

四、建设风险

建设风险是指项目在建设阶段存在的技术、施工、管理和原材料供应等风险因素的总称。施工风险直接关系到项目能否按照计划的进度开展，是否能够按照计划控制投资。比如，项目审批延误、土地获取风险、技术风险、环境风险、气候／地质风险、完成风险、供应风险、工程变更、成本支付风险、支持基础设施风险等都属于建设风险。

五、市场风险

市场风险是指与项目产品或服务相关的市场供需关系影响价格和销售量变动对项目预期收入的不利影响带来的风险，如项目唯一性、市场需求变化、招标竞争不充分、社会资本投资主体变动、运营成本超支、项目测算不当等。

六、管理风险

管理风险是指项目参与方管理水平方面的风险，包括组织协调风险、项目移交风险、经营者能力不足、财务监管不力等。

七、其他风险

其他风险是指除以上因素以外带来的风险，如不可抗力风险等。

各类风险的分类及其释义如表 8-1 所示。

表 8-1 PPP 项目风险分类

序 号	风险因素	风险释义
1	政治风险	政治和政策方面的风险
1.1	政府信用	政府不履行或拒绝履行合同约定的责任和义务而给项目带来直接或间接的危害
1.2	政府干预	政府官员直接干预项目建设、运营，影响社会资本的自主决策权力
1.3	政府官员腐败	政府官员的腐败行为将直接增加项目公司在关系维持方面的成本，也加大了政府在将来违约的可能性

续 表

序 号	风险因素	风险释义
1.4	征用 / 公有化	中央或地方政府强行征收或没收项目
1.5	决策延误 / 失误	程序不规范、官僚作风、缺乏 PPP 的运作经验和能力、前期准备不足、信息不对称等造成项目决策失误和过程冗长
1.6	公众反对	由于各种原因导致公众利益得不到保护或受损，从而引起公众反对项目建设所造成的风险
2	法律 / 合同风险	法律法规和合同方面的风险
2.1	法律体系不完善	由于现在 PPP 立法层次较低、效力较差、相互之间存在某些冲突和可操作性等造成的危害
2.2	法律变更	由于法律、法规及其他政府宏观经济政策的变化而引起项目成本增加、收益降低等后果
2.3	收费变更	包括由于 PPP 产品 / 服务费价格过高、过低或者收费调整不弹性 / 不自由导致项目公司的运营收入不如预期
2.4	合同文本不完善	合同文件出现错误、模糊不清、设计缺乏弹性、冲突，包括风险分担不合理，最主要的表现形式是资金筹集不到位，工期、质量无保障
2.5	第三方延误 / 违约	除政府和社会资本投资者外，其他项目参与者拒绝履行合同约定的责任和义务，或者履行时间延误
3	金融风险	金融方面的风险
3.1	利率风险	指市场利率变动的不确定性给 PPP 项目造成的损失
3.2	外汇风险	包括外汇汇率变化风险和外汇能否兑换风险
3.3	通货膨胀	指整体物价水平上升，货币的购买能力下降，导致项目成本增加等其他后果
3.4	税收调整	包括中央或者地方政府的税收政策变更
3.5	融资风险	包括融资结构不合理，金融市场不健全、融资的可及性等因素引起的风险，其中最主要的表现形式是资金筹集困难
4	建设风险	项目工程建设方面的风险
4.1	项目审批延误	项目需经过复杂的审批程序，花费时间长且成本高，批准之后，对项目的性质和规模进行必要调整非常困难

续　表

序　号	风险因素	风险释义
4.2	土地获取风险	土地所有权获得困难、土地取得成本和时间超过预期，使项目成本增加或项目延期
4.3	技术风险	指所采用技术不成熟，难以满足预定的标准和要求，或者适用性差，迫使私营机构追加投资进行技术改进
4.4	环保风险	由于政府或社会团体对项目的环保要求提高，导致项目的成本增加、工期延误或其他损失
4.5	气候 / 地质风险	项目所在地客观存在的恶劣自然条件，如气候条件、特殊的地理环境和恶劣的现场条件等
4.6	完工风险	表现为工期拖延、成本超支、项目投产后达不到设计时预定的目标，从而导致现金流不足、不能按时偿还债务等
4.7	供应风险	指原材料、资源、机具设备或能源的供应不及时给项目带来损失
4.8	工程变更	由于前期设计的可建造性差、设计错误或含糊、规范标准变化、合同变更、业主变更等引发的工程 / 运营变更
4.9	费用支付风险	由于基础设施项目的经营状况或服务提供过程中受其他因素影响，导致用户（或政府）费用不能按期按量支付
4.10	配套基础设施风险	指项目相关的基础设施不到位引起的风险
5	市场风险	运营市场方面的风险
5.1	项目唯一性	政府或其他投资人新建或改建其他相似项目，导致对该项目形成实质性的商业竞争
5.2	市场需求变化	由于宏观经济、社会环境、人口变化、法律法规调整等其他因素导致的市场需求变化
5.3	招标竞争不充分	包括招投标程序不公正、不公平、不透明，招标项目信息不充分或不够真实，缺少足够的竞标者，市场主体恶性竞争、故意压低价格竞标等
5.4	社会资本投资主体变动	由于各项目股东之间发生冲突或其他原因导致投资者发生变动，如中途退出等，进而影响项目的正常运营
5.5	运营成本超支	因各种因素发生导致运营管理成本增加，超出预计值

续　表

序　号	风险因素	风险释义
5.6	项目测算不当	特许期、服务价格的设置与调整、政府补贴等项目参数的测算过于主观，使项目没有达到理想的效果
6	管理风险	项目参与方管理水平方面的风险
6.1	组织协调风险	由于项目公司的组织协调能力不足，导致项目参与各方的沟通成本增加、矛盾冲突产生等变故
6.2	项目移交风险	经营者过度使用设施等资源，造成特许期期满移交时项目设备材料折旧严重或所剩不多，影响项目的继续运营
6.3	经营者能力不足	由于特许经营人能力不足等导致建设、运营效率低下
6.4	财务监管不力	贷款方和政府对项目公司的资金运用和项目的现金流监管不足，导致项目资金链断裂等变故
7	其他风险	除以上因素以外带来的风险
7.1	不可抗力风险	合同双方无法控制客观因素导致的，又无法回避或克服的事件或情况

注：表中"政府"是指作为社会资本合作伙伴的地方政府，下同。

以上风险分类主要是站在投资者角度分析项目的风险因素，若站在政府方来看，还包括财务风险，其来源包括三个方面：第一，直接债务，如项目启动直接融资；第二，有负债，如为项目的需求提供担保，低于预期或汇率波动；第三，隐性担保导致的资金需求，如政府在项目失败时，有义务介入或接管，并提供服务。质量不高的 PPP 项目会增加政府的财政负担，主要表现为以下几种情况：一是政府过度承担项目风险，如签订固定收益率合同、接受不适当的无条件支付安排或为项目提供担保；二是当公共服务的使用费达不到 PPP 合同规定的水平时，政府需要弥补收入差距；三是政府的责任不明确，不能有效地识别和分配金融风险；四是项目信息披露不充分，导致政府与运营商之间信息不对称；五是未安排项目的长期预算；六是财政风险监管不到位；七是受 PPP 项目前期收益较低的影响，政府过度投资低收入的 PPP 项目。

第二节 识别 PPP 项目风险的方式

风险分析是指对风险的识别和估计以及风险结果的评估，为风险管理计划的制订和实施提供依据。风险分析的目的是查明项目在哪些方面、哪些地方、什么时候会出现问题以及哪些地方潜在风险，并在查明风险的基础上提出降低风险的各种行动路线和方案。因此，风险分析不仅是风险识别和评估，也是一个复杂的风险管理过程。

风险识别是指对影响项目绩效的潜在或客观风险因素进行系统的预测和分类。

PPP 项目本身的合同结构复杂、项目时间长、风险大，针对表 8-1 中列出的风险来源进行分析，界定导致该风险的过错追责对象，是消除或降低风险的重要措施。风险起源及其追责对象如表 8-2 所示。

表 8-2 风险起源及其归责对象

序 号	风险因素	风险来源	责任方
1	政治风险		
1.1	政府信用	政府换届后，新任政府官员拒绝履行上任政府官员的承诺，或者政府无法承担过高的履约成本而拒绝履行义务	政府
1.2	政府干预	政府官员权力欲望强烈，希望拥有项目的控制权和决策权，以体现个人权威	政府
1.3	政府官员腐败	法律的漏洞、政府决策流程的不透明一定程度上加强了官员个人在项目运作中的作用，提高了官员腐败的可能性	政府
1.4	征用 / 公有化	当遭遇调控政策时，项目的部分具体合约条款违反中央政策 / 方针，政府予以征用，强制私营资本退出	政府
1.5	决策延误 / 失误	地方政府的决策流程不规范、能力 / 前期准备不足或信息不对称导致政府的错误决策、官僚作风等内在问题导致政府部门的决策效率低下	政府

续 表

序　号	风险因素	风险来源	责任方
1.6	公众反对	项目预期收费过高或者项目的环评 / 调研不合理，损害公众利益，导致社会公众反对项目	双方
2	法律 / 合同风险		
2.1	法律体系不完善	现有 PPP 相关法律条款缺失或不完善，导致项目运作受到限制	政府
2.2	法律变更	由于相关法律条款的变更，导致现有项目的合同条款设置与其有一定程度的冲突	政府
2.3	收费变更	政府调整收费机制	政府
2.4	合同文本不完善	合同文件设计不完善	双方
2.5	第三方延误 / 违约	由于合作第三方的各种原因导致的延误或者违约	第三方
3	金融风险		
3.1	利率风险	中央政府对利率的宏观调控导致金融市场的利率变化	无
3.2	外汇风险	中央政府对外汇汇率或者兑换条件的宏观调控	无
3.3	通货膨胀	市场经济环境变化，货币贬值	无
3.4	税收调整	中央或者地方政府的税收政策变更	无
3.5	融资风险	金融市场不健全，融资不到位	社会资本
4	建设风险		
4.1	项目审批延误	政府审批流程设计复杂，需要交涉部门过多，办事人员效率低下	政府
4.2	土地获取风险	由于城市规划或者群众利益等原因导致的土地性质冲突、拆迁困难等	政府
4.3	技术风险	社会资本采用的技术不合理、不成熟	社会资本
4.4	环保风险	环保要求提高，或项目违反环保政策	双方
4.5	气候 / 地质风险	项目所在地气候变化、自然条件差	无

序　号	风险因素	风险来源	责任方
4.6	完工风险	施工方效率低下等主观原因或者其他外部环境引起的客观原因	施工方
4.7	供应风险	供应商供应不及时或者物品质量不过关	供应商
4.8	工程变更	设计方水平低下，业主对现有设计提出调整要求，或者设计方对现有设计进行修正、补充	社会资本
4.9	费用支付风险	政府或终端用户拒绝支付费用	政府
4.1	配套基础设施风险	项目的配套基础设施不到位	政府
5	市场风险		
5.1	项目唯一性	政府自建或者批准其他投资者在附近区域新建竞争项目	政府
5.2	市场需求变化	客观市场环境的变化，导致项目需求的变化	无
5.3	招标竞争不充分	招标程序不透明、不公正，缺少足够的竞标者，竞标者恶意围标，或者故意压低价格	政府
5.4	社会资本投资主体变动	项目股东各自参与项目的目的不同或者彼此之间的沟通协调出问题，部分股东经济状况恶化等	社会资本
5.5	运营成本超支	政府强制提高服务标准、运营商运营能力低下或其他市场环境因素	双方
5.6	项目测算不当	对项目参数的测算过于主观和乐观，使测算结果偏离现实	双方
6	管理风险		
6.1	组织协调风险	投资者经验不足或者组织协调能力不足	社会资本
6.2	项目移交风险	项目运营阶段，经营者过度使用设备等资源且维护不周	社会资本
6.3	经营者能力不足	招标过程不合理，投资者资质造假等	双方
6.4	财务监管不力	私营投资者对项目财务进行非法操作，放贷方和政府对项目公司财务状况缺乏监管	双方
7	其他风险		

续　表

序　号	风险因素	风险来源	责任方
7.1	不可抗力风险	非双方能够预期或者抵抗的因素，如地震、洪水、台风等自然灾害和战争、政变等人为因素	无

项目风险发生后，可能对项目的成本、进度、质量等产生影响，风险后果及其影响对象如表 8-3 所示。

表 8-3　风险后果及其影响对象

序　号	风险因素	风险后果	影响对象
1	政治风险		
1.1	政府信用	可能出现支付停滞或延误、工期延误等，甚至出现项目中止或终止的情况	社会资本
1.2	政府干预	项目效率降低，可能出现返工导致成本增加或工期推延甚至中止等情况	社会资本
1.3	政府官员腐败	增加沟通成本，加大项目成本，导致将来的违约风险	社会资本
1.4	征用 / 公有化	项目终止，社会资本退出	社会资本
1.5	决策延误 / 失误	谈判时间旷日持久，项目前期工作拖延，影响项目实施，甚至导致项目失败	社会资本
1.6	公众反对	工期延误，可能需要重新谈判修改具体合同条款，严重时可能导致项目中止或终止	社会资本
2	法律 / 合同风险		
2.1	法律体系不完善	项目出现问题时，投资者遭受的损失无法通过法律途径得到妥善的解决，项目可能被迫中止或终止	社会资本
2.2	法律变更	可能引起项目成本增加、收益降低或者需要修改部分项目合同条款，需进行重新谈判，加长项目谈判时间	社会资本 / 政府
2.3	收费变更	运营收入不理想	社会资本

序　号	风险因素	风险后果	影响对象
2.4	合同文本不完善	政府与投资者之间出现纠纷，可能导致项目中止，严重时可能导致项目终止	双方
2.5	第三方延误/违约	导致成本增加，工期延误	社会资本
3	金融风险		
3.1	利率风险	融资成本的增加	社会资本
3.2	外汇风险	货币兑换成本的增加或者禁止兑换	社会资本
3.3	通货膨胀	成本增加，市场需求可能减少	社会资本
3.4	税收调整	税收条件变化	双方
3.5	融资风险	融资成本的增加，甚至可能出现融资失败，导致项目被收回	社会资本
4	建设风险		
4.1	项目审批延误	开工时间延误，或者后期无法进行必要的调整	社会资本
4.2	土地获取风险	前期成本增加或者开工时间延误	社会资本
4.3	技术风险	技术改进，成本增加，如发生在施工阶段将导致工期延误，发生在运营阶段将导致运营中断，收入减少	社会资本
4.4	环保风险	设计变更，导致成本增加或者工期延误	社会资本
4.5	气候/地质风险	工期延误或者施工成本增加	社会资本
4.6	完工风险	运营拖延，现金流回收延误，导致项目现金流压力剧增，可能出现现金流断裂等严重情况	社会资本
4.7	供应风险	工期延误	社会资本
4.8	工程变更	工期延误、成本增加	社会资本
4.9	费用支付风险	运营收入拖欠或者无法回收，导致项目现金流压力增大	社会资本
4.1	配套基础设施风险	工期延误、费用增加，甚至项目不配套，无法运营	社会资本

续　表

序　号	风险因素	风险后果	影响对象
5	市场风险		
5.1	项目唯一性	市场竞争激烈，导致项目收入减少	社会资本
5.2	市场需求变化	项目收入减少或增加	双方
5.3	招标竞争不充分	中标价格不合理、项目收费不合理或者投资者能力不足	政府
5.4	社会资本投资主体变动	项目资本结构变动，严重时可能导致项目中止	社会资本
5.5	运营成本超支	运营成本增加	社会资本
5.6	项目测算不当	项目收入不如预期，可能导致项目公司现金流断裂	社会资本
6	管理风险		
6.1	组织协调风险	沟通成本增加，项目争端产生	社会资本
6.2	项目移交风险	特许期结束后项目移交给政府后无法继续正常运营	政府
6.3	经营者能力不足	项目运营效率低下	政府
6.4	财务监管不力	项目财务状况恶化	政府
7	其他风险		
7.1	不可抗力风险	工期延误或者成本增加，甚至可能导致项目中止或终止	双方

第三节　交通基础设施 PPP 项目的风险评估分析

一、风险评估原理

风险评估是典型的多目标模糊条件下的决策问题，涉及风险相关的政府部门、企业单位、人员、法律体系、物流供应、自然环境、工程技术水平等，兼具客观因素和主观因素，用精确的数值计算是困难的。此外，这些指标的权重偏好因人而异，不同的参与者对权重的偏好也不尽相同。

根据 PPP 项目风险特征，可以将风险评估分为三个维度进行：一是风险的权重；二是风险概率；三是风险危害程度。风险的权重是指该类风险对 PPP 项目建设的成功或失败的重要程度，项目管理者需要根据风险的权重排序考虑各类风险因素。风险概率是指该类风险在 PPP 项目建设过程中发生的可能性，风险概率的确定可以由 [0, 1] 上的模糊数表示，通常用一个确定的概率值，也可以用一个概率范围表示，发生的可能性越大，越需要得到项目管理者的重视与控制。风险危害程度是指风险发生后，会对 PPP 项目整体利益造成的损害程度，如果损害程度较大，则需要项目管理者加强重视。

根据风险的三个维度建立三维坐标体系，假定将 x 轴作为风险权重，y 轴作为风险概率，z 轴作为风险危害程度，则某类风险 A_i 可以表示为一个向量 $\left(l_{A_i}, u_{A_i}\right)$ 在三维空间的投影：$\left\{\left(l_{A_{ix}}, u_{A_{ix}}\right), \left(l_{A_{iy}}, u_{A_{iy}}\right), \left(l_{A_{iz}}, u_{A_{iz}}\right)\right\}$，这种表示方法可以用风险的 Vague 图（图 8-1）直观反映出来。

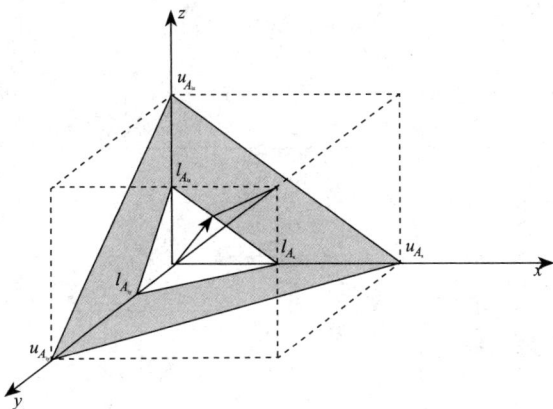

图 8-1　风险 Vague 图

Vague 图具有如下特点：

（1）通过三维坐标表示风险的基本参数，包括权重、发生概率、危害程度；

（2）外面大的三角形 $\left(u_{A_{ix}}, u_{A_{iy}}, u_{A_{iz}}\right)$ 表示最大风险强度；

（3）中间小的三角形 $\left(l_{A_{ix}}, l_{A_{iy}}, l_{A_{iz}}\right)$ 表示最小风险强度；

（4）灰色区域大小表示该风险的不确定程度。

根据以上原理，就具体 PPP 项目可以通过专家打分的方法，分别打出该项目风险三维的分值。综合多个专家的评分，可以得出该项目的风险三维评价表（表8-4）。为了便于计算，评分一般值范围选在 [0，1] 之间。

表8-4　风险三维评价表

序号	风险因素	风险权重		风险概率		危害程度	
		下值 $l_{A_{ix}}$	上值 $u_{A_{ix}}$	下值 $l_{A_{iy}}$	上值 $u_{A_{iy}}$	下值 $l_{A_{iy}}$	上值 $u_{A_{iz}}$
1	政府信用						
2	政府干预						
3	政府官员腐败						
4	征用 / 公有化						
5	决策延误 / 失误						
6	公众反对						
7	法律体系不完善						
8	法律变更						
9	收费变更						
10	合同文本不完善						
11	第三方延误 / 违约						
12	利率风险						
13	外汇风险						
14	通货膨胀						
15	税收调整						
16	融资风险						
17	项目审批延误						
18	土地获取风险						
19	技术风险						

续　表

序号	风险因素	风险权重		风险概率		危害程度	
		下值 $l_{A_{ix}}$	上值 $u_{A_{ix}}$	下值 $l_{A_{iy}}$	上值 $u_{A_{iy}}$	下值 $l_{A_{iy}}$	上值 $u_{A_{iz}}$
20	环保风险						
21	气候／地质风险						
22	完工风险						
23	供应风险						
24	工程变更						
25	费用支付风险						
26	配套基础设施风险						
27	项目唯一性						
28	市场需求变化						
29	招标竞争不充分						
30	社会资本投资主体变动						
31	运营成本超支						
32	项目测算不当						
33	组织协调风险						
34	项目移交风险						
35	经营者能力不足						
36	财务监管不力						
37	不可抗力风险						

二、风险评估模型

（一）建立风险层级结构

根据 PPP 项目特点建立如图 8-2 所示的风险指标体系，构建 PPP 项目风险层级结构。

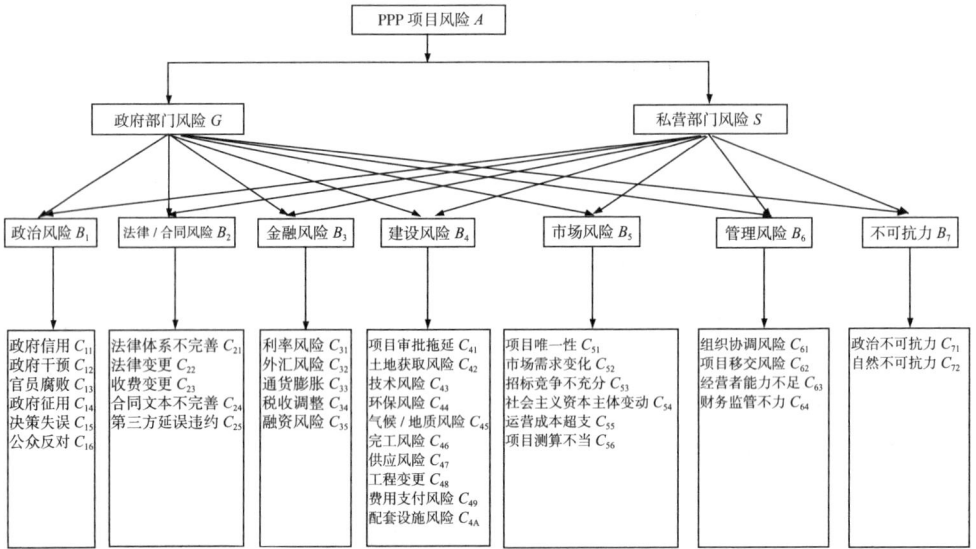

图 8-2　PPP 项目风险指标体系

（二）对各风险指标评分

为了对 PPP 项目风险进行评价，需要对各指标进行综合评分。假定评价的目标矩阵为 A，$A=\{B_1, B_2, \cdots, B_i, \cdots, B_m\}^T$，各列中的最优指标为 A_j^*，$i \in [1, m]$，$j \in [1, n]$，对目标矩阵 A 的 j 个指标进行评价，评分值越大表示风险越大，即

$$A_j^* = \max\left\{B_{1j}, B_{2j}, \quad ,B_{ij}, \quad ,B_{mj}\right\}^T \tag{8-1}$$

所有指标均用 Vague 值作为评分值，即用 [0, 1] 上的小区间表示该风险指标的评价值（范围）。

根据基于 Vague 值的多目标决策方法定义，设 $B_i=\{C_1, C_2, \cdots, C_k\}$，$k \in [1, k]$，利用专家评分法对每个 C_k 进行评分，估算其三维指标体系的最大值/最小值。

专家评分法是在建立 PPP 项目专家库的基础上，通过匿名方式征求相关专家意见，然后对其意见进行整理、分析和归纳，将归纳结果发送给专家，进行再征询，如此进行多轮意见的征询、反馈和调整后，得到 C_k 值，并形成目标矩阵 C，即

$$C_k = \left\{\left[l_{C_{kx}}, u_{C_{kx}}\right], \left[l_{C_{ky}}, u_{C_{ky}}\right], \left[l_{C_{kz}}, u_{C_{kz}}\right]\right\}^T。$$

（三）计算各指标权得值

为了减少主观因素的影响，先将隶属于同一指标的各指标之间的相对重要性进行比较，形成判断矩阵。一般来说，目标层 A 的因素对准则层 C_k 有支配关系，可以建

立以 A 为准则的两两比较判断矩阵 C_k，即

$$A_{ij} = \begin{bmatrix} a_{11} & a_{12} & & a_{1n} \\ a_{21} & a_{22} & & a_{2n} \\ & & a_{ij} & \\ a_{m1} & a_{m2} & & a_{mn} \end{bmatrix}, \begin{pmatrix} i=1,2,3, & ,m \\ j=1,2,3, & n \end{pmatrix}$$

式中：A_{ij} 为项目的目标，a_{ij} 是 a_i 与 a_j 相比的重要程度。

为了使决策判断定量化，形成上述数值判断矩阵，采用如表 8-5 所列的 1~9 标度方法。

表 8-5　标度含义

标　度	含　义
1	表示两个因素相比，具有同样重要性
3	表示两个因素相比，前者比后者略重要
5	表示两个因素相比，前者比后者较重要
7	表示两个因素相比，前者比后者非常重要
9	表示两个因素相比，前者比后者特别重要
2，4，6，8	表示上述相邻判断的中间值

通过以上方法可以建立两两比较判断矩阵。

然后，利用公式 $W_i = \dfrac{\sqrt[n]{\prod\limits_{j=1}^{n} a_{ij}}}{\sum\limits_{k=1}^{n} \sqrt[n]{\prod\limits_{j=1}^{n} a_{ij}}}$（$i=1$，2，3，…，$m$）可得到各指标权重值，以此构建指标权重矩阵 W，$W_k=\{w_1$，w_2，…，w_i，…，$w_m\}$，$i \in [1$，$m]$。

（四）计算目标矩阵风险值

$A_i=C_k \times W_k$，$i \in [1$，$m]$，$k \in [1$，$k]$，以此得出目标矩阵 A，$A=\{A_1$，A_2，…，A_i，…，$A_m\}$，$i \in [1$，$m]$。

（五）计算 PPP 项目总风险值

$$P = A \times W = \{A_1, A_2, \cdots, A_m\}^T \times \{w_1, w_2, \cdots, w_m\}$$

由此得到项目目标总风险值。

第四节　PPP 项目实施中具有的风险分担

一、风险分担的因素

不同的行业项目有不同的风险因素，而这些风险因素所具有的分担偏好和实际分担也有着巨大的差异，所以在实际操作时，不仅要考虑某一风险的分担理由是什么，还要考虑其分担偏好是否合理，如果合理就不必改变，如果不合理则要修改分担偏好。建立风险分担机制，要注意以下几点。

（一）对风险的有效控制能力

按照分险分担双方的有效控制能力可以推断出风险的实际分担状况，哪一方在有效控制能力上具有优势就会分担更多的风险。比如，由于我国的外汇管理制度，地方政府无法过多干涉汇率风险问题，所以协议中所说的地方政府承诺对汇率风险负责意义不大，而应该让社会资本与地方政府根据本地区的实际情况一起承担风险，但即使是特许权协议也只规定了地方政府要在其所被允许的范围内尽力帮助社会资本。社会资本比地方政府更能灵活地控制风险的危害程度，降低管理风险的成本。通过比较PPP 项目的实际分担不难发现，风险有效控制力的概念具有层次性，可以细分为对风险的预见能力、正确估计风险发生的可能性及其危害程度的能力、降低风险发生的能力、控制风险危害程度和管理风险成本大小的能力。

（二）政府能够提供的激励措施

理论上，风险和收益应该是匹配的，或者风险应该由风险承担成本最低的一方承担，但实际上，政府会提出一些激励政策来吸引社会资本参与项目，而且会采取激励手段来降低社会资本由于收益不足而产生的风险。比如，地方政府为社会资本提供必要的银行贷款方面的担保来吸引社会资本投资某一项目，这就降低了社会资本在融资时的风险。除此之外，政府还提出了帮助开拓新市场、税收优惠政策、简化审批流程、提供征地保障等激励措施来吸引社会资本。

（三）风险的归责对象

风险分担应该遵循多元化归责原则体系，包括过错原则、过错推定原则、违法原则、严格责任原则。虽然在法律层面来讲，要根据归责对象来判断风险分担，但这种方法可能无法得到落实，因为有时归责对象的该种风险控制能力可能很低，也有可能该种风险的控制成本很高。此时，风险的分担就不能那么死板了。除此之外，很多风险因素无法明确判断合同双方之间是谁的过错，也有可能合同双方都没有错，这时就需要依据其他风险分担原则来进行分担。

（四）与风险对应的收益

社会资本参与 PPP 项目主要为了获得回报，而回报是和该社会资本所承担的风险相匹配的。当然，不能将其与"高风险高回报"混为一谈，更不能错误地认为"采用 PPP 模式就是将尽量多的风险转移给社会资本"或者"风险越大回报越大，从而过多地承担风险来试图获取更多的回报"。"风险与回报相匹配"的准则应该用于对风险进行估价和准备投标报价，不应该进行反向操作。因此，社会资本不应该为了获取高额回报而主动承担过多的风险，这样可能会因为对该风险的控制能力较低而对项目造成严重的影响。

（五）双方的比较优势

在 PPP 项目特许权协议中没有考虑的风险，由于双方地位并不平等，这些差异包括双方的风险态度、对项目的需求程度、项目的竞争程度、双方的判断能力、双方的合作历史等，判断实际分担的时候往往凭借双方的比较优势来进行具体的划分。

二、风险公平分担机制

（一）风险分担的时点

PPP 项目过程包括准备阶段、招投标阶段、合同组织阶段、融资阶段、减造阶段、经营阶段、移交阶段。其中，准备阶段的主要工作是拟定招标文件和制定可行性报告。招标阶段的标志性事件是确定中标企业。组织合同阶段是签订特许权协议。PPP 项目中风险分担管理的时点如图 8-3 所示。政府在进行项目准备时要详细调查该项目有哪些需求，并按照表 8-1 的风险清单，通过借鉴之前的经验或进行专家咨询等多种措施来判断并评估该项目的风险，进而制定该项目的可行性研究报告。目的有二：①在可行性研究阶段判断项目应该用传统政府自建模式还是 PPP 模式；②在确定采用 PPP 模式后，为选择最佳投资者提供评标依据。政府应该初步分担风险以便更好地实现风险分担和调整，然后制定招标文件，发布招标信息，同时建议双方公平分担风险，并阐明风险初步分担结果的风险矩阵。

在招标投标阶段，社会资本要在资源（资金、人才、经验等）方面自我评估招标文件中政府阐释的初步风险分担结果，从而判断出是否能有效控制政府转移的风险或是否能进一步转移给更有控制能力的第三方。如果对该风险具有控制力，就可以对其进行风险报价，并反映于投标报价中；如果对该风险不具有控制力，则可以转移给第三方并对转移的成本进行估价，这也要反映在投标报价中。另外，社会资本要立足于以前的经验对招标项目进行风险识别，并依据政府提供的风险分担矩阵来选择适合自己的风险清单。政府也要计算出自己在准备阶段时的风险价值，除要考虑价格因素外，还要综合考虑各个投标人的能力、经验等其他非价格因素，最终确定一个最适合的中标人。

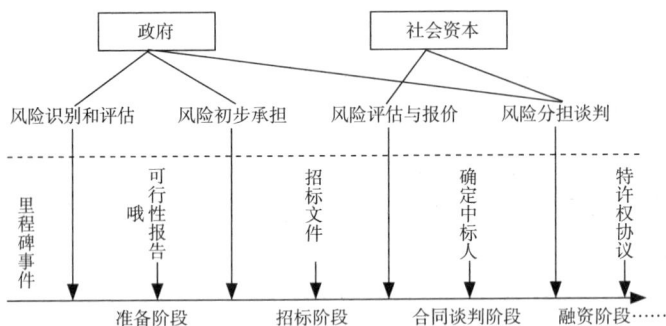

图 8-3　PPP 项目风险分担的时点

采用 PPP 模式并不意味着国家可以让私营部门承担全部风险，只有国家主动担负起部分风险，才会让风险合理分配，并降低风险运营管理。双方对风险的分担主要是通过权利、义务的界定和付款机制的确定来实现的，即风险分担是通过合同条款来定义的。在合同组织阶段，政府和项目公司要就特许权协议进行谈判，确定双方的服务价格和协调制度、权利与义务。在谈判过程中务必确保特许权协议已经覆盖了双方在前期所识别的风险，谈判可选择前面所介绍的风险分担调整机制。在签订特许权协议以后，项目公司再与其他专业分包商、放贷方、保险方等进行合同谈判，把自己无法控制的风险传递到更能把控风险的第三方身上。

（二）PPP 项目风险分担流程

在 PPP 项目的实施过程中，风险管控对项目目标的实现十分重要，对于政府和社会资本来说，必须细致地评估整个项目生命周期中的潜在风险，以保证合理和公平地分担风险。

PPP 项目的实施是一个十分复杂的过程，涉及的风险因素很多，而且这些风险不能仅依靠技术性措施来根除，必须分配给项目各参与方来承担。

在项目风险分担流程中，开发 PPP 项目的政府部门最初立足于风险因素属性提出风险承担的方法，依据属性风险分为以下几种：由政府部门担负的风险、由社会资本承担的风险以及双方共同承担的风险。对拟由社会资本承担的风险，社会资本先对划分给自己的风险进行评估报价，如果政府部门接受报价，则此风险由私营企业承担。反之，进行商定并重新进行风险划分。

PPP 风险分担流程如图 8-4 所示。

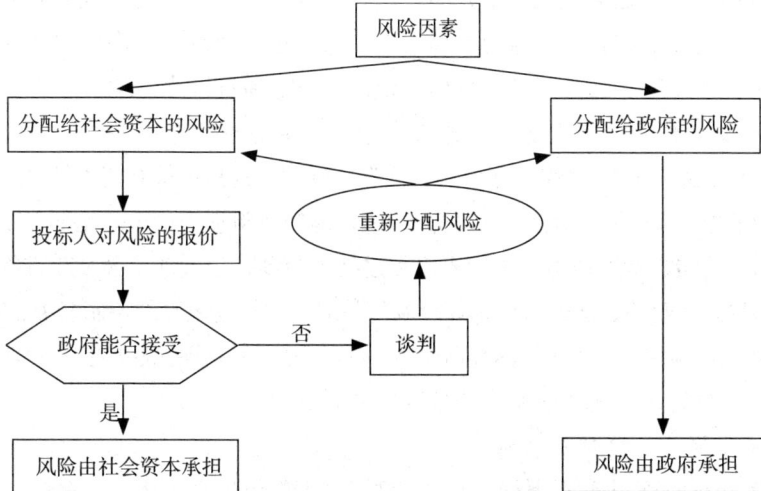

图 8-4　PPP 项目风险分担流程图

风险分配变化对比如表 8-6 所示。

表 8-6　风险分配变化对比表

事　项	传统模式	PPP 模式
设计	④	②
施工	②	②
服务提供	①	②
维护更新	①	②
服务质量	①	②
服务数量	①	③
不可抗力	①	③
报废	①	③
残值	①	①
政策法规	①	①

注：① 政府部门，② 社会资本，③ 政府部门 / 社会资本共担，④ 第三方。

（三）风险分担原则

风险分担的目的是避免风险的发生，降低风险发生以后的耗损成本和风险管理成本。合理的风险分担有利于参与者在项目全寿命期内注意理性和谨慎的举动，使各项目参与者能达到互惠互利、共赢的目标。因此，PPP 项目风险应满足以下分担原则。

1.发挥禀赋优势，分配优化原能力和承担的能力进行分配

风险由对其最有控制力的一方承担。风险控制能力是指谁最有能力控制或处于风险控制的有利地位，就承担风险的主要部分，这样能使风险损失最小。比如，私营部门擅长控制技术、建造、运营风险，不但可以促进技术革新，也增加了公私双方的收益；政府擅长承担政策、政治、法律风险，如公共部门对征地拆迁风险的控制能力很大。

通过最优风险配置，可以有效降低整个项目的风险。承担能力指谁处理该风险是最经济和有效率的，由其处理风险公私双方共同的收益最大。

2.风险和收益匹配对等原则

风险和收益匹配对等原则即按风险与回报相符原则进行分配，承担风险的一方对控制该风险有更大的经济利益或动机。承担的风险和收益的多少相匹配，能有效提高承担方的积极性。在合作时，公私双方作用不一样，在不同阶段创造的项目价值不同，项目中要按风险与回报相符合的原则来分配。

3.量力而行原则

承担的风险要有上限，避免一方承担过多的风险。在风险分配优化和风险收益分配的原则下，还要考虑政府和社会资本各自的风险承担能力。在风险发生的时候，担负风险的一方不能把风险造成的损失和费用转移给合同相对方。

（四）PPP 项目风险分担建议

权利义务的划分和付款机制确定了政府和社会资本对风险的承担比例，即利用项目合同（特许经营协议）条款来定义。表 8-7 提供了风险分担建议，供读者参考。

表 8-7　风险分担建议

序　号	风险因素	风险处理	风险承担者
1	政治风险		
1.1	政府信用	协议中要求政府进行相应声明和承诺	政府
1.2	政府干预	在合同中明确政府监管内容和方法，除规定内容外，政府官员不得干预项目公司其他事务	政府

续　表

序　号	风险因素	风险处理	风险承担者
1.3	政府官员腐败	在争议解决／赔偿机制等相关条文中禁止，签订廉政合同	政府
1.4	征用／公有化	协议中标明项目终止处理机制，保障双方利益	共担
1.5	决策延误／失误	协议中设置前提条件，有效防止政府决策过程冗长所带来的危害；社会资本与政府部门的充分沟通，以双方互赢为目标进行项目条件的谈判，减少政府决策失误	政府
1.6	公众反对	当风险事件出现时，项目公司负责解释，政府方负责协调。如果因项目公司运营不当引起，项目公司应尽快纠正；如果因项目规划原因，项目公司可申请赔偿；如因不可抗力原因，双方共同承担损失	共担
2	法律／合同风险		
2.1	法律体系不完善	协议中描述清楚争端解决程序、双方的权利与义务等关键内容	政府
2.2	法律变更	因法律变更导致对项目的建设或运营要求增加，从而增加项目投资或运营费用，社会资本方可申请补偿	政府
2.3	收费变更	协议明确收费标准，如政府方面提出变更则应对社会资本方进行补偿	政府
2.4	合同文本不完善	明确争议协商机制	共担
2.5	第三方延误／违约	协议中约定双方在第三方延误的申明和追偿责任	共担
3	金融风险		
3.1	利率风险	协议中可约定一定范围内的变动由社会资本方承担，超出一定范围后，申请政府补偿	共担
3.2	外汇风险	协议中可约定一定范围内的变动由社会资本方承担，超出一定范围后，申请政府补偿	共担
3.3	通货膨胀	协议中可约定一定范围内的变动由社会资本方承担，超出一定范围后，申请政府补偿	共担

续　表

序　号	风险因素	风险处理	风险承担者
3.4	税收调整	社会资本方可要求政府部门尽量提供法律许可内的税收优惠，如因税收政策调整，可申请相应补偿	政府
3.5	融资风险	明确政府部门需提供的融资协助事项，对社会资本方的融资进度进行细化要求	社会资本
4	建设风险		
4.1	项目审批延误	尽量列明审批事项和公私各方应尽的职责	共担
4.2	土地获取风险	协议明确政府对土地的供应时间、费用及拆迁地上物要求，并配合办理土地手续	政府
4.3	技术风险	协议明确社会资本方负责提供技术	社会资本
4.4	环保风险	协议中要求项目建设、运营中应遵守环保法规规定；因环保问题所产生的损失、费用等，根据归责原则，由过错方承担	共担
4.5	气候/地质风险	协议中要求社会资本方认真调研项目的气候、水文地质等自然环境因素，并制定应对不良状况的措施	社会资本
4.6	完工风险	协议约定工程完工时间及验收标准	社会资本
4.7	供应风险	协议约定公共产品或服务供应时间、供应量及供应标准	社会资本
4.8	工程变更	协议明确社会资本方负责按一定标准和规模建设工程项目	社会资本
4.9	费用支付风险	协议中要求政府进行相应声明和承诺	政府
4.10	配套基础设施风险	明确政府方为项目提供的配套条件	政府
5	市场风险		
5.1	项目唯一性	约定在特许经营期内，一定区域范围内政府不再批准新建竞争项目，或明确新建项目的条件	政府
5.2	市场需求变化	可设定社会资本方承担市场需求变化的范围，超出范围后申请补偿	共担

序　号	风险因素	风险处理	风险承担者
5.3	招标竞争不充分	完善 PPP 项目招投标的法律法规，规范项目招投标行为	政府
5.4	社会资本投资主体变动	约定社会资本方的变更条件，并且需经政府部门同意	社会资本
5.5	运营成本超支	协议明确社会资本方负责运营的全部费用	社会资本
5.6	项目测算不当	政府方对其提供的项目条件负责，由社会资本方自行判断的条件由其承担	共担
6	管理风险		
6.1	组织协调风险	协议中要求政府部门在项目建设和运营过程中协助项目公司；协调与项目设施场地周边所涉及的有关单位的关系	政府
6.2	项目移交风险	协议中明确对项目设施的维护要求和移交标准等事宜	社会资本
6.3	经营者能力不足	协议中约定退出机制	社会资本
6.4	财务监管不力	约定政府方对项目财务进行监管的内容	共担
7	其他风险		
7.1	不可抗力风险	在协议中对不可抗力事件作出明确定义，明确发生不可抗力事件之后的应对措施，赔偿计算方法、支付程序等	共担

（五）风险分担调整机制

以上风险分担方法只是一般情况下的原则，不一定完全适应所有 PPP 项目。就具体 PPP 项目而言，风险分担不可能一成不变，需要根据具体的项目要求识别出可能影响实际风险的因素，在此基础上构建一个相关的风险分担调整机制（图 8-5）。

第一步，检验双方对风险的有效控制力上是否有较大差距，若不存在明显差距，就可以进入下一步骤。对已经产生分担意向的风险，如果双方差距较大，则要检查控制力较强的一方是否已经承担了该风险，否则会建议修改为有控制力优势的一方承担该风险。对新识别的无分担建议的风险，若双方存在较大差距，则建议由控制力较强的一方承担该风险。风险有效控制力可以详细划分为能否正确预见风险的存在、能否降低发生风险的频率、能否准确评估风险发生的频率和影响程度、能否有效控制风险本身、能否控制风险发生后产生的危害程度以及处理风险付出的成本大小。

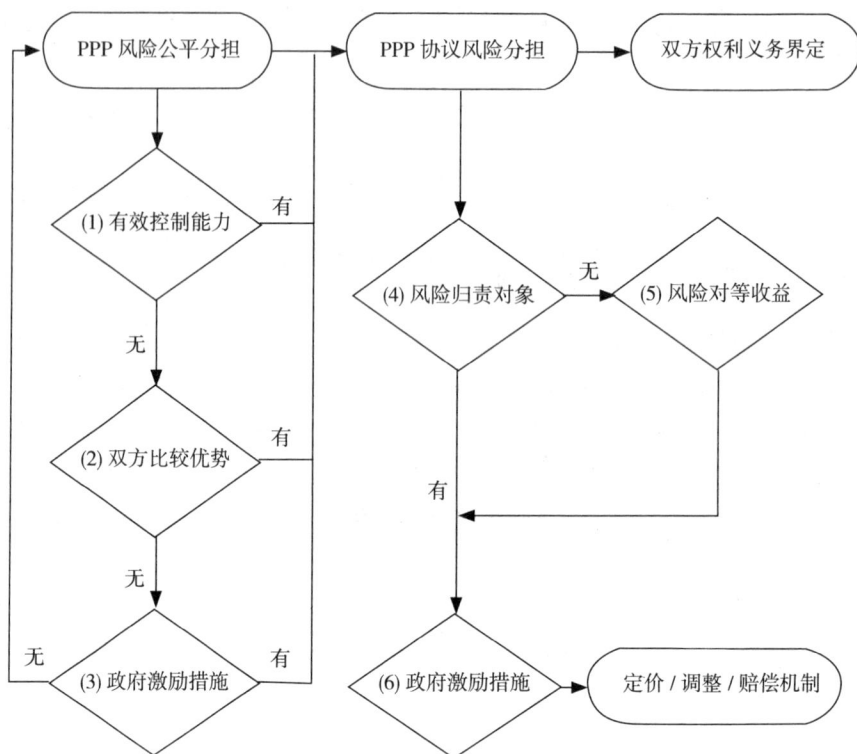

图 8-5　风险分担调整机制

第二步，检查双方在项目中的比较优势是否有明显差距，若不存在较大差距，就进入下一步骤。对于已有分担建议的风险，若存在较大差距，检查处于劣势的一方是否已经承担了该风险。如果没有，则建议由该方承担该风险。对新识别的没有分担建议的风险，如果存在较大差距，建议由处于劣势的一方承担该责任。在此，此处比较优势的概念包括双方应对风险的态度、双方的合作历史、各自的项目经验、对项目的需求程度和双方的谈判能力等。

第三步，检查政府部门是否愿意提供激励措施，如果政府没有相关意向，就进入下一步骤。对已经产生分担建议的风险，如果政府部门愿意为之提供激励措施，则要检查该风险是否已经被承担。如果该风险没有被承担，就会建议修改为由政府部门承担该风险。对那些新识别出来的没有分担建议的风险，如果政府部门主动提供激励措施，则建议由政府部门承担该风险。在这一步骤中，政府投资赞助、政府对融资的协助、政府担保、减免税收和开发新市场等都是政府部门提供的激励措施。

第四步，检查该风险的归责对象，如果归责对象没有相应地承担该风险，就进入第五步，并且归责对象须给予承担风险的一方相应的补偿。反之，如果归责对象已经承担了该风险，就可以进入第六步。对于风险的承担，政府和社会资本主要是通过界定权利义务和确定付款机制来实现，但权利和义务界定的依据中不能包括归责原则。归责原则在此次调整机制中只是作为赔偿／调整／定价机制的一个参考，主要是为了应对建设和运营阶段出现风险控制力缺乏的情况。

第五步，根据风险收益对等原则，计算与所承担风险相对应的收益，或者在定价结构／调整／赔偿机制中考虑增加该风险。在这个环节中，应强调风险收益对等原则用于合理的权利义务界定的基础上。即该原则是为了用于计算承担与该风险相对应的收益，切不可进行为了获得更多的利益而承担更多风险的操作。

第六步，检查政府部门是否愿意提供激励措施。在这一步骤中，政府部门主要是把放弃与风险相对应的收益以及吸引更多的投资者投资项目作为激励措施，这与在第三步中提到的政府在权利与义务方面主动承担的激励措施大不相同。

第九章　PPP 模式在交通基础设施领域中的具体应用

第一节　高速公路

高速公路工程量大、投资规模大、技术复杂、管理严格，采取 PPP 模式引进优质社会资本，既可以极大地降低地方政府债务风险，还可以提高项目建设和运营效率并规避各类风险，有效提高公共服务产品的供给效率和质量。

一、高速公路 PPP 的现实选择

（一）政府主导高速公路遇到挑战

1.经济增长放缓

近几年，我国经济增长有所回落，消费、投资和出口作为拉动经济发展的"三驾马车"在一定程度上都有所减慢。以基础设施投资为例，地方政府一直是基建投资的主力军，过去由地方政府主导的基建投资为我国经济增长发挥了引擎作用，但目前正逐步减弱。作为一项重要的基础设施，近年来我国高速公路建设突飞猛进，为国民经济发展作出了重要的贡献。研究显示，传统上我国高速公路的投资主体以政府为主导，在融资方面，主要是通过银行贷款、债券等方式。然而，高速公路具有投资额大、回报周期长的特点，巨额的投资单靠政府既不现实也不具有持续性（我国收费公路总体收不抵支，而大量发行的国债又加大了政府的债务风险和偿债压力）。

2.地方政府融资受限

国务院发布了《国务院关于加强地方政府性债务管理的意见》（以下简称"43 号文"），明确指出首要目标为治理政府性债务。"43 号文"对地方债务开启了严监管模式，使地方政府融资能力大幅受限。

（二）高速公路建设选择 PPP 模式

1. 积极引入社会资本进入高速公路建设领域成为重要的解决之道

一边是大力发展基础设施建设和社会公用事业的需求，一边是我国经济发展进入新常态的现实，因此引进社会资本以 PPP 模式参与基础设施建设和社会公用事业成为现实的选择。现代 PPP 模式诞生于 20 世纪 90 年代的英国，随后在美国、加拿大等西方主要国家得到广泛响应，很多国家和地区成立专门机构推动 PPP 并进行了成功的实践。近年来，我国从政策层面提出 PPP 概念，自 2014 年才开始从中央到地方大力推广PPP。2014 年 9 月，财政部发布的《关于推广运用政府和社会资本合作模式有关问题的通知》中明确指出，在公共服务领域和基础设施中建立的长期合作关系是社会资本和政府的合作模式。为了保证公共利益的最大化，基础设施及公共服务价格和质量的监管由政府部门来负责，维护、设计、建设、运营基础设施的工作大部分由社会资本来承担，在一定程度上通过"政府付费""使用者付费"来获得合理的回报。

2. 高速公路 PPP 项目在交通运输领域占有重要地位

作为最早采取 PPP 模式引进社会资本的领域之一，我国在探索和实践高速公路PPP 模式方面取得了长足的进步，多个高速公路 PPP 项目成功落地，为其他行业采取 PPP 模式起到了示范作用。以财政部第三批 PPP 示范项目为例，示范项目涉及养老、教育、文化、社会保障、体育、医疗卫生、旅游、保障性安居工程、环境保护、市镇工程、城镇综合开发、能源、交通运输、水利建设、生态建设、农业、林业、科技等行业。其中，交通运输类项目共计 62 个（在所有示范项目中的占比为 12%，排名第二），投资总额 5 065.9 亿元（在所有示范项目中占比为 43.3%，排名第一，比第二名市政工程高出 16 个百分点）。进一步研究发现：对应二级行业项目数量前 5位中，高速公路项目以 26 个占据第一，占比 42%；在投资总额方面，高速公路项目以 3 689.4 亿位居榜首，占比 73%。此外，与第二批示范项目相比，新增项目 42个，其中高速公路和一级公路的新增项目较多，分别为 20 个和 13 个，占新增项目的78.6%。

3. 高速公路采取 PPP 模式的优点

（1）与其他行业 PPP 项目相比，高速公路 PPP 项目具有十分独特的优势，主要表现在垄断性和排他性上。由于高速公路工程量大、投资规模大，涉及大量拆迁、环境保护和社会稳定等问题，因此某个区域范围内不可能像建设城市道路和一般公路那样纵横密布，退一步讲，社会经济发展情况也不需要一哄而上地在某个区域建很多条高速公路。高速公路建成后，可以利用其快速、便捷的优势收取车辆通行费、沿线广告费以及高速公路服务区的经营性收入，再加上政府的可行性缺口补贴、税收优惠，因此有利于吸引社会资本积极介入。

（2）在传统的高速公路投资模式下，政府并不具备技术、管理方面的优势。而在 PPP 模式下，社会资本具有资金、技术和管理方面的优势，因此可以提高建设和运营效率、降低工程造价和规避各类风险。事实上，为了降低投融资风险、综合投资回报期限，社会资本有充分的动力和积极性节约建设资金和运营成本。调查显示，与传统的投融资模式相比，在保证工期和质量的前提下，PPP 项目可以节约 17% 左右的费用。

（3）高速公路采取 PPP 模式，在大大降低地方政府债务风险、缓解地方政府财政压力的同时，推动了政府职能的转变。在 PPP 模式下，社会资本方的主要职责是投资、融资、建设、运营和维护，而政府方的角色由过去的"投资者"转变为"监督者"，主要负责高速公路的工程建设质量和运营服务水平。正是这种科学的安排，可以让专业的人做专业的事，这对加快政府职能转变以及有效提高公共服务产品的供给效率和质量具有重大意义。

2015 年 5 月 22 日，国务院办公厅转发了央行、国家发改委、财务部《关于在公共服务领域推广政府和社会资本合作模式的指导意见》（国办发〔2015〕42 号，以下简称《意见》），指出在打造新的经济增长点、激发市场活力、转变政府职能的过程中，推动社会资本和政府在公共领域合作，可以作为一种模式。《意见》同时指出，实施 PPP 的重大意义之一便是可以更好地促进政府职能的转变。作为社会资本的中介机构、社会组织甚至是境外企业在实现政事分开、政企分开的过程中承担着公共服务中涉及的维护、运营、投资、建设、设计、融资等责任。政府作为其中的合作者和监督者，应加强市场监管、社会管理、战略制定，并相应地减少对微观事务的直接参与，这不仅有利于深化投资融资体制的改革，还有助于解决政府越位、错位、缺位的问题，进而有利于推进国家治理能力和治理体系现代化。

二、高速公路各种操作模式比较

自 20 世纪 80 年代开始，我国高速公路从无到有，短短的 30 多年时间里高速公路里程位居世界第一。我国高速公路的飞速发展与我国一系列高速公路建设支持政策、各种行之有效的操作模式密切相关。我国高速公路建设的传统方式是以政府为主导，主要融资方式为债券和银行的信贷，这类模式在我国的高速公路建设中作出过重要贡献。

不过，随着我国经济缓增长、政府财政收支矛盾突出，再加上此前投融资渠道单一（我国的重点基础设施建设包括对高速公路的建设，并且一直提倡"投资主体多元化，投资渠道多元化和筹资方式多样化"❶，但长期以来，在我国高速公路建设过程中，政府部门一直充当着投资主体和管理主体的双重角色，造成政府财政压力过大、建设资金严重短缺的问题），引进各类社会资本以 PPP 模式介入高速公路建设并拉动经济增长成为重要的选择。研究发现，PPP 模式下我国高速公路操作方式主要有以下几类。

（一）BOT 模式下的高速公路项目

1. BOT（Build-Operate-Transfer）

BOT 即建设—经营—转让，是指政府就某个 PPP 项目与社会资本签订特许权协议，授予社会资本承担该项目的投资、融资、建设、运营和维护的权利与义务；在特许期限内社会资本对项目进行投资、建设、运营和保护并从中得到相应的利益；超过特许期限后，政府部门或者政府指定的其他机构将无条件收回社会资本。通常情况下，一个 BOT 项目的操作流程为政府部门确立 BOT 项目（或者项目由社会资本发起）—向社会招投标—社会资本投标—中标—政府与社会资本签订 BOT 合同—社会资本成立项目公司（或有）—社会资本对项目融资—项目建设—项目经营管理—特许经营期结束后项目移交。

BOT 具有以下优点：一是可以减少政府直接投资，减轻政府的财政负担；二是有利于将社会资本的工程管理经验、技术以及资金优势发挥出来，从而促进项目的建设进程和提高运营效益；三是使一些本来急需建设但政府因为财力有限而无力投资的基建项目借助社会资本的力量提前建成并发挥作用，从而满足社会公众的需要；四是带动劳动就业、刺激经济增长，有利于与 BOT 项目相关的上下游行业加入项目建设、合作；五是规避并减小风险，社会资本通过拆分项目把一个完整的项目拆分为工程建设和设计等多个子项目，让不同的主体来承担这些小的项目，以此来减小整个项目的风险。同时，BOT 项目存在一些不足，主要表现在谈判成本高、时间长、前期工作复杂且风险大（调查显示，由于项目前期风险高，高速公路 BOT 模式受阻程度明显，从而抑制了我国高速公路 BOT 项目的推进）、合作流程长，而且项目涉及金融、法律、税收、技术、管理等各种行业，需要政府和社会资本各方投入大量的人力和物力。

2. 高速公路 BOT 项目

研究发现，当下我国的高速公路 PPP 项目绝大多数以 BOT 模式操作，下面以兴延高速 PPP 项目为例进行分析。

兴延高速公路是 2019 年延庆世园会中十分重要的一项配套的交通设施，这项工

---

❶ 投资主体多元化、投资渠道多元化和筹资方式多样化已成为投资体制改革的重要标志，是我国经济体制改革的一项重要目标。

程的投资规模巨大（项目总投资约 143 亿元，每千米造价达 3.4 亿元）、施工难度大（路线全长约 43 千米，桥隧比超过 70%）、施工工期紧张（理论工期约 40 个月）。如果按传统的"政府资本金＋债务性融资"的融资方式，北京市政府当期财政资金负担过重。兴延高速公路最终确定采用 PPP 模式与社会资本合作进行投资、建设和运营管理，它是第一条由北京市及全国通过公开招标的方法来确立社会投资人的高速公路 PPP 项目。兴延高速 PPP 项目主要合作内容如下：北京市交通委通过北京市政府的授权来担当实施机关并通过公开的招标方式来选择社会投资人。社会投资人与政府出资人代表（首发集团）一起成立项目公司（首发集团不参与分红）；项目公司由北京市交通委通过 PPP 合同授权来对兴延高速公路进行投资、建设和运营管理，在合同到期时移交给政府。项目特许经营期内的特许经营权包括加油站经营权、沿线广告牌以及高速公路收费权等。兴延高速 PPP 项目是北京市转变政府职能、积极吸引社会资金方面进行的大胆探索与尝试，不仅降低了政府当期资金投入压力，有效控制了政府的债务风险，提高了项目的建设和运营效率，还营造了平等的投资环境。

（二）TOT 模式下的高速公路项目

1. TOT（Transfer-Operate-Transfer）

什么是 TOT 呢？即转让到经营再到转让的过程。政府为了获得更多的资金来促进项目的发展会出售现有的一些资产，这就是 TOT 模式的一种方式。前些年由于大力进行基建项目投资，地方政府面临巨大的偿债压力。通过这种模式，政府盘活了资产，以存量换增量，在缓解偿债压力的同时，可以获得新的投资建设资金，进行新的投资，可谓一举多得。需要指出的是，由于 TOT 模式下没有 BOT 模式中 B（Build 即建设）的过程，对社会资本而言，其不参与 TOT 项目建设过程，从而降低了项目准备阶段和建设阶段的风险。

具体来说，在 TOT 模式下，社会资本先会对政府已经有的一些资产进行购买，这些资产一般是已经建成的部分或者全部的经营权或者产权，接着才是对项目的经营和管理。在特许经营时间内，社会资本通过收回在项目经营上的所有投资来获得自己的利润，等到期限结束再把项目的经营权或者产权无条件地还给政府或者政府指定的机构。资料显示，安徽省合肥王小郢污水处理厂是我国第一个试水污水 TOT 模式的 PPP 项目。

2. 高速公路 TOT 项目

研究发现，与高速公路 BOT 项目相比，高速公路 TOT 项目目前所占的比例并不高。目前，部分地方政府正积极推进高速公路 TOT 项目。

（三）"BOT+EPC" 模式下的高速公路项目

"BOT+EPC" 模式即政府与社会资本合作，授予其在特许经营期内进行投资、建设、运营管理的权利。同时，在项目的建设过程中，社会资本采用 EPC（设计、采购和施工一体化，也就是总承包模式）的模式施工。待特许期限结束后，社会资本将该项目移交给政府或者政府指定的机构。具体来说，"BOT+EPC" 模式融合了 BOT 模式和 EPC 模式的优点：一是有效地将社会资本在资金上的优势发挥了出来；二是将社会资本在管理和技术上的优势发挥了出来，大大节约了设计、建设和施工的协调时间和成本；三是高速公路通常投资规模大、建设难度大，风险相对也大，这种模式可以发挥社会资本积极性，从而降低建设和运营成本，提高建设质量，避免"豆腐渣"工程。"BOT+EPC" 模式在国外已有上百年的历史，目前在我国交通运输、水利等领域已有成功的运用。

三、高速公路 PPP 项目风险分析与防控

高速公路 PPP 项目以其投资规模大、技术难度高、营利性不大、回报周期长等特点受到各类投资主体的高度关注。与传统的由政府主导的建设模式相比，高速公路 PPP 项目有一定的运营期风险，会受到车流量、政府支付信用、汇率、税收等多重风险的影响，且其风险贯穿 PPP 项目的全生命周期。此外，政府主导的高速公路项目通常关注建设期风险，而高速公路 PPP 项目不仅关注建设期风险，还包括长达 20~30 年的运营期风险，其风险范围覆盖了项目的设计、融资、立项、洽谈以及项目的运营、建设、移交、维护和养护环节，且每一个环节所承担的风险都不一样。

（一）高速公路 PPP 项目的风险类型

1. 法律政策变更风险

所谓 PPP 项目法律政策变更风险，主要是指由于国家和地方颁布、修订、重新诠释法律政策而导致 PPP 项目的合法性以及社会资本的投资回报等重要因素发生重大变化，导致项目不能正常建设或运营，甚至直接导致项目失败，从而给 PPP 项目本身和社会资本带来巨大损失。在实践操作中，由于法律政策变更而导致项目失败的例子很多，如长春汇津污水处理厂事件。就高速公路 PPP 项目而言，其受国家法律政策变化的影响较大，如果国家和地方颁布、修订、重新诠释法律或者政策，可能会对高速公路 PPP 项目社会资本产生不利影响。有分析称，为体现公路的公益性，有些国家对高速公路社会资本的投资回报率或最高费率进行了限制。

2. 金融风险

所谓 PPP 项目金融风险，是指对包括项目融资、利率变动、通货膨胀和汇率变

动（高速公路投资规模大，往往需要借用国际资本的力量）的风险。概括来说，高速公路 PPP 项目工程规模大，投入资金多，动辄几十亿甚至上百亿，尤其是路线长、隧道和桥梁多、地质条件复杂的高速公路投资规模更大。社会资本利用自有资金完成几十亿甚至上百亿的高速公路 PPP 项目并不现实，需要向国内外银行等金融机构进行融资，而项目的成败也直接取决于融资是否顺利。此外，为规避利率风险，银行对 PPP 项目一般会以某种浮动利率作为基数，加上一个利差作为项目的贷款利率，而汇率变动、通货膨胀都将直接影响项目的建设和运营成本，进而影响项目的偿债能力和实际收益。

3. 信用风险

对于社会资本而言，政府信用是其最关心的问题之一。实践中，有部分地方政府为快速推进 PPP 项目，在短期利益驱使下，承诺过高回报率和过高收费标准，与社会资本签订脱离实际的特许经营协议。当 PPP 项目建成后，政府因缺乏承受能力而产生信用风险，这将直接危害社会资本的利益。

研究发现，由于高速公路属于准公益性项目，政府对社会资本的投资回报往往采取"使用者付费＋政府可行性缺口补贴"的模式，因此社会资本对政府的支付信用也十分谨慎。

4. 建设风险

建设风险主要指在项目建设和运营中出现成本超支、项目质量不达标甚至停工的风险。高速公路建设技术难度大、地质条件复杂，如果设计单位设计深度不够、承包商投入不足、工程质量不达标等，都将延误项目进度，导致社会资本投资受损。

5. 收益不足风险

收益不足风险主要是指 PPP 项目运营后收益不能满足社会资本收回投资或达到预定收益。高速公路 PPP 项目收益不足风险主要受交通流量大小、经济发展情况以及市场需求预测影响。

6. 公众反对风险

公众反对风险主要是指由于征地、环境污染等一些原因影响到了公众的利益，导致他们的利益受损，从而使他们对项目建设可能产生的风险进行反对。对高速公路 PPP 项目而言，主要表现在对征地、移民、生态环境的影响，如征地对以粮食种植为主要收入来源的家庭来说影响深远，赖以生存的土地被征用将直接导致农民失去经济来源、丧失家园、被边缘化、食物来源没有保障等。此外，高速公路建设施工期会产生大量的粉尘、烟雾、灰粉等污染，机械化施工、挖方、取土、弃土而造成土地（农田）水土流失、植被破坏，还有大量的固体废弃物污染，从而威胁沿线居民及各种生物的生存环境，产生严重的生态环境危机。

7. 不可抗力风险

所谓不可抗力，是指那些没有办法预见和避免并不能解决和克服的一些非主观情况，它的含义在我国的《合同法》中有明确规定。《合同法》第一百一十七条表明，除了法律上另有规定的外，如果因为不可抗力而对合同造成了违约，可以根据不可抗力本身的影响力大小来决定是否可以免除部分或者全部的责任。但当事人迟延履行后发生不可抗力的，不可以免除责任。在法律中对不可抗力的规定包括两方面：一是自然灾害，即由自然原因而造成的不可抗力事故，如水灾、旱灾、火灾、风灾、地震等；二是社会事件。实践中，PPP 项目合作有许多因不可抗力因素而导致合作失败的案例。

（二）高速公路 PPP 项目的风险防控

高速公路 PPP 项目是一个复杂的系统工程，项目本身涉及金融、财务、技术、管理、环境等多个方面，受到众多复杂因素的影响。进一步而言，任何一个小的因素或疏忽都可能导致项目功亏一篑。不仅如此，各个影响项目的风险因素之间的相互作用对社会资本提出了更大的挑战。因此，为了项目在长达几十年的时间里顺利进行，采用综合性的风险防范措施显得十分必要。

1. 项目风险合理分担

在 PPP 模式下，项目的风险分担问题无论是对政府还是对社会资本而言都是十分重要的。PPP 模式下的风险承担与传统的由政府主导的投资模式下的风险承担具有很大的不同，如传统的项目融资风险在政府方，PPP 模式下的项目融资风险则转移到了社会资本方。可以说，PPP 模式下风险贯穿项目的全生命周期，不同的风险分担关系到不同主体的切身利益。高速公路 PPP 项目具有投资规模大、回报周期长、建设管理复杂、不确定性因素较多等特点。因此，科学的风险分担关系到社会资本的投资积极性，也影响着整个项目的进度。

财政部在《关于印发政府和社会资本合作模式操作指南（试行）的通知》（财经〔2014〕113 号）中规定了基本框架由风险分配。通过风险可控、风险收益对等以及风险分配优化等原则，全方面考核市场风险管理能力、项目回报机制及政府的风险管理能力等要素，合理分配社会资本和政府间的风险。在原则上，社会资本承担着项目的建造、设计、财务和运营维护等商业上的风险，政府承担着政策、法律和最低需求等风险，政府和社会资本共同承担着不可抗力等风险。

根据国家政策文件精神和实践操作的经验来看，PPP 项目的风险分担应遵循以下原则。

（1）风险与控制力相匹配。政府与社会资本各有其优势，职责也各不相同。因此，从整个项目顺利进行、维护各方参与主体利益的角度考虑，PPP 项目风险应该由对该风险最有控制力的一方承担，这样可以最大限度地避免项目风险损失。如果该风险双方均没有能力控制或风险边界模糊（如不可抗力风险），则本着公平的原则，由政府与社会资本双方共同承担。

（2）风险与收益相匹配。在一个成熟的市场中，投资者的风险和收益一般是相匹配的，风险小、收益大或者风险大、收益小都不符合市场竞争的规律，也不具有持久性。PPP 项目亦是如此，投资者承担过高的风险而获得过低的回报，一是不会积极参与，二是参与后也不会持久。作为市场竞争主体的企业不是慈善机构，其最大的目的是获得市场收益，其自身也有着股东业绩方面的考核。如果在尽到社会责任的同时，长期收益极低，这种机制则很难持久。反过来，如果社会资本风险极低而收益很大，形成了垄断利益，政府将面临很大的压力，社会公众也很难承受。因此，高速公路 PPP 项目的风险与收益也应匹配，社会资本收益分配的比例应取决于风险分担的比例。

（3）风险动态考虑。PPP 项目涉及技术、管理、金融、财务等方面，且建设运营期限长达二三十年，很难预测项目的所有风险，尤其是高速公路 PPP 项目投资规模大、建设和运营周期长、参与主体众多且关系错综复杂，在风险分配初期要预测项目所有的风险不现实。因此，要公平合理地分担项目风险，需要进行动态考虑。根据国家政策文件精神和操作实践，通常情况下，一个 PPP 项目的风险分配如表 9-1 所示。

表 9-1 某 PPP 项目风险分配表

风险因素	政　　府	社会资本	共同分担
设计建设		√	
融资		√	
运营维护		√	
市场需求			√
不可抗力			√
移交		√	

续　表

风险因素		政　府	社会资本	共同分担
法律变更	政府可控的	√		
	政府不可控的			√
系统性金融风险				√

2.项目风险转移

对社会资本而言，在承担项目风险的情况下，通过相关合同条件的限制，也可以实现项目风险的转移，从而降低自身的风险。

高速公路 PPP 项目社会资本在承担建设风险后，可以通过如下方式对项目风险进行转移：一是原材料价格，即在项目开始建设初期，根据项目整体建设情况，向钢铁、水泥、沥青等有关原材料企业商定购买合同并确定购买价格，将价格上涨的风险转移给原材料企业；二是与建筑商约定关于工期的保证条款，如建筑商不能按照合同规定的时限完成需要赔偿，从而将工期延长的风险转移给建筑商。

四、某高速公路 PPP 项目效益解读

（一）项目背景

某省位于我国西南中心腹地，周边与 5 个省相邻，是西南地区通往珠江三角洲、北部湾经济区以及长江中下游地区的交通枢纽。某省资源优势明显，省内有着丰富的矿产资源、生物资源、水能资源和旅游资源。不过，省内公路交通对外通道不足，通达深度不够，道路等级较低、质量较差，由于交通建设上存在很大的限制，所以某省很多资源上的优势很难变成经济上的优势。作为国民经济和社会主义社会发展的先导性和基础性事业，交通运输无疑是社会经济持续、快速、健康发展的重要保障。而作为综合运输体系的重要部分，高速公路已成了现代交通的主要运输方式，对支撑和引领经济社会发展有着重要的作用。为实现某省经济社会发展历史性的跨越，某省人民政府在该省东北地区新建了一座高速公路（以下简称"本项目"），以满足区域通道内交通量发展、带动沿线区域产业发展、促进区域经济发展和拉动旅游业的发展。

（二）基本情况

本项目全长约 100 千米，建设总投资约 101 亿元。本项目全线设置桥梁 86 座，约 28 000 米，其中特大桥 3 座，约 3 600 米，大桥 73 座，约 23 000 米，中桥 9 座，

约 1 000 米；设置隧道 21 座，约 20 000 米；设置 8 处互通立交；设置主线收费站 1 处、匝道收费站 6 处、管理中心 1 处和必要的交通工程设施。本项目以四条车道的高速公路为设计准则，速度设计为每小时 80 千米，设计 20.5 米宽的路基和 2×7.5 米宽的行车道，中间带宽 1.0 米，两侧硬路肩宽 2×1.5 米，土路肩宽 2×0.75 米，如表 9-2 所示。

表 9-2 某高速公路 PPP 项目各项技术指标

指标名称		单 位	指标值
地形类型		—	山岭重丘区
公路等级		—	高速公路
设计速度		千米 / 小时	80
路基宽度		米	20.5
行车道宽度		米	4×3.75
停车视距		米	110
平曲线	极限最小半径	米	250
	一般最小半径	米	400
	不设超高最小半径	米	2 500
	缓和曲线最小长度	米	70
一般最小竖曲线半径	凸	米	4 500
	凹	米	3 000
最小竖曲线长度		米	70
最大纵坡		%	5
最小坡长		米	200
汽车荷载等级		—	公路 I 级
设计洪水频率		—	1/300
			1/100

（三）合作模式

本项目采取PPP模式下的BOT模式合作。根据《收费公路管理条例》规定，经营性公路建设项目和收费权转让项目必须采用招标投标的方式选择投资者。此外，国家对PPP项目的采购方式也有明确规定。实践中，某省交通运输厅根据《中华人民共和国公路法》《中华人民共和国招标投标法》《国务院办公厅关于进一步规范招投标活动的若干意见》《收费公路管理条例》等相关法律法规进行招标，社会资本某公路工程公司中标。某省人民政府授权省交通运输厅作为项目执行机构与某公路工程公司签订特许经营协议。某公路工程公司根据《中华人民共和国公司法》等有关法律规定出资设立组建PPP项目公司，主要负责本项目的投资、建设和运营管理，并享有28年收费权益（含3年建设期）。在社会资本回报方面，双方采取"使用者付费+政府可行性缺口补贴"模式。在资金来源方面，某公路工程公司投入项目资本金30亿元，占项目投资总额的30%，全部以自有资金出资，其余建设资金为71亿元，通过银行贷款等筹措。

（四）案例解读

1. 社会影响分析

高速公路建设在促进经济发展的同时，会带来环境污染、资源破坏和拆迁等问题，一旦处理不当就会引发各种社会矛盾。实践经验表明，如果单纯从科技和金钱利益上来分析是不能对项目作出科学和最优选择的，并且可能使项目建设不顺利和运营受影响，无论政府、社会资本还是社会公众都会面临较大的风险。

（1）社会效益明显。① 方便人民群众出行、外出求学、工作和就医等；② 有利于当地农产品出售；③ 直接影响区内的企业，交通状况的改善可以降低物流成本；④ 提升当地投资环境，有利于当地政府吸引投资，增加沿线地区就业机会；⑤ 高速公路的建设依靠大量的社会劳动力，因而通过参与工程建设会增加公路沿线地区农民工的收入；⑥ 有利于沿线地区旅游资源的开发，促进旅游业的发展；⑦ 本项目的建设能够为当地矿产资源开发、运输创造良好的条件。

（2）社会风险分析。高速公路建设社会风险主要包括征地社会风险、拆迁社会风险、生态环境风险。以征地风险为例，对以经济农作物和粮食种植为主要收入来源的家庭来说，征地可能直接导致他们生活上的困境以及经济来源的缺失，因此需要帮助他们实现从第一产业向第二产业和第三产业的转变，从而帮助他们摆脱经济来源上的困境，尽量使他们的家庭收入大于或等于被征地之前的水平。本项目社会风险分析结果如表9-3所示。

表 9-3　某高速公路 PPP 项目社会风险分析

序　号	风险因素	持续时间	可能出现的结果	主要措施
1	征地	施工和营运期	失去经济来源	保障收入，合理补偿
2	拆迁	施工和营运期	生活条件和生产方式被改变	妥善安置，政策倾斜
3	生态环境	施工和营运期	生态系统破坏、环境恶化	减少污染，搞好绿化

（3）社会影响分析结论。从总体上来看，此方案的实施对促进沿线地区社会进步、维护和发展沿线地区的社会福利有很大好处，本项目得到了沿线地区广大群众的支持和各级政府组织机构的赞赏，为本项目的实施提供了良好的社会基础。

2.经济效益分析

（1）项目评价期。本项目评价计算年限 = 运营年限 + 建设年限，其中运营年限 25 年，建设年限 3 年。

（2）社会折现率。社会折现率是从国家角度对资金时间价值和资金机会成本的估量，是建设项目经济费用效益分析的重要参数。《方法与参数》规定，目前社会折现率取 8%。

（3）影子汇率（SER）。影子汇率就是外汇的影子价格，反映外汇对国家的真实价值，按 "SER=OER×CF1" 计算，其中 OER 为国家外汇牌价（买入卖出中间价），CF1 为影子汇率换算系数。本项目采用国家外汇管理局 2011 年 11 月公布的人民币外汇牌价 1 美元 =A 元人民币，目前我国的 CFI 换算系数取值为 B，影子汇率 1 美元 =A × B 元人民币 =C 元人民币。

（4）贸易费用率（SWCR）。贸易费用是指所有商贸部门在流通货物过程中以影子价格计算产生的费用，贸易费用率即贸易费用相对于货物影子价格的综合比率，贸易费用率取 6%。

（5）影子工资（SWR）。影子工资按 "SWR=MWR×CF2" 计算，其中 MWR 为财务费用中的工资，CF2 为影子工资系数，影子工资系数与项目所使用的地方劳动力的结构、状况和当地就业水平相关。本项目在建设期间需要使用一定数量的民工，技术性工种劳动力影子工资换算系数为 B，民工的影子工资换算系数为 A，本项目人工构成中民工按 C% 考虑，因此影子工资系数为 D。

（6）残值。公路项目的残值来自建设费用的 50%，在评价期末以负值计入经济费用。

（7）经济费用调整。本项目经济费用调整是在投资估算的基础上调整确定的。在分析计算时，把建设费用中的人工费、主要材料费、土地占用费等费用调整为影子费用，并扣除国内银行贷款利息、税金等项，其他投入物按实际财务费用考虑，不进行经济费用调整。

（8）项目运营期管理、大修及养护经济费用。本项目所在地区高速公路一年的日常养护费用为 13 万元 / 千米，预计公路日常养护费用将以每年 2% 的速度增长，大修费用每 10 年进行一次。经济费用按建设费用中建筑安装工程费的影子价格换算系数调整。

（9）经济费用效益分析指标及计算。经过各项评价指标的计算，得出正常条件下本项目经济费用效益分析的内部收益率为 11.88%，净现值约为 50 亿元，动态投资回收期为 17.8 年（含三年建设期），评价结果良好。

第二节　城市道路

传统上，我国城市道路投资和运营管理主要由政府主导，但随着我国经济发展进入新常态，地方政府性债务风险加大以及财政收支矛盾加剧，在国家大力推广 PPP 的大背景下，通过积极探索和深入实践并以 PPP 模式吸引社会资本（包括国企、外资、民企、混合所有制企业等各类社会资本）成为城市道路投资、建设、运营和管理的重要选择。

一、如何平衡城市道路公益性和收益性——以安庆外环北路为例

城市道路属于城市基础建设设施，属于公益性 PPP 项目，其公益性主要表现在改善城市交通环境、提升城市整体形象、为公众出行提供便捷和保障等。不过，从投资建设的角度看，城市道路在 PPP 模式的三类回报机制中属于缺乏使用者付费基础和条件、现金流量不稳定、完全依靠政府付费收回投资和实现回报的项目，相比供水、供暖、供气等经营性项目和污水处理、垃圾处理等准经营性项目，其风险较大、社会资本参与积极性较差。

研究发现，在 PPP 模式下，从政府方的角度讲，其追求的是社会公众的利益最大化，因此希望 PPP 项目的质量和社会资本提供的服务"越高越好"，同时希望社会资本的投资回报率、政府可行性缺口补贴（如有）"越低越好"；从社会资本的角度讲，其追求的是在保证 PPP 项目的质量和提供优质服务的前提下自身的投资回报率和政府可行性缺口补贴（如有）"越高越好"。这看似是一对不可调和的矛盾，但如果处理得好，政府方和社会资本方均可以平衡好项目的公益性和收益性之间的关系。下面

以一例成功的城市道路 PPP 项目来说明。

（一）项目背景

近年来，安徽省安庆市经济发展迅速，城区范围不断扩大，东西向距离不断拉大。安庆市外环北路所处位置正是安庆北部交通网上重要的缺口，同时安庆市北部水网密集，水面形状狭长且大致呈南北方向分布，人民群众绕行困难。在此背景下，安庆市政府决定建设一条城市道路——安庆外环北路（以下简称"本项目"）。本项目是安庆市中心城区主干路系统的重要组成部分，也是贯穿西北—东南城区的主要干道，建成后，成为一条联结安庆市内各建成区和南北出入口的快速通道，对安庆市形成"内成网、外成环"的城市道路框架、连接城市几大板块、打造安庆市互通互联交通体系、构建安庆市与周边区域城市快速连接、加速安庆东部新城乃至整个城市的经济发展有着重大的战略意义。

（二）基本情况

本项目全长 14.93 千米左右，桥隧比为 28.68%，道路等级为城市主干路，设计标准轴载为 BZZ-100，设计速度 60 千米 / 小时，荷载等级为城市 -A 级。本项目建设内容主要包括绿化工程、道路工程、照明工程、桥涵工程、交通工程、立交工程及管线工程等。

（三）合作模式

经过充分研究，安庆市府决定对本项目采取 PPP 模式下的 DBFO（设计—建设—融资—运营）模式。安庆市政府对本项目公开招标后，多家社会资本表达了投资建设本项目的强烈意愿。在激烈的竞争中，社会资本北京城建设计发展集团股份有限公司（以下简称"北京城建设计发展集团"）中标，中标合同总价为 19.76 亿元（本项目按工程量清单方式计价，工程建设投资部分控制价为 15.26 亿元，另有 4.5 亿元是包干工程建设的其余费用，共计 19.76 亿元）。在确定社会资本合作方后，安庆市政府与社会资本就具体的合作模式与合作内容进行了敲定。

（1）安庆市人民政府授权安庆市住房和城乡建设委员会为本项目的实施机构，授权安庆市城建投资公司作为本项目政府方出资代表，即代表安庆市政府的安庆市城建投资公司与中标社会资本北京城建设计发展集团共同出资组建 PPP 项目公司（其中北京城建设计发展集团出资 88%，安庆城建投资公司出资 12%，PPP 项目公司投入资本要大于等于 5 亿元。项目公司的注册资本金特地用于该项目的建设、投资、运营及维护等，也可用来填平 4.5 亿元的工程建设等其他费用）。

（2）本项目中社会和政府资本的合作期限为 13 年，其中运营期 11 年，建设期不超过 2 年。

（3）根据《安庆市外环北路工程 PPP 项目协议》，在职责分配方面，双方各司其职，发挥各自的优势。安庆市政府主要负责场地征地拆迁及道路、通水、通电等配套基础设施的提供；本项目的设计、投资、融资、建设、运营维护等全部交给社会资本控股的 PPP 项目公司。

① 作为本项目的融资主体，PPP 项目公司承担着向金融机构融资的职责（合同总价 19.76 亿元，减去 5 亿元注册资本金，剩余 14.76 亿元需对外融资。如果将来 PPP 项目公司无法顺利完成项目融资，社会合作方应采取补充提供担保、股东贷款等方式以保证项目公司的融资足够并且到位）。

② 该项目采用一次性招标方案（通常所说的"两招并一招"），具有相应资质的社会合作方除与安庆市政府出资代表出资成立 PPP 项目公司外，还要为 PPP 项目公司提供施工总承包服务，由社会合作方与 PPP 项目公司直接签订《施工总承包合同》。

（4）在社会资本投资回报方面，社会合作方以运营期收取可用性服务费及运维绩效服务费的方式收回所有投资。

（5）安庆市人大通过了将本项目政府购买服务的运维绩效服务费及可用性服务费纳入跨年度财政预算的人大决议。

（6）待运营期满后，PPP 项目公司将本项目无偿、完好地移交给安庆市住房和城乡建设委员会。

（四）案例解读

本项目是安庆市首个 PPP 项目，也是国内运用 PPP 模式建设纯公益性项目的首例，为安庆市、安徽省乃至全国纯公益性项目采用 PPP 模式提供了成功的经验。

本项目亮点颇多，作为纯公益类 PPP 项目（本项目属公益性项目，不能向使用者收费，只能由政府从财政预算内安排资金覆盖项目建设、运营成本及合理利润），从政府与社会资本的角度讲，关键是如何平衡公益性与收益性。

（1）本项目中，政府将传统上的"采购建筑"改为"改购服务"，即由政府主导投资建设改为政府向 PPP 项目公司购买符合绩效要求的维持项目可用性需要的运营服务费用。可以发现，这里面有"购买服务"和"符合绩效要求"两个关键词。"购买服务"表明政府已从原来的投资者、运营者变为现在的社会服务购买者及服务质量监督者；"符合绩效要求"表明社会资本提供的服务必须符合政府的要求，也必须符合社会公共利益需求，否则将无法从政府方获取运营服务费用。总之，这两个关键词都指向一个共同的目标，即公共利益。换言之，如果社会资本方不能提供满足政府和社会公众满意的社会服务质量，将无法实现投资回报，这从机制上促进了社会资本为社会公众提供优质的服务。

（2）本项目设计了激励相容机制，PPP 项目协议设置了明确的奖惩机制，即社会资本运维服务的优劣决定运维绩效服务费的多寡，这促使社会资本通过各种方式提高社会服务水平。

（3）PPP 是当下政府与社会资本之间一种全新的合作模式，是一种市场化的经营合作行为。市场经济讲求的是互利、共赢，单方的"赢"或"输"都不具有持久性，也不符合市场经济的原则。事实上，PPP 的核心要义就是"利益共享、风险共担"。

在满足政府方和社会公众利益需求的同时，社会资本方也必须实现收益，这既是为了企业自身的发展、壮大，也是为了给项目提供更好的服务。本项目中，社会资本可以实现两部分的利益：一是政府方支付的"符合绩效要求的维持项目可用性需要的运营服务费用"；二是项目建设过程中的利润。

本项目采取两次招标并一次的方式，按照国家法律法规，中标的社会资本如果具有设计、施工资质，通过公开招标后可以直接实施设计、施工而无须再次招标。本项目中，具有相应资质的社会合作方有权为社会资本与政府出资方共同成立的 PPP 项目公司提供施工总承包服务，从而获取施工利润。这也是目前许多建筑类甚至工程机械类企业积极参与 PPP 项目的重要原因。

二、某县城市道路 PPP 项目剖析

（一）项目背景

某县位于山西省西北部，是一个资源强县，煤、铝矾土、铁矿、黄铁矿等资源丰富。某县人口 10 余万人，现已形成以电力、化工、商贸为支柱的产业结构。近年来，某县经济发展快速，2015 年被评为全省县域经济发展先进县。为全面深化改革，进一步加快经济发展，某县人民政府决定加大招商引资力度，为城乡扩容提质，并提出新城综合片区建设。因此，需要优先建设主次干道及配套的各种市政管线（以下简称"本项目"），从而促进道路沿线土地开发，提高该区域的道路通行能力，为某县招商引资、经济发展以及人民群众出行提供保障。

（二）基本情况

本项目设计道路规模为次干路，道路红线宽度为 24 米，设计车速 40 千米 / 小时，道路总长约 1 500 米。本项目为道路新建工程，建设内容包括绿化工程、道路路基路面、强弱电工程、雨水工程、照明工程、污水工程、给水工程。本项目建设周期为 2 年，设计使用年限 15 年，总投资约 6 000 万元人民币。本项目道路设计技术指标如表 9-4 所示。

表9-4　某县城市道路PPP项目各项技术指标

序　号	项目名称		本项目
1	道路等级		次干路
2	设计使用年限	交通量达到饱和时	15年
		路面结构达到临界状态	15年
3	设计行车速度（千米/小时）		40千米/小时
4	缓和曲线最小长度（米）		25
5	不设超高最小半径（米）		150
6	道路最小坡度（%）		0.3
7	道路最大坡度（%）		7
8	最小凸形竖曲线半径（米）		400
9	最小凹形竖曲线半径（米）		400
10	停车视距（米）		30
11	路面结构设计荷载		BZZ-100型标准车

（三）合作模式

本项目采用PPP模式下的BOT模式与社会资本合作建设，在完成项目物有所值评价和财政承受能力论证工作之后，进行公开招标。

在具体操作上，由某县人民政府和中标社会资本某建设工程公司共同成立PPP项目公司，PPP项目公司注册资金1 000万元，其中政府投资10%，社会资本方投资90%。项目公司负责筹集资金完成建设，并负责项目的整体运营与管理。待特许经营期限结束后，PPP项目公司负责将项目整体移交给政府或者政府指定的机构。在投资回报方面，项目完成验收后由政府方按照PPP项目特许经营协议，根据项目的可用性和运维绩效向社会资本方支付服务费。此外，特许经营协议约定，政府方要将服务费的支付纳入跨年度县级财政预算。

（四）案例解读

1.项目建成后的经济效益和社会效益

（1）完善了某县新城综合片区的基础设施，为当地企业提供了便利的交通及生产配套设施。

（2）有利于周边地块开发，提高该区域地块价值。

（3）改善区域投资环境，有利于新城综合片区的招商引资。

（4）方便人民群众出行。

（5）进一步美化周边环境，提升城市总体形象。

2.PPP 模式操作方面的示范意义

（1）综合考虑投资规模、建设难度、融资难度、风险分担以及项目投资收益等多方因素，本项目采取 PPP 模式下的 BOT 模式运作。为了项目顺利稳妥地运行，经过充分协商，本项目安排了科学的投融资结构。

（2）关于回报机制。通常情况下，PPP 项目的回报机制主要包括两个方面：一是 PPP 项目本身的投资回报机制；二是 PPP 项目公司的股东投资回报机制。

① PPP 项目公司投资回报。由于本项目是城市道路，不具有向最终用户收费的机制，双方采取政府购买服务的"绩效付费"机制。具体来说，本项目由政府向 PPP 项目公司购买符合验收标准的公共资产项目可用性服务费用（PPP 项目公司为建设本项目付出的投资、融资成本、税费及必要的合理回报）和符合绩效要求的运营维护服务费用（PPP 项目公司为维护本项目可用性的目的而付出的成本及必要的合理回报）。

② 股东回报机制。社会资本投资 PPP 项目，如果一家社会资本单独投资，既可成立 PPP 项目公司（此时 PPP 项目公司回报和股东回报统一于一家社会资本），也可以不成立 PPP 项目公司；如果多家社会资本组成联合体或者社会资本与政府方合作，则需成立 PPP 项目公司（此时 PPP 项目公司本身的回报和股东的回报并不统一）。

就本项目而言，政府和社会资本组成 PPP 项目公司，就涉及股东回报的问题。一是政府方股东回报。政府方出资代表对项目公司进行资本性投入，可以从项目公司的利润分红收回投资（通常是按股比分红）。不过，对城市道路等公益类项目而言，如果采用利润分配调节机制对社会资本方股东进行分红，利润分配比例可能低于其在项目公司所占股权比例，因此政府方股东一般不参与利润分红（我国很多高速公路、轨道交通等项目在政府方入股的情况下，政府方股东不参与分红）。二是社会资本方股东回报。需要说明的是，从 PPP 项目建设和运营环节来看，社会资本参与 PPP 项目的利润既有建设期的利润，也有运营期的利润。事实上，很多建设类的社会资本之所以积极介入 PPP 项目，一个重要的原因就是看中了建设期的利润。因此，社会资本尤其是具备相应施工总承包资质的建筑施工企业，除按 PPP 项目公司章程约定作为股东分红外，还可以与 PPP 项目公司签署施工总承包合同获得相应施工利润。

（3）"人大决议"在本项目中的应用。PPP 项目投资运营后能否实现预期收益是社会资本最关注的风险之一，完全依靠地方政府采购服务的公益类项目更是如此。实践中，部分地方政府为加快当地基础设施建设，以过高回报和过长特许经营期等方式吸引社会资本介入。但当项目建成后，政府却因财政困难无法履行合同义务导致产生信用风险，导致社会资本切身利益受损。为此，地方人大决议将政府付费项目纳入跨年度财政预算成为许多社会资本规避风险的重要条件，如某环保项目中，政府和社会资本在合同中约定"当以下先决条件满足时，双方（政府和社会资本）开始履行本协议项下的义务：一是融资交割完成；二是甲方（政府）付款条件获得人大决议通过；三是依法清产核资、产权界定、资产评估、产权登记，并依适用法律获本城市人民政府相关部门批准；四是已经取得依法应当取得的其他批准文件。"具体到本项目，某县政府注重履约能力，人大常委会通过决议将政府的付费义务纳入跨年度财政预算，从而让社会资本的回报得到保障。

三、某市城市道路 ROT 项目案例解读

（一）项目背景

近年来，随着某市经济的快速发展、人口规模的不断扩大以及机动车数量的迅速增长，尤其是小汽车每年以 20% 的速度增长，城市交通系统面临着越来越严重的挑战，"行路难，出行难"已成为广大市民非常关注的民生问题。交通是城市的命脉，是实现城市现代化的基础工程，基于城市建设的整体性、功能性、治本性和可行性原则，为建设现代化的城市综合交通体系，某市政府于 2015 年 6 月提出对某条城区主干道路进行整治改造（以下简称"本项目"）。本项目建成后，将是一条便捷、快速的交通要道，不仅能完善城市基础设施，缓解交通压力，还能改善城市环境，起到促进道路畅通和城市空间联系纽带的重要作用，社会效益巨大。

（二）基本情况

（1）本项目全长约 1 800 米，主要建设内容分为道路工程、排水工程、管线综合工程、照明工程、交通工程、绿化工程。其中，管线综合工程包括给水、燃气、热力、中水、强电、通信管线、路灯及交通设施管线等。

（2）本项目工程技术标准如下：道路等级为城市主干路；设计车速为 50 千米 / 小时；交通量达到饱和状态时的设计年限为 20 年，路面结构设计年限为 15 年；路面类型为沥青混凝土路面；荷载标准为构筑物城 –A 级，路面结构计算标准荷载为 BZZ–100；水平向设计基本地震加速度峰值 0.05 g；雨水设计为雨水重现期 $P=5$ 年，径流系数为 0.65；污水设计为排污量 $Q=200$ L/ 人 × 日（按 400~500 人 / 公顷计）；净空高度如表 9–5 所示。

表 9-5　某市城市道路 PPP 项目各项技术指标

道路种类	行驶车辆类型	最小净高
机动车道	各种机动车	4.5
	小客车	3.5
非机动车道	自行车、三轮车	2.5
人行道	行人	2.5

（3）初步估算，本项目总投资 9 000 万元，投资包括以下几部分。

①给水和污水管网敷设、专业管线的土建、路面道路工程等的投资。

②勘察设计费、工程监理费、建设单位管理费以及其他的前期工作费等，不包括拆迁安置费用。

③基本预备费以工程费用和其他费用之和的 10% 估算。

（三）合作模式

针对本项目，某市政府基于自身财政压力和本项目的实际情况，决定采取 PPP 模式下的 ROT 模式。所谓 ROT 模式，即改造—运营—移交，是社会资本对政府建设的项目进行升级改造后再运营、维护，待特许经营期限结束后，社会资本或者 PPP 项目公司再将项目移交给政府或者政府指定的机构。

本项目经过公开招标，某知名建设工程公司中标。经过协商，某建设工程公司在某市设立 PPP 项目公司。由某市人民政府授权某市交通管理局作为本项目的执行机构与中标社会资本某建设工程公司签订特许经营协议，特许经营期限 28 年（含 2 年建设期）。具体来说，某建设工程公司负责本项目的投资、融资、建设和运营。某市交通管理局负责本项目的监督和管理。社会资本投资回报方面，采取由某市政府向某建设工程公司支付可用性服务费和运营服务费的方式。按照双方签订的特许经营权协议，可用性服务费和运营服务费纳入某市跨年度财政预算，并提请市人大审议通过。

（四）案例解读

近年来，某市市委、市政府适时提出"实现新跨越，建设新城市"的发展目标，围绕该目标坚持"高起点规划、高标准建设、高效能管理、高水平经营"的工作思路，新建、改建了绕城高速和多条城市道路，使城市交通快速发展，城市面貌明显改观，城市综合服务功能大大提高。

1.环境效益突出

按照项目总体规划，本项目道路建设工程内占压红线内的建筑将随着项目的建设而逐步拆迁，配合沿线道路绿化，形成新的城市绿化景观带，从而有效改善该地区的环境。

2.经济效益显著

本项目的建设有利于推动项目周边地块的开发，同时吸引更多人流、物流聚集，进一步促进商贸、服务业发展，从而带动城市经济社会的全面发展。随着道路建设和配套设施的逐步完善，本项目的潜能将会持续不断地得到发挥，有利于提升城市综合服务功能。

（1）本项目实施后，道路晋级效益明显，区域运输状况得到有效改善，客货运输成本随之降低。

（2）本项目的建设可以吸引部分原行驶于其他相关道路的交通流，降低原有各相关道路上行驶车辆的运输成本。

（3）随着本项目的建成，可以节约货物在途时间，提高货物运送速度，缩短资金周转期，同时可以减少货物在运输途中的损耗而产生经济效益。

（4）由于本项目的建成，区域交通出行安全环境得到改善，将减少交通事故的发生量，进而减少经济损失而节约费用。

（5）本项目建设可以拉动建筑业、建材业等相关产业的发展，还可以解决大量劳动力人口就业，从而促进区域经济发展。

3.社会效益明显

本项目的建设符合某市市政基础设施建设发展规划，建成后将促进区域内人员的快速集散，方便居民的出行，提高该区域交通网络的效率，进而从整体上改善某市交通环境。此外，本项目的建设有利于提升城市品位和城市知名度，对改善城市投资环境具有重要的作用。

第三节　轨道交通

一、轨道交通 PPP 关键在模式创新

城市规模不断扩大，人口不断增长，城市交通日渐拥堵，交通已成为影响城市经济和社会发展的重要问题。研究发现，在城市各类交通方式中，轨道交通以其方便、快捷、准时、节能、环保且大容量的优势受到各方青睐，轨道交通 PPP 也成为当下我国交通运输 PPP 领域的重要组成部分。

（一）城市轨道交通融资模式创新

随着我国经济建设的日新月异，城镇化建设的步伐不断加快，城市人口急剧增长，城市交通日渐拥堵，交通问题已经成为制约城市发展的瓶颈。为缓解交通压力，我国各大城市纷纷选择大力发展轨道交通系统。作为一种方便、快捷、准时、环保且大容量的城市公共交通方式，城市轨道交通在缓解城市交通拥堵和提高人民生活质量等方面的作用明显。不过，城市轨道交通系统具有投资规模巨大、短期内盈利不足的特点。行业人士预计，未来 10 年内我国城市轨道交通建设总投资将超过 5 万亿元。在我国经济发展进入新常态、地方政府财政收支矛盾突出的背景下，单纯依靠地方政府的财政投入显然非常困难，资金缺口比较大。以北京市为例，2011 年至 2015 年 3 月，北京市财政和北京市基础设施投资有限公司共筹集轨道交通建设资金 1 401.52 亿元，未来几年轨道交通建设投入缺口较大，亟待引入社会资本。据介绍，按照《北京市城市轨道交通建设规划（2014—2020 年）》所列的建设计划、建设规模以及目前实际投资完成的进度测算，未来 8 年北京市轨道交通建设在财政投入上平均每年面临超过 200 亿元的资金缺口。此外，2014 年"43 号文"下发后，地方政府融资能力受限，在此背景下，地方政府要上马巨额投资规模的城市基础设施建设项目和公用事业项目更是困难重重。因此，随着我国城市轨道交通快速发展，传统的以政府为主导的投融资模式面临资金不足的现实问题。

在 2016 年 9 月国家发改委组织召开的城市轨道交通投融资机制创新研讨会上，胡祖才表示，近几年来，我国城市轨道交通高速发展，取得了优异成绩。但与目前形势相比，城市轨道交通在体制机制、融资模式等方面仍不适应，实现可持续发展需要快速推进投融资机制创新。胡祖才指出，投融资体制机制创新一定要把握四个关键环节：一是树立外溢效益反哺轨道交通的理念；二是广泛吸引社会资本参与；三是因地制宜地选择投融资模式；四是政府加强规划和政策统筹。

由于城市轨道交通投资规模大，回报周期长，建设和运营的资金压力日益凸显。具体来说，轨道交通带有一定公益性，票价不能定得过高。而轨道交通的收益来源主要是实际客运收入以及广告等经营性收入。通常情况下，依靠票款和广告实现投资回报周期很长。因此，开展广泛和多元化的融资，积极进行投融资体制机制创新成为现实的选择。研究发现，目前在政府加大扶持力度的同时，各城市结合本地的经济和社会实际情况，在城市轨道交通投融资模式方面进行了大胆尝试和创新，并取得了明显的成果。

1. 我国城市轨道交通行业发展总体情况

2016 年，全国城市轨道交通建设投资规模不断扩大，全年完成投资 3 847 亿元，同比增长4.45%，其中上海、广州、武汉、成都全年投资均是200多亿，约占全国当年投资额的三分之一。到2016年底，全国在建线路228条，在建长度5 636.5千米，同比增长26.72%，其中西安、厦门、合肥和成都等城市新增在建线路规模较大，约占新增线路的60%。当前，城轨交通投资主要是一二线城市，随着三四线城市交通压力逐渐增大，经济快速发展，三四线城市的城轨交通规划获批也加快了进度。2016年，政府批复14个城市新建城轨交通规划，占2016年底规划获批城市数据（58个）的25%，14个新获批的城市中有70%为四线及以下城市。2015年非首轮建设规划的审批权限从国务院下放到国家发改委会同住建部审批，全国城市轨道新线规划审批也相应加快，获得城市交通规划批准的58个城市的规划线路共长7 305.3千米，还有未建规划1 668.8千米，规划未建规模较大的城市有北京、东莞、武汉、杭州等。

截至2016年末，我国累计30个城市建成投运城轨交通线路134条，运营线路4 153千米，新增18条运营线路535千米，创历史新高。2016年，新增福州、东莞、南宁、合肥4个运营城市。2016年作为"十三五"开局之年，与"十二五"开局之年（2011年）新增线路长度288千米相比，增长85.8%，与"十二五"收官之年（2015年）新增线路长度445千米相比，增长20.2%。

截至2017年10月31日，中国包括北京、上海、深圳、广州、南京、重庆、武汉、天津、成都、西安、杭州、宁波、苏州、昆明、沈阳、哈尔滨、无锡、长沙、长春、郑州、大连、东莞、南宁、南昌、青岛、合肥、佛山、福州、石家庄29座城市已开通运营轨道交通线路，总里程3 792.19千米，车站2 536座，线路128条。

自2017年1月1日至2017年10月31日，中国各城市轨道交通新增运营线路共计16条，总里程250.84千米，车站184座。从开通线路来看，大连2017年新增开通运营3条线路，名列第一。从运营里程来看，苏州2017年新增运营里程最多，为52.60千米。

2. 采取PPP模式，政府少投入

研究表明，与传统的融资模式相比，在建设工期按时完成的情况下，PPP项目平均为政府部门约17%左右的费用。北京地铁四号线是我国轨道交通领域一个成功的PPP项目。经专业财务评估，该PPP项目政府少投入16%。基于轨道交通运输PPP项目的特点，目前中建、铁建等大型国企都在积极探索进入地方城市轨道交通PPP项目的模式。

3. 轨道交通运输PPP项目投资主体

市场调查表明，在我国轨道交通运输PPP项目中长期占据主导投资地位的有以下几类：第一类是工程设计及承包商，主要是有资金实力和工程建设实力的大型企业；第二类是包括车辆及车辆段设备、牵引、信号、制动、综合监控系统等在内的机电系统设备供应商；第三类是在城市轨道交通领域有丰富运营管理经验且有一定资金实力的运营商。此外，还包括一些战略投资者、金融机构等社会资本。

4. 轨道交通运输 PPP 项目的回报机制

通常情况下，轨道交通运输 PPP 项目的回报来源主要包括三部分：第一部分是向乘客收取的票款收入（按照 PPP 特许经营协议进行约定）；第二部分是广告经营、物业经营收入；第三部分是政府补贴，补贴的比例和额度主要是根据保底客流量和实际客流量的差来确定。社会资本投资回报的总原则是"盈利不暴利"，既能缓解政府的财政压力，又能保证公共利益最大化，还能实现社会资本的投资回报。

5. 轨道交通领域 PPP 成果显著

数据显示，为解决城市轨道交通系统建设资金来源问题，在国家大力推广 PPP 模式的当下，轨道交通也成为地方政府推广 PPP 的重要领域。2016 年 10 月 13 日，财政部公布的第三批 PPP 示范项目计划总投资金额 11 708 亿元。第三批示范项目覆盖了众多领域，包括与市民切身利益相关的医疗卫生、养老、教育、文化、城镇综合开发、市政工程、保障性安居工程以及多年来国家重视的农业、林业、科技、能源、交通运输、水利建设、生态建设和环境保护等，还有体育、社会保障和其他 18 个一级行业。从本次示范项目投资规模分布情况来看，1~5 亿元区间的项目数量最多，为 168 个，5~10 亿元区间的项目为 111 个，二者占比达 54%，100 亿元以上的项目有 21 个，具体包括交通运输类 15 个、市政工程类 4 个（全部为轨道交通）、城镇综合开发类 1 个、生态建设与环境保护类 1 个。此外，市政工程类项目共计 223 个，投资总额 3 205.96 亿元，项目数量占比 43%，投资总额占比 27%，其中投资总额最大的轨道交通项目为 850.6 亿元，占比 27%。

6. 轨道交通运输 PPP 行业标杆"香港地铁"

提到轨道交通操作的成功模式，就不得不提"香港地铁"。公开资料显示，香港地铁是一家政府控股的上市公司，主营业务为地铁投资和运营。在世界范围内地铁存在普遍的行业性亏损的背景下，被称为"世界上唯一盈利的地铁公司"的香港地铁公司是多国学习和研究的榜样。从 1992 年开始，香港地铁就开始盈利，这得益于其独特的"轨道交通 + 物业开发"模式，其以地铁便利市民出行来提升土地价格，这使建设城市轻轨交通不仅具有社会效益，还可以将部分资金通过物业开发回收，以补贴地铁投资的资金缺口。香港地铁 2013 年年报显示，公司利润来源有五类，其中因土地资源配给带来的一系列收入占总收入的 43%，车站非票务收入占比 30%，而多数地铁公司极为看重的票务收入占比仅为 15%。

铺设轨道交通过程中带来的沿线土地价格上涨的收益和物业开发收益都可以用来

投资新一轮的轨道交通建设，这些都是我们可以从香港"轨道交通 + 物业开发"的运营模式中学习到的。国内多个城市正借助 PPP 模式在轨道交通领域探索和尝试"轨道交通 + 物业开发"，如深圳在这方面做得很成功，效果明显。

（二）轨道交通运输 PPP 问题及解决途径

近年来，我国国民经济蓬勃发展，工业化进程加快，城镇化快速推进，城市人口规模不断扩大，人们的工作节奏越来越快，城市交通需求矛盾日益突出。由于城区建筑物密度大，剩余空间越来越小，发展轨道交通已经成为城市发展的趋势。就我国而言，城市轨道交通经历了 20 世纪 50 年代的初级发展阶段和 20 世纪 90 年代以来的快速发展阶段，尤其是 21 世纪以来，随着经济建设的快速发展和城市规模的扩大，我国城市轨道交通建设进入高速度、跨越式大发展时期。

轨道交通是我国 PPP 重点推广的领域之一，从财政部公布的前三批 PPP 示范项目来看，无论从投资规模还是数量来看，轨道交通都占有一席之地。

1. 城市轨道交通投资规模大

近年来，我国城市轨道交通建设发展迅速，数据显示，运营里程年均增长近 400 千米，"十三五"期间我国城市轨道交通总投资规模将达到 3 万亿元。面对万亿级的投资规模，在我国经济进入缓增长、政府财政资金投入有限的情况下，以 PPP 模式引入社会资本成为各地的优选。

2. 轨道交通运输 PPP 面临的问题

（1）我国城市轨道交通运输 PPP 存在的问题主要表现在盈利模式单一、投资回报率低、投资回报时间长，进而影响了社会资本的投资积极性。实践中，由于轨道交通建设直接带动周边土地增值，同时带来房地产、写字楼、酒店、物业等商业机会。然而，此前的轨道交通运输 PPP 项目在政府与社会资本的商谈中并没有将土地增值收益、物业开发收益和商业经营收益统筹纳入整个轨道交通运输 PPP 项目的投资、建设和收益回报，因此社会资本盈利模式单一、盈利空间有限。

（2）与世界先进水平相比，我国城市轨道交通运输 PPP 项目在运营管理水平上还有一定的差距，这直接导致运营成本的增加。

（3）风险问题。部分地方政府对 PPP 模式的核心要义认识不够，甚至有部分地方政府将 PPP 模式简单地理解为政府融资的另一种方式，认为不过是"短债变长债""甩包袱"，而对 PPP 模式能够节约成本、提高运营效率的优势认识不足，这种认识导致双方协商过程中政府过多地考虑资金问题和社会公众利益问题，对社会资本的投资回报考虑得不够。

鉴于我国资本市场尚不发达，直接融资手段并不丰富，目前我国 PPP 项目中社会资本的主要融资方式仍是间接融资，即以向银行业金融机构贷款为主。而通过向银行贷款面临一些现实问题：一是银行对 PPP 模式贷款处于前期探索阶段，并非每一家商业银行对 PPP 项目都持完全支持态度；二是银行业存在资金错配的问题，PPP 项目尤其是轨道交通这类巨额投资项目资金需求量大，投资回报期长，导致银行风险大，因此非常谨慎。为顺利融资，社会资本只通过信托、资管等"绕一绕"，这样，项目就增加了资金成本。

研究发现，对于 PPP 模式而言，因为某些地方政府缺少相关运营人才以及缺少经营 PPP 项目的经验，导致经营能力较低，伴随而来的可能是政府决策失误的风险（决策程序不规范甚至决策失误，为未来 PPP 项目的建设和运营留下隐患）、法律政策变更风险（主要是指由于国家颁布、修订、重新诠释法律或规定而导致 PPP 项目的合法性、投资回报等重要因素发生重大变化，甚至直接导致项目中止和失败，给社会投资者和相关利益方带来巨大损失）、公众反对风险（主要是指若在此过程中没有切实保障公众的利益，甚至使公众利益受损，可能面临的风险是公众反对或阻挠工程建设，一是涉及拆迁、征地，各方对补偿款有争议，二是涉及环境污染）。此外，PPP 模式还存在各种经济风险，如融资风险（一是无法获得建设所需资金而导致项目无法顺利进行；二是融资结构不合理导致融资成本增加）、利率风险（由于利率变动直接或间接地影响项目收益）、外汇风险（汇率波动所造成的货币贬值等）、税收风险以及不可抗力风险等。

除了上述风险外，PPP 模式还存在项目设计风险、项目施工风险和项目运营风险。以轨道交通项目为例，其建设风险较大，主要表现在工程量大、专业领域广、施工技术难度高。城市轨道交通建设项目包括较多的桥梁、隧道、涵洞及站台配套工程，一般有大量土石方工程。项目涉及路基、桥涵、隧道、轨道、房建、通信、信号、电力牵引、车务、电力、给水排水等十多个主要专业，而已有交通条件、周围建筑情况和管线布置导致施工环境错综复杂，再加上项目很多具体的工作都是在地下、隧道等特殊场合进行，危险性大，施工技术难度高。

3. 解决途径

（1）深化城市轨道交通运输 PPP 投融资改革，拓宽投融资渠道，支持政策性银行为轨道交通运输 PPP 项目提供资金支持和综合金融服务。

（2）创新盈利模式，拓宽盈利渠道。目前，较成功的模式是以社会资本为主导的土地和物业溢价经营模式。相对而言，以社会资本为主导的土地和物业溢价经营模式动力更强、效率更高、专业技术更具优势（表 9-6）。

表9-6　轨道交通两种模式比较

	政府主导的模式		社会资本主导的模式	
	政府	社会资本	政府	社会资本
土地规划权	√	—	—	√
物业开发权	√	—	—	√
增值分配权	√	—	—	√
优点	政府拥有土地规划和经营权,能够充分把控项目发展方向,政府享受增值收益		社会资本深度参与土地经营,有利于深度挖掘项目周边土地潜在价值;政府财政压力小	
缺点	建设单位积极性不高,难以深度挖掘土地价值;政府需要对项目建设兜底,财政压力较大		政府丧失土地经营控制权,对项目管理不再拥有全部控制权,主要通过PPP特许经营协议和制定政策进行监管	

（3）对轨道交通运输 PPP 项目风险合理分担。在 PPP 的合作模式中，政府与社会资本应本着合作共赢、兼顾社会效益与经济效益的原则共同承担风险。财政部《关于印发政府和社会资本合作模式操作指南（试行）的通知》（财金〔2014〕113 号）对如何进行 PPP 项目内风险分配作出了指示：要想在政府和社会资本间合理分配项目风险，就必须对政府风险管理能力、项目回报机制和市场风险管理能力等进行综合考量，并以风险分配优化、风险收益对等和风险可控等为指导原则。通常，社会资本承担财务、运营维护、项目设计、建造等商业风险，政府承担法律、政策和最低需求等风险，二者需要共同承担不可抗力等风险。对轨道交通运输 PPP 项目，应依据风险分担原则，同时参考国内外轨道交通运输 PPP 项目的风险分担实践经验，将项目风险在政府和社会资本之间合理分担。

二、北京地铁 14 号线案例分析

（一）项目概况

北京地铁 14 号线（以下简称"14 号线"）是一条"L"形骨干线路，连接了北京的南部和东部，起自北京轨道交通网络中的西南部，截止到东北部。14 号线沿途各站有丽泽商务区、北京南站、CBD、朝阳公园、望京等重要功能区，起点站为丰台区河西张郭庄站，终点站为朝阳区善各庄站。线路全长 47 千米，设车站 37 座，车辆采用 6 辆编组 A 型车。项目总投资 445 亿元，其中土建部分总投资 295 亿元，车辆、信号和机电设备等总投资额为 150 亿元。2013 年 5 月 5 日开通线路西段（张郭庄站—西局站），2014 年 12 月 28 日开通线路东段（金台路站—善各庄站），这是在市政府的要求下，为保障第九届园博会的顺利召开而采取的措施。

项目的运作模式为 PPP 模式，自该项目于 2012 年 3 月启动以来，项目经历了前期论证、实施方案编制和报批、竞争性招商实施、协议谈判等工作阶段，与中标的北京京港地铁有限责任公司（简称"京港地铁公司"）在 2014 年 11 月草签了特许经营协议，之后京港地铁公司开启了前期工作，如特许经营项目申请报告编制报批等。京港地铁公司正式取得地铁 14 号线的特许经营权是在 2014 年 11 月 26 日北京市政府的代表方和京港地铁公司正式签署《北京地铁 14 号线项目特许协议》之后。

（二）PPP 模式解读

1. 模式概述

14 号线比照北京地铁 4 号线模式，从资本层面将项目总投资 445 亿元按照约 7∶3 的投资比例分为 A、B 两部分。A 部分投资主要面向土建部分，即洞体、轨道等，数额约 295 亿元，由北京市基础设施投资有限公司（简称"京投"）成立的 14 号线公司投资建设；B 部分投资主要面向车辆、信号等机电设备，总资金约 150 亿元，由社会投资人组建的项目特许经营公司负责投资建设。

北京市交通委员会与特许公司签署的《特许协议》将 14 号线的项目 B 部分设施投资、建设和全部资产运营的特许经营权授予特许公司。特许公司与 14 号线公司签订《资产租赁协议》，于 14 号线项目完工之后，取得 A 部分资产的使用权，为减少财政补贴压力，象征性地确定租金为 1 万元。

14 号线项目特许期包括建设期和特许经营期，特许经营期为 30 年。特许经营期之内，特许公司可获得合理的商业回报，要负责地铁 14 号线的运营管理、全部设施（包括 A 部分和 B 部分）的维护和除洞体以外的资产更新，还要负责站内的商业运营，通过政府补贴、授权范围内的非票务业务经营收入、票款收入这三种方式来实现投资回收。

特许公司在特许经营期结束之后，必须将 A 部分项目设施归还给 14 号线公司，并将 B 部分项目设施完好、无偿地转交给 14 号线公司。图 9-1 所示为北京地铁 14 号线 PPP 运作模式。

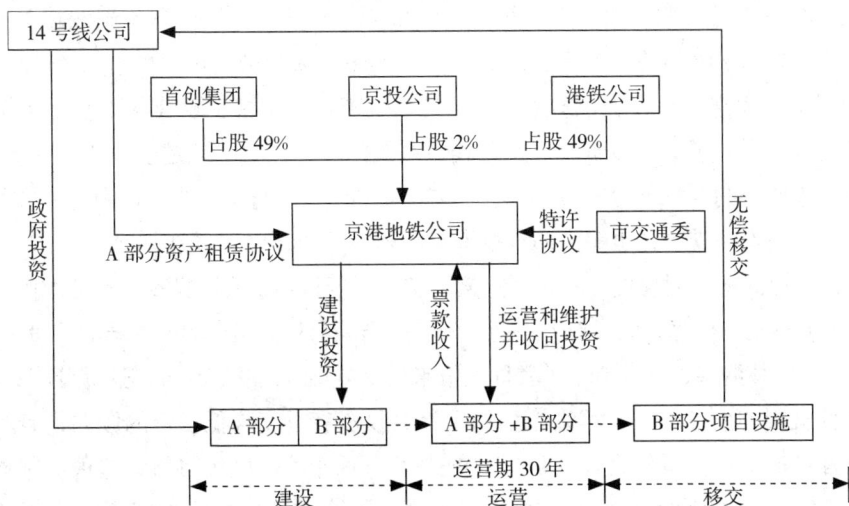

图 9-1　北京地铁 14 号线 PPP 运作模式

2. 模式解读

北京地铁 14 号线在总体合作模式上延续了地铁 4 号线的主要做法，但是又在 4 号线近 10 年的运行经验基础上作出了多方面的调整和优化。

（1）扩大了投资者负责的工程范围。14 号线在政府和特许公司承担的投资比例上大致延续了 4 号线的 7 ∶ 3 比例，政府主要负责洞体等土建工程的投资，特许公司主要负责车辆、信号等机电设备的投资。与 4 号线不同的是，14 号线将与运营服务紧密相关的轨道工程也交由特许公司负责投资建设，更加有利于特许公司从工程建设阶段开始就全面掌控与运营服务关系紧密的系统，发挥社会投资者的专业优势。

14 号线政企之间投资界面的划分体现出的是 A（土建）、B（车辆、机电）部分这种界面划分方法应用的流变过程。4 号线作为最早探索 PPP 模式的线路，早期的研究工作影响了政策的制定，根据最可能实行的计程票价，对多条拟采用 PPP 模式运作的地铁线路进行财务评估后，反推出来社会资本要获得合理回报，最多能够承担30% 左右的投资，从而划定了政府投资与社会资本投资大致以 7 ∶ 3 比例作为每个项目的研究基础，并写入京政发〔2003〕30 号文件之中，在具体运作中，需要将政府和社会资人承担的投资金额转化成具体的投资内容，故而按照与运营服务的关联紧密程度排序，将车辆、信号等逐项划入特许公司负责的 B 部分投资，直至达到总投资的30% 为止，而将土建等剩余划入政府负责的 A 部分投资。

随着时间的推移，地铁建设的各项成本在逐渐增加，土建工程所涉及的征地拆迁投资尤其，使项目的投资构成比重发生了比较大的变化，并且像 14 号线这种里程相对较长、路由相对较偏的线路，依靠运营收费能够收回的投资远达不到线路总投资的30%，因此 7 ∶ 3 比例的财务意义逐渐让位于实现专业化分工的目的。

14号线将轨道工程投资也纳入特许公司投资范畴，维持了政府与社会投资者 7 ∶ 3 的投资比例，提高了社会投资者对运营相关系统的掌控能力，就是这种变化的体现。

（2）投资控制与利益分享挂钩，走向"多退少补"。与 4 号线项目中特许公司自行承担 B 部分建设超支责任也完全享有投资节约利益不同，14 号线在划分了 A、B 部分界面之外，还把 B 部分对应的 150 亿元直接设定成引资目标，实际投资审计的原则是工程竣工后不超过批准概算，政企双方平衡投资审计结果与目标引资额的差异的手段是 A、B 部分间工程实体购买，并设置了工程优化带来投资节省时，政府也分享这部分利益。

这种机制的设计在一定程度上削弱了社会投资者过度降低投资的倾向，有利于引导投资者在把工程质量作为首要目标的前提下来研究工程优化问题。这种机制能够在14 号线项目产生的原因有两个方面：一是由于这个项目的社会投资者是真正从"投资"角度出发研究项目的企业，与依赖项目投资带动施工主业的建筑类企业不同，降低资本而不是做大工程概算的动力更强；二是体现出政府在经过多年与社会投资者的合作后，已经具备了更强的谈判能力和自信心。

（3）设定客流风险分担和收益分享机制。客流风险一向是轨道交通项目最主要的风险，14 号线项目也效仿 4 号线的做法，工程建设中的客流预测由第三方专业机构来完成，这是由政府和社会投资者共同委托的。客流预测是一项分担客流风险和分享收益机制设计的定量基础，被写入《特许协议》。在此基础上，设置了客流风险分担机制，当客流低于预测客流的一定比例时，客流风险由政府承担，出现超高客流时，政府也分享票款收入。同时，《特许协议》中设定了在客流长期低迷的情况下，提前终止《特许协议》的机制。

在 PPP 项目咨询服务的过程中，经常被问到的是做政府顾问还是企业顾问，问题背后的出发点是把政府和企业看作了对立的两方。实际上，在 PPP 项目中，站在项目融资的视角更容易看清楚政府与企业之间的合作关系如何体现，也就是政府和企业通过共同分担项目的风险，设定好的机制，减少金融机构在项目融资时所要面对的风险，以求最大限度地降低融资成本，获得更优的融资条件。从这一角度出发，金融机构作为项目的被动投资者，必然希望政府和企业作为项目的发起人和主动参与者，能够对项目的核心风险有充分的担当，这需要政府和企业对项目的关键风险达成共识，而不是心存疑虑、互相推脱。因此，在一些关键的专业问题上，专业机构受到政府与社会投资者的共同委托，有利于帮助双方达到这一平衡。

在客流风险的分担机制上，政府必然要承担极端情况下的风险，因为当客流持续低迷导致特许公司持续亏损时，作为市场化的资本，理性的做法是降低服务水准直至放弃项目运营，而政府出于维持公共服务的目的和公平的合作原则，也不可能强制特许公司以亏损的状态长期维持运营，或者在特许公司运营难以为继时无偿地收回项目设施，只能将项目设施回购，让项目回归公益属性，这样的边界条件便是轨道交通项目风险分担的基础底线。

（4）及时应对票价变化风险。14 号线与 4 号线一样，也采用了影子票价机制，即在《特许协议》中设定政府与企业之间的结算票价，在 2018 年前后全线开通时，结算票价大致为 6.33 元 / 人次，根据通胀水平和设定的调价机制三年调整一次，而针对公众收取的票价仍然采用政府定价，结算票价和政府定价之间的差额对应的客运收入由政府补贴给特许公司。

回顾前面提到的 14 号线政府与社会投资者 7 : 3 的投资比例设计与 4 号线的不同，可以从结算票价的设计上更清楚地看到这一点。4 号线项目设计影子票价时，模拟了最可能出现的客流结构（包括乘客的乘坐距离和与其他线路的换乘带来的不同线路之间的分账比例）和计程票价结构，计算出最有可能的人均票款收入，作为财务评估的基础，并反推出 7 : 3 的投资比例。而到了十年之后的 14 号线，由于线路更长、路途更偏僻，虽然乘客的乘距也可能随之有所增加，但是由于线路与其他地铁线路存在换乘，导致分账普遍，单个乘客缴纳的票款归属到 14 号线的金额不太可能比 4 号线高出很多，但是 6.33 元的结算票价比 4 号线高得多，所以实际上 14 号线的结算票价更偏向于为了满足全线引入社会资本 150 亿元，让社会投资者能够获得适当的回报，而人为设定了一个可以满足财务平衡目标的结算价格。

3. 结论

从以上分析可以看出，14 号线的模式和核心条件设计基本继承了地铁 4 号线的框架，但是设计出发点已经发生了不少变化，体现出的倾向是政府在经过了首个项目的十年探索后，对如何控制社会投资者的回报、减少项目的不确定性等有了更多的诉求。对社会投资者而言，由于已经不是第一次涉足北京的地铁投资，其对风险的把握性更高了。虽然项目的财务回报想象空间没有 4 号线那么大，在一定程度上降低了不确定性给投资行为带来的魅力，但是无论如何，投资的安全性才是最重要的，14 号线的模式也不失为一种好的选择。

三、徐州地铁 2 号线案例分析

（一）项目概况

2013 年 2 月 22 日，国家发改委正式批复《徐州市城市快速轨道交通建设规划

（2013—2020）》，徐州市成为苏北第一个获批建设轨道交通的城市。

徐州地铁 2 号线是近期规划建设的线路之一，呈西北、东南走向，线路贯穿南北发展轴和徐州新区东西发展轴，一期工程全长 23.9 千米，工程总投资约 170 亿元。

徐州地铁 2 号线按照"网运分离"的政策导向，实施 PPP 运作模式，分为建设和运营两个阶段，将资金引入建设养护和运营维护两个模块中。

2015 年下半年，徐州地铁 2 号线一期工程建设养护部分引入社会资本的工作启动，徐州市国资委成为本项目的实施机构。2015 年 12 月初完成了资格预审工作，三家大型工程类央企通过了资格预审。2016 年 1 月，中国铁建股份有限公司牵头的联合体被正式确认为项目的中标人。

（二）PPP 模式解读

1.模式概述

徐州地铁 2 号线一期工程采用了建设、运营两阶段分开引入社会资本的方式，2015 年底已经完成招标的建设养护阶段 PPP 模式采取了"建设—租赁—养护—移交"（BLMT）的方式运作，合作期 25 年（包含 5 年建设期），由中标的社会资本与徐州市城市轨道交通有限责任公司合资成立项目公司，在建设期完成轨道交通基础设施的投资建设任务，在维护期负责基础设施的维保养护，社会资本在合作期内依据约定获取项目回报，并经相关部门全面审计及功能性验收后方可退出项目公司。图 9-2 所示为徐州地铁 2 号线"网运分离"模式。

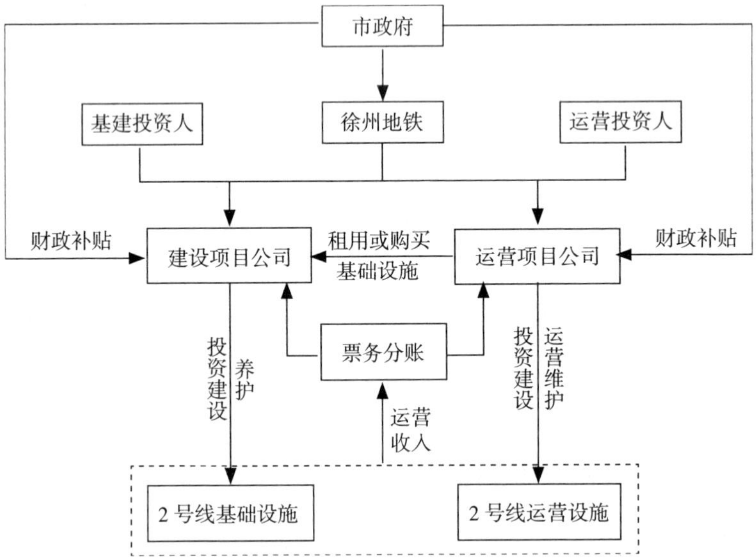

图 9-2　徐州地铁 2 号线"网运分离"模式

项目公司的回报来源由三部分组成，包括运营公司租用项目公司投资形成的资产而支付的租金、约定比例的票务分配收入、由政府通过财政补贴的形式给予的可行性缺口补助。

2. 模式解读

徐州地铁 2 号线项目在国内已经完成前期工作的轨道交通 PPP 项目中，有自身鲜明的特点，为很多有地铁建设需求的二、三线城市提供了与以往不同的思路借鉴。

（1）建设、运营分别引入社会资本。与北京、深圳等一线城市不同，徐州地铁没有把引入一家像港铁公司这样的投资、建设和运营一体化的投资者作为方案设计的目标，而是采取了分专业、分阶段引入社会资本的思路，将建设养护和运营维护分成两个部分运作。

港铁公司的确是综合经验最丰富的轨道交通投资商，但是港铁公司只有一个，远远满足不了国内数十个城市的轨道交通投资需求。北京、深圳这样的特大型城市，财政实力雄厚，融资诉求通常是第二位的，借助外部合作实现企业转型、引进先进技术、学习先进经营管理理念、打破垄断等是政府和地方地铁平台公司更重要的诉求，因此港铁公司这样的投资者自然是理想的选择。

然而像徐州这样的二、三线城市，把目光锁定在港铁公司这样的投资者身上是不切实际的。站在政府的角度，面对相对薄弱的财政能力，要完成地铁建设，融资成了第一位的必要条件。由于这些城市的轨道交通建设刚刚起步，线网成型还是远期的事情，城市规模和人口规模也与一线城市不能相比，依赖运营票款收入能够收回的投资十分有限，主要还是要依赖财政的补贴支持。因此，政府要找到有投资能力，并且对政府的支付能力有充分信任、风险承受能力强的合作伙伴，大型的工程类央企自然成了首选。

站在企业的角度，PPP 模式在国内刚刚兴起，投身于基础设施 PPP 领域也需要有一个经验积累的过程，如果每个项目都要求社会资本有投资、建设、运营一体化的经验，那么合格的投资者就寥寥无几了，在轨道交通领域更是如此。所以，建设养护和运营维护分开引入投资者的 PPP 模式契合了这样的现实情况。

从徐州地铁 2 号线资格预审公告设定的资格条件上就可以明显地看到为这一目标量身定做的设计：注册资本金不得低于人民币 90 亿元；具有铁路工程施工总承包特级资质或市政公用工程施工总承包特级资质，或具备水利水电、港口与航道、铁路、公路、房屋建筑等相关类别中任意一类施工总承包特级资质和其中两类施工总承包一级资质；具有 1 项（含）以上在建或已完的总投资额不少于 100 亿元的城市轨道交通基础设施投资建设业绩等。

（2）繁简结合的财务条件。徐州地铁 2 号线一期工程建设养护 PPP 项目引入了绩效考核的思路，基础指标也是招标的标的，包括社会资本预期投资回报率和建安工程成本下浮率，最后中标价格的预期投资回报率为中国人民银行公布的 5 年期以上贷款基准利率 +2.45%，建安工程部分按照设计图预算下浮 7%，与传统的 BT 招标的财务标的看起来十分类似。但是在支付方式上，又显得有些复杂，财政补贴、设施租金和票款分配收入共同组成了项目公司的收入来源。

以绩效考核为基础的付费机制是 PPP 项目重点倡导的精神之一。但是在当前的试验阶段，绩效指标和考核标准的制定还难说科学和稳定，因此地铁 2 号线一期工程建设养护部分的 PPP 合作尽管从工程质量、安全生产、环境保护、养护服务质量等角度制定了绩效考核标准和奖惩办法，但是主体的财务模式仍然采取了政府和企业比较容易理解的以工程降造水平和资金成本水平为计算基础的支付方式。

值得一提的是，一般情况下，客运服务收到的票款收入会划归具体负责客运服务的运营项目公司，但是由于营改增在交通领域的推行，使税务筹划有了用武之地。

建设养护部分如果仅通过财政补贴和租金收入实现还本付息，那么建设项目公司的进项税无法用于抵扣，而运营项目公司也没有足够的进项税来抵扣票款收入产生的大量销项税，既然建设养护和运营维护两部分都需要大量的财政补贴支持，那么将票款收入划分一部分到建设养护中，将建设项目公司的进项税加以利用，相应地增加一部分财政补贴给运营项目公司，综合下来，得到利用的建设项目公司进项税就大致相当于为地方财政节省了一笔补贴支出，从而使项目的整体税负水平恢复到与投资、建设、运营一体化模式相仿。

类似的道理，由于建设项目公司和运营项目公司在 PPP 合作期内都有大额可以于所得税前扣除的贷款利息，票款收入的分配也可以在一定程度上减少运营项目公司的所得税支出，最终达到节省财政补贴的目的。

第四节　立体停车

近年来，我国家庭小轿车数量呈直线上升趋势，城市停车矛盾日益突出，因此国家和各地方政府提出要加快城市立体停车库建设。为缓解政府财政压力，提高立体停车库项目的建设和运营效率，在国家大力推广 PPP 的背景下，鼓励社会资本参与立体停车库建设成为现实的选择。

一、"互联网＋智慧停车"渐成趋势

2015 年全国两会，"互联网＋"和"PPP 模式"同时被提升到国家战略高度。

随着国家大力推广"互联网＋"和"PPP 模式"，"互联网＋科技""互联网＋制造业""互联网＋农业"等各类"互联网＋"风起云涌。与此同时，在能源、交通运输、生态治理与环境保护、市政工程、卫生、养老、旅游等领域也兴起了一股 PPP 的热潮。

近年来，国内汽车保有量持续上升，造成城市交通拥堵，给人们的生产生活造成很大的不便。因此，立体停车成为解决城市土地空间不足、交通拥堵的重要手段。

研究发现，在我国大力推广"互联网＋"和"PPP 模式"的背景下，智慧停车兼具"互联网＋"和"PPP 模式"的特点：一是互联网信息技术为停车提供了更先进的平台，借助物联网及车联网的发展，实现智慧停车，解决城市停车难，同时提升城市形象；二是停车项目属于城市基础设施建设项目和社会公用事业项目，符合 PPP 的范畴。借助 PPP 模式，在政府和社会资本的通力合作下，大力建设智慧停车，既能实现社会利益，也能实现经济利益。

（一）智能立体停车库介绍

当前，我国立体停车库在技术上已经与之前简单的机械停车不可同日而语，换句话说，立体停车库已经实现了智能全自动化，车主进入智能立体停车场停车时，车辆可以自动识别，存车只需刷卡或按键即可，取车也只需刷卡或按键，整个存取车过程快速便捷，已经实现智能化。

（二）借助互联网技术实现智慧停车

立体停车库自身虽然已经实现智能全自动化，但并没有实现真正的"智慧化"，即如何寻找停车位、到哪里能寻找到停车位以及如何提高车位的利用率，包括车位的共享、电子支付快进快出等。由于停车管理和信息技术不发达，实践中常出现一种极端现象，即一方面车主无法找到停车位，另一方面政府或者社会资本斥巨资建设的立体停车库却无车可停，处于闲置状态，停车效率低下。

在我国互联网、物联网、车联网技术快速发展，智慧城市建设快速推进，人们的生活水平越来越高的大背景下，智能停车还需进一步升级，即借助互联网技术实现智慧停车。运用互联网技术和大数据、云计算打造的智慧停车成为解决城市找车位难、停车难等问题的最好方式。

具体来说，智慧停车主要包括以下几个方面。

1.智慧找车

在高楼林立、路网密集的城市中，找停车场、到哪里停车等问题是每一位车主绕不开的话题。借助互联网技术、智慧停车手机 APP 平台可以让车主通过导航查询停车位，或者通过立体停车库管理平台预约停车，从而让车主迅速找到停车位，既减少了车辆拥堵，又提升了停车位的周转率。

2.智能停车

如上所述，车主进入停车场后，可以通过刷卡或者按键的方式实现立体停车。目前，国内立体停车技术主要有升降横移式、平面移动式、垂直升降式、垂直循环式、巷道堆垛式等。

3.智慧付费

停车付费符合市场经济规律，智慧付费主要是通过自助式缴费机进行缴费，或者通过微信、支付宝等互联网支付方式支付。对于一些停车次数多的车主，可以进行停车充值和自动扣费。移动支付可以解决现金、找零问题。此外，通过智慧付费解决了部分人工收费立体停车库收费员私吞停车费的问题。进一步研究发现，在立体停车库的各项运营成本中，人工成本最大。比如，某立体停车库 PPP 项目，总投资约 1 000 万元，其中，运营成本包括电器设备动力费用（每年约 13 万元）、运维工人工资福利（6 人共约 18 万元）、设备维修保养费用（每年约 9 万元）等，项目运营总成本每年约 40 万元，其中，人工成本占的比例达 45%。因此，做到节省人工、减少人工投入是未来立体停车库管理创新、技术创新的主要方向之一。调研发现，目前国内部分城市已经出现了全无人值守的立体停车管理系统，节约了人工成本，在采取 PPP 模式合作的情况下，社会资本能在更短的时间内收回投资，无疑会增强社会资本投资立体停车库的积极性。

车主通过智慧手机 APP 平台可以实现在线支付、实时查询、实时定位等功能，为车主难寻停车位找到了解决途径。总的来说，"互联网 +"时代下的智慧停车实现了生态化、场景化、体验化，在有效解决城市停车难题时，也成为智慧城市建设的一个重要组成部分。

（三）国家政策支持"互联网 + 智慧停车"

专业研究认为，所谓"互联网 + 智慧停车"是指以整合停车资源为基础，以移动互联网为工具，以智能支付为手段，实现城市的智能化停车管理。

2016 年 6 月，由公安部交通管理科学研究所负责起草的公安行业标准《停车服务与管理信息系统通用技术条件》GA/T 1302-2016 实施。标准"一般要求"由系统组成和系统设计两部分组成。系统结构图包含在系统组成之中，包括停车服务与信息共享平台和停车场（库）管理系统两部分，由各个停车系统厂商研发的停车场（库）管理系统可利用标准数据格式和接口协议与平台进行同步的数据交换，接入停车场设备，完成业务管理。信息共享平台和停车服务功能众多，其基本功能有信息采集、查询、统计分析和发布，还有信息共享、电子支付、泊位预约、停车诱导等辅助应用功能。

在"互联网+"停车场应用的背景下，该标准主要解决不同停车场（库）信息管理系统之间的不兼容问题，匹配停车数据格式、对接数据传输接口、共享停车信息的问题都可以轻松应对，后续的停车信息大联网和大数据应用都以此为基石。

"互联网+智慧停车"是一种全新的商业模式，具有简化停车流程、高效利用现有停车管理系统、有效缓解停车供需矛盾的作用。在国家大力倡导PPP模式的环境下，社会资本介入"互联网+智慧停车"还可以提高社会资本的投资回报率，促使社会资本积极投资立体停车PPP项目。

二、立体停车库产业万亿大市场

自动机械立体停车库是近年来为解决城市日益严重的停车难问题而快速发转起来的新兴产业。研究发现，在发达国家和地区以及我国的北京、上海、广州、深圳等经济发达城市，自动机械立体停车库已被广泛运用于繁华商业区、医院、居民区、旅游区等，被称为解决城市停车难问题的优选手段。

（一）我国国情决定必须大力发展自动机械立体停车库

1.汽车保有量持续增加

截至2017年底，全国机动车保有量达3.10亿辆，其中，汽车2.17亿辆。2017年，在公安交通管理部门新注册登记的机动车3 352万辆，其中，新注册登记汽车2 813万辆，均创历史新高。2017年全国汽车保有量与2016年相比，全年增加2 304万辆，增长11.85%。汽车占机动车的比率持续提高，近五年占比从54.93%提高至70.17%，已成为机动车构成主体。

2.停车位严重不足

我国滞后的大中城市停车位规划和不断增加的汽车保有量都造成了停车位严重不足。目前，我国大城市小汽车与停车位的平均比例约为1∶0.8，中小城市约为1∶0.5，而发达国家约为1∶1.3。我国现有停车位严重匮乏，主要表现在商业区、写字楼、小区、行政机关等人流量多的地方停车位"一位难求"，交通堵塞，医院停车位的紧张甚至造成人们就医时间的推迟，给病人造成不便。总的来说，由于城市交通拥堵现象严重，我国交通压力正逐步从动态向静态转化。

3. 由于停车泊位严重不足，造成一系列的负面影响

（1）城市停车难、乱停车、交通拥堵现象严重，给人们的生产和生活造成很大的不便。

（2）因停车难导致的交通拥堵造成较大的经济损失。高峰期仅在北京市各主干道行驶和拥堵的车辆就高达 300 万辆，造成人们的时间损失，增加了人们的生产和商贸成本，造成直接的燃油损失，仅高峰期这 300 万辆汽车燃油经济损失就超过 2 000 万元。

（3）空气污染因尾气排放而加重。研究表明，大气的自我净化能力足以消解车辆排出的毒素，但这仅限于车辆不多的情况下，在车辆过多造成拥堵的情况下，尾气排放的许多污染物都会直接影响人们的身体健康和城市环境，其中包括一氧化碳、碳氢化合物、一氧化氮等。

（4）限制了我国汽车工业的进一步发展。

（二）机械立体停车库优点明显

（1）提高交通车辆的流通速度。研究发现，立体停车起源于 20 世纪 20 年代的美国，建设立体停车库的一个重要目的是解决大城市内停车难的问题。通过建设地上、地下立体停车库，可以大大增加停车位，从而提高交通车辆的流通速度，化解停车难的问题。

（2）节约土地。相比传统的平面停车场，机械立体停车库技术先进，具有很强的灵活性，不受土地面积的限制，可以根据现有土地资源建设不同层数的机械立体停车库，从而充分节约城市宝贵的土地资源，实现更大的社会效益与经济效益。

（3）机械立体停车库的建设将有效改善城市现有停车状况，从而提升城市的整体形象。

（4）建设机械立体停车库可以带动就业，拉动地方经济增长。

（5）国家和地方政策大力支持立体停车库建设。

鉴于城市停车位严重不足以及机械立体停车库具有多方面优势，国家和地方政府相继出台政策大力支持立体停车库建设。

首先，立体停车库市场是一个新兴的行业，我国"十三五"规划已明确将立体停车库作为重要的发展项目。

其次，2015 年 8 月，国家发改委、财政部、住房和城乡建设部等发布《关于加强城市停车设施建设的指导意见》，2015 年 9 月，住房和城乡建设部印发《城市停车设施规划导则》。

再次，为支持立体停车库建设，地方政府也相继出台支持政策，包括配套商业

建筑的补贴、税收方面的优惠政策等。例如，北京市发布《北京市机动车停车管理办法》，河北省委省政府发布《河北省停车场管理暂行办法》。

（三）国家鼓励采用 PPP 模式引进社会资本建设立体停车库

（1）立体停车库属于城市基础设施建设项目和公共服务项目，按照此前的操作模式，由政府主导进行建设和运营。但在我国经济发展进入新常态、政府债务风险大、国家大力推广 PPP 的背景下，以 PPP 模式操作城市机械立体停车库成为现实的选择。一方面可以缓解政府的财政压力；另一方面可以将社会资本在运营、维护、管理、技术、资金方面的优势发挥到极致，提高项目的建设和运营效率，有效破解城市的停车难题，从而保障公共产品的有效供给，提升城市建设管理水平，实现社会效益和经济效益。

（2）从产业发展角度看，目前我国城市停车位缺口超过 5 000 万个，立体停车库产业市场高达万亿元。

三、某市智能立体停车场 PPP 项目捆绑打包案例

（一）项目背景

某市是国内一座知名的旅游城市，近年来，某市机动车辆保有量增长迅猛，给城区道路和停车场带来巨大压力，尤其在中心城区堵塞严重。某市停车现状主要表现在四个方面：第一，停车位严重不足，缺口高达 20 万个以上；第二，用地相对不足，静态交通规划难以适应路面停车需求；第三，非法停车严重，交通拥堵频发；第四，停车场散、乱，影响了某市作为旅游城市的整体形象。为了改善某市现有停车状况，提升城市整体形象，某市多位人大代表提议规划建设一批智能立体停车场。2016 年，某市政府决定建设一大批智能立体停车库（以下简称"本项目"）。

（二）基本情况

经过某智能立体停车场投资管理有限公司（以下简称某智能停车场投资公司）的前期调研，某市需建智能立体停车库项目约 50 个（重点是中心区），总投资规模约 6 亿元。本项目计划于 2016—2021 年建设完成。某市各街道办事处和镇办拟建项目数量和投资额明细见表 9-7。

表 9-7 某市各街道办事处和镇办拟建智能立体停车库项目数量及投资规模

序 号	区 域	项 目	投资额（单位：亿元）
1	A 街道办事处	10	1.28

序 号	区 域	项 目	投资额（单位：亿元）
2	B 街道办事处	14	1.36
3	C 街道办事处	7	0.49
4	D 街道办事处	2	0.45
5	E 街道办事处	4	0.62
6	F 街道办事处	2	0.29
7	G 街道办事处	2	0.56
8	H 镇	5	1.06
9	I 镇	3	0.8
10	J 镇	1	0.05

（三）合作模式

针对本项目，某市政府决定采取 PPP 模式下的 BOT 模式和社会资本合作。本项目由某智能停车场投资公司发起，向某市政府提交《某市智能立体停车库项目建议书》，并为某市制定了智能立体停车场规划。某市政府与某智能停车场投资公司签订 PPP 特许经营协议，特许经营期限为 25 年。某智能停车场投资公司是一家专业从事智能立体停车库的规划、设计、投资、建设、管理、运营的公司，以 BOT 模式和政府合作，投资、建设、运营某市商业区、医院、小区等主要区域的智能立体停车库。社会资本投资回报方面，采取"使用者付费 + 政府可行性缺口补贴"模式。此外，为提高投资回报率，某智能停车场投资公司重点考虑出租、售卖停车位，并着力打造集智能立体停车、LED 广告、分布式光伏、充电桩、洗车房以及超市等于一体的商业综合体。

（四）案例解读

本项目建设运营不但能拉动某市经济增长，而且能促进某市智慧城市建设，在业内具有良好的示范效应。

（1）在 PPP 项目的项目识别阶段，有的项目由政府发起，有的项目由社会资本发起，大多数项目由政府发起，而本项目则由社会资本发起。

（2）某市政府高度重视本项目，从以下几个方面提供支持：一是政策支持，市主管部门专门出台政策支持本项目，本项目建设被列入某市政府民生工程；二是规划支持，某市新开发用地和老城区规划用地，在规划上留出立体停车场建设用地，由社会资本"统一规划，统一建设，统一管理"；三是特许经营权支持，由社会资本在某市内以特许经营的方式和政府合作；四是资金支持，由政府相关部门申请国家专项资金和省、市资金，支持社会资本。

（3）某市是旅游城市，每年旅游旺季都会有大批外地游客来到某市进行自驾游，这对某市的停车现状提出严峻的考验，通过本项目的建设、运营和维护，可以促进某市智能装备制造业以及战略性新兴产业的集群发展。

（4）投资规模和盈利预测。本项目总投资为 60 718.04 万元，其中，项目建设投资共 59 451.85 万元，流动资金投入 1 266.19 万元，资金来源于拟建公司的注册资本金5 333 万元。本项目平均销售税金及附加 1 071.23 万元，利润总额平均为 3 778.51 万元，项目投资利润率为 9.04%，投资回收期为 12.83 年，财务上可行，见表 9-8。

表 9-8　项目主要财务数据及评价指标表

序　号	名　称	单　位	数　量
一	财务数据		
1	总投资	万元	60 718.04
2	固定资产投资	万元	59 451.85
3	项目资本金（货币）	万元	5 333.00
4	营业收入（经营期平均）	万元	9 995.01
5	营业税金及附加（经营期平均）	万元	1 071.23
6	总成本费用（经营期平均）	万元	5 145.27
7	利润总额（经营期平均）	万元	3 778.51
8	所得税（经营期平均）	万元	566.78
9	税后利润（经营期平均）	万元	3 211.73
二	财务评价指标		
1	投资利润率	%	8.00
2	财务内部收益率（所得税后）	%	9.04
3	财务净现值（所得税后）	万元	14 469.59
4	投资回收期（所得税后）	年	12.83

四、EPC+ 委托运营：某县立体停车库创新 PPP 合作模式

立体停车库具有鲜明的特点，一是投资额比较大，尤其是地下立体停车库涉及的土建工程量更大，目前地上立体停车库每车位投资约 5 万元左右（包括设备、土建、消防等），而地下立体停车库每车位投资是地上的 1.5~2 倍。二是土地价格高，立体停车库往往是"哪里拥堵建哪里"，而"哪里拥堵"往往是商业区、行政单位附近、小区、旅游区等黄金地段，"寸土寸金"，土地价格高昂。如果土地属于政府所有，尚可通过协商由政府作为公益项目行政划拨，减小投资者的风险，但如果土地属于民营企业主或者小区业主所有，则土地的价格方面很难达成一致。三是协调难度大，立体停车库大都是目前闲置或者现有平面停车场改建，涉及遮光、噪声扰民等现实问题，虽然其以配套设备的名义立项，但需要与多方面进行沟通，否则项目很难落地。四是收费低，目前停车收费在一、二线城市尚能被大多数车主接受，但在很多三、四线城市，尤其是县城，广大车主对停车收费的概念并不明确。五是投资者回报周期长，社会资本尤其是民间资本兴趣不大。总的来说，立体停车库属于社会公益类项目，如果以 PPP 模式操作，社会资本风险相对较大。下面介绍一例立体停车库 PPP 创新案例。

（一）项目介绍

为解决某县县城交通拥堵问题，提高城市管理水平，满足人们的停车需求，某县人民政府拟以 PPP 模式与社会资本合作建设一座立体停车库。经过协商，某县人民政府与社会资本某投资公司达成初步合作意向。之后，某投资公司经过测算后发现，在以 BOT 模式合作的情况下，社会资本的投资回报不到 5%，近 20 年才能收回投资。换句话说，社会资本的投资回报周期太长，投资回报太低，于是社会资本开始打退堂鼓。鉴于某投资公司在立体停车库行业丰富的投资、建设、运营和维护经验，某县人民政府经过慎重考虑，决定双方仍以 PPP 模式合作，但由政府进行建设，将建设完的项目委托给某投资公司运营。

项目为新建 5 层升降横移式立体停车库，可提供停车位 156 个，较平面停车场可节省土地面积 70% 以上，单个车位投资成本 4 万多元，可同时满足主流 SUV 车型和普通小轿车停车要求。

某县新建立体停车库项目还包括在立体车库顶部铺设太阳能光伏板，通过并网发电，不仅可供给立体车库电气设备电源，还可获得国家和所在省新能源补贴（0.62 元／度），降低立体停车库的运营成本。

立体停车库采用全钢结构设计，缩短了施工周期，降低了建设难度。立体停车库

可通过外立面材质、风格的设计做到与周边建筑和城市风格相适应，同时可保证电气设备运行时对周边不产生噪声影响，辅以绿化点缀还可使立体停车库与整体环境更协调。项目总投资约 980 万元，项目预计工期 120 天。

（二）项目合作模式

某县人民政府与某投资公司建立 "EPC+ 委托运营" 合作模式，具体来说，由某县人民政府与某投资公司签订 EPC 工程总承包合同，在某县县城新建立体停车库。新建项目建设按照总承包合同约定执行。某县政府按照工程总承包合同按期支付某投资公司工程建设费用，待项目验收通过后，某县政府委托某投资公司对新建立体停车库进行运营、维护，根据新建立体停车库的实际运营收入情况，双方协商签订运营合同，确定合理的停车收费标准和政府运营补贴机制，以保证运营主体（社会资本方）的合理收益。在规定的运营期内，社会资本方依法享有在立体停车库运营所获得的收益，依法获得拟定的政府运营补贴，未经政府方同意，社会资本方不得擅自调整停车收费标准，未经政府方同意，社会资本方不得将特许经营权及相关权益进行转让、抵押等处置。

（三）项目投资回报机制

（1）某县立体停车库投资成本回报机制。立体停车库工程总投资约 980 万元，具体还款要求根据工程总承包合同确定。

（2）某县立体停车库委托运营回报机制。某县立体停车库委托运营成本包括电器设备动力费用（每年约 10.56 万元）、运维工人工资福利（6 人共 14.40 万元）、设备维修保养费用（每年约 9.18 万元）等，项目运营总成本每年约 36.20 万元。

某县立体停车库收入项目包括停车服务收入、光伏发电收入、政府补贴收入三项。通过市场调查，兼顾经济效益和社会效益，暂定立体停车库停车收费 2 元 / 小时，按照保底车位占用比每日 8 小时使用计算，立体车位停车服务费为每年 63.77 万元。光伏发电收入包括国家和省新能源补贴 0.62 元 / 度和上网发电售价 0.385 元 / 度，根据经验数据，光伏发电净收益为每年 7.74 万元。

第十章　交通基础设施领域PPP模式的优化

第一节　优化制度设计

一、促进交通现代化规划与国家战略布局相结合，提高交通基础设施PPP项目的前瞻性和引领性

交通基础设施PPP项目的设计和布局，与交通现代化要符合国家的政策要求十分相符，这提高了项目的前瞻性和引领性。就现在交通格局来看，交通现代化的发展要与国家的政策要求相适应。

（一）结合交通现代化的布局，统筹PPP项目建设运营

1.继续大力提高胡焕庸线以东地区的交通密度和可达性

在胡焕庸线东面，经济发达，人口较多，交通路线密集，然而大体的交通网与其人口密度和经济发展空间相比，还有很大的进步空间。我们要努力提高海运、航空、公路、铁路等交通方式的可达性，提高地区的经济实力，加强每个地区之间的联系，使它们之间的差距逐渐变小。

2.加强胡焕庸线以西地区交通干线和节点城市交通建设

在胡焕庸线西面，土地空间很大，但是人口少，环境较差，投资于交通建设的资金不能支撑距离远、难度高的交通基础设施建设，然而交通对国家的发展来说是非常重要的，所以我们要在交通运输建设上多投资，结合我国的政策，加强交通基础设施建设。另外，在建设交通基础设施的同时，要保护生态环境，不能破坏环境。

（二）适应交通现代化的要求，丰富PPP项目的内涵

随着交通现代化的发展，交通基础设施建设要符合国家的标准，也要与地方经济发展能力和生态环境相匹配、相结合、相适应，要努力做到人与环境和谐、经济与交通共同发展。

1.高效

要提高地铁、船、公交车的交通运输能力，构建完善的交通网络体系，依据"零距离换乘、无缝化衔接"概念，加快建设全国性综合交通枢纽和重要区域性综合交通枢纽。根据不同城市的地貌和人口数量，建设更完善的交通体系，建设层次不同、功能不同的客运枢纽，使城市的各个交通运输工具紧密联系起来，高效率地工作。

2.均衡

在不破坏生态环境和人文生态的基础上，正确开发建设新的交通资源，并且挖掘和发展交通路线周边的服务资源，达到"以产带城、以产促城"的要求，使交通和城市一同发展。依照交通基础设施建设的规划提前测量好，确定交通基础设施建设所需要的土地数量和经济条件，以便正确使用土地，不浪费每一寸土地。同时，要制定相应的政策，尤其是鼓励周边居民的政策，使周边的居民大力支持交通基础设施建设。

3.绿色

无论如何发展，都要符合绿色发展的理念，所以在交通基础设施建设中要减少污染，还要降低交通工具所带来的能源消耗。要制定有效的政策，完善相应的机制，督促大家减少交通能源的消耗，实现绿色交通。同时，我们要积极使用现代能源新材料或者新的交通方式来降低能源消耗和减少污染。

（三）顺应交通现代化的趋势，创新 PPP 项目的内容

1.要适应现代物流发展的要求，提高 PPP 项目的精准度

道路货物运输涉及的领域与范围受到现代物流的影响，发展新的经济增长点，可以把采购、运输、销售等组成一个整体，把服务的提升作为根本出发点，扩大经营范围。同时，货运站的选址也影响着物流组织，因此制订好港口与运输地的选址计划，才能更有效地发挥物流不受地域限制的特点。比如，现代物流业在珠三角和长三角等地区有了很大程度的发展，通过对口岸地区物流交通的 PPP 项目规划、建设、运营和中心城市的物品资源的集合与分散，更好地将信息、物流等进行融合，加强对物流技术的探索，更大力度地开发新型的智能技术，从而有利于交通 PPP 项目的发展。

2.充分发挥"互联网+"交通的作用，提高交通 PPP 项目的含金量

"互联网+"交通是与云计算、物联网、大数据等先进概念和技术有关系的，有利于交通各领域和环节与互联网的统一和创新发展，也有利于运输工具、基础设施等发展的互联网化，从而让线上与线下进行互动，形成交通现代化新态势。"互联网+"交通也会带来很多的新业态模式与新技术的发展，包括交通资源、信息等的重组与整合，对 PPP 项目的要求和标准也从各个方面得到体现，使交通现代化在互联网方面有了很大的发展空间。

二、优化融资制度，促进 PPP 项目价格、收益、风险相匹配

政府和社会资本合作所拟定的融资机制主要涉及项目成本、收益和风险分配问题。从成本的角度来说，政府成本主要包括土地、税收，社会资本方的成本主要是运营成本。从收益上来说，如果私人企业所得到的利益大于运行成本，政府的收益就难以衡量，因为政府代表公众利益，政府的收益包含了项目提供的公益性的产出，不能完全在价格上得到体现，并且很难衡量。从风险来看，因为项目的运行时间很长，所以政府和社会资本方承担的风险是不同的，在项目运行中会形成两种状况。

一种状况是，在一些合同中，在收益方面私营部门收益比较大，而政府部门没有收益；在风险分配上，私营部门基本不承担风险，而政府却担下了所有风险。这样的收益和风险支配是缺少安全感的，政府方可能会要求改变合同中的条款，然后双方就无法合作下去。

另一种状况是，在一些项目中，投资的人只能把后期投资收到的回报作为再次投资的资本，但是一个项目运行的时间很长，就会形成投资大、风险大的情况，所以在合同中很难确定最终价格，再加上收益和风险分配问题，所以就造成了私营部门参与性不高。

两种情况内容不同，但是都解释了目前 PPP 项目政府积极互动、私人部门犹豫观望的态势。要改变这种局面，就要形成 PPP 项目成本、收益、风险相匹配的投融资方式。

三、优化管理制度，提高交通 PPP 项目运营、监管和绩效评价能力

在以往的由政府主导的交通基础设施项目建设中，由于对交通基础设施的监管不足，导致监管交通基础设施的权力分散，缺乏相应的制度。对交通基础设施 PPP 项目的推广来说，一旦失去了公平公正性，项目将会存在很大的隐患，容易使相关部门滥用权力，所以一定要加强对有关部门的管理。因此，交通基础设施在不同的阶段要推广不同的监督机制。在竞标环节，要推进企业进入监督机制，促进项目的运行。另外，对交通基础设施质量的监管也是一个特别重要的环节，一般要制定公路、铁路、桥梁等的监管标准，使建设项目达到相应的标准。

四、优化治理制度，加快交通基础设施 PPP 项目的法治契约化进程

（一）探索创新适应交通基础设施 PPP 模式的行政体制改革

在传统的模式中，政府是交通基础设施的提供者，又是生产者，但是在 PPP 制度环境下，政府主要负责制定相关的监督制度和标准，而不是对交通基础设施直接管

理。所以，要大力推广 PPP 模式，发挥政府在 PPP 模式中的作用。

从 PPP 项目的运行构架和发达国家的以往经验来看，每个成功的 PPP 项目都有一个专业的 PPP 项目结构。我们也要构建一个专门负责 PPP 的机构。目前，我国财政部成立政府和社会资本合作（PPP）中心，国家发改委在其政府服务中心下设 PPP 项目库，涵盖水利设施、市政设施、交通设施、资源环境等多个领域。我国政府在推广 PPP 项目中仍然存在职能划分不清楚等问题，所以经常致使局面混乱。为了解决这一问题，我们可以创新交通基础设施 PPP 项目的政府管理制度，形成一个新的政府管理构架，具体可以从三个方面来开展：从决策者来看，官方作为法律和政策的制定和执行者以及法律的解释者和承担者，发挥着让项目有序发展的重要作用；从管理者的角度来看，政府作为法律的制定者，就要有效地对项目进行监督和制约，督促执行者高效率地完成项目；从执行者的角度来看，政府应该具备人力资源管理、项目管理和公共关系管理能力，这样才能促进项目的良好运行和发展。

（二）深化推进以交通基础设施 PPP 产权保护和交易为目的的混合所有制改革

在 PPP 项目中，经常通过以 SPV 形式组成的特殊项目公司来运营。在项目管理构架中，SPV 拥有项目的"有限"经营权和剩余索取权，拥有项目的全过程管理权。政府在项目中已经由投资者变为参与者，其作用是制定政策和作出付费承诺，并对质量进行监督管理。因为 SPV 公司是独立法人，所以要担任项目的投资责任，而交通基础设施具有公益性，项目公司不仅要考虑经济效益，也要顾及社会效益，要保证交通基础设施的质量安全，也要接受来自社会各方面的监管。在项目进行过程中，要清楚地划分股权，这样才不会产生法律上的纠纷。同时，政府投资人和社会资本共同拥有剩余索取权的同时，对项目公司进行有效控制。SPV 公司对项目有"有限"的经营权和剩余索取权。要将各个方面的股权合到一起，使大家共同承担风险，共同获得利益，这样才能最终实现各方的共赢。

五、分领域交通建设 PPP 制度优化

（一）铁路

1. 推进有差别的区域铁路 PPP 制度实施路径

面对社会资本进入的体制机制障碍，应该提高社会资本进入铁路行业的积极性，鼓励社会资本在政府的领导下向市郊铁路、支线铁路、城际铁路和资源开发性铁路不断注入资本，同时不断促进铁路运营收益的透明化，鼓励社会资本参与投资铁路客货运输服务业务和铁路"走出去"项目。社会资本可以利用独资和合资等多种方式投资

建设铁路，国家也要提供相应的支持政策，向社会资本开放铁路的经营权和所有权，促进铁路建设资本来源的多元化。支持铁路总公司以股权转让、股权置换、资产并购、重组改制等资本运作方式盘活铁路资产，广泛吸引社会资本投入，不断扩大资金募集规模。

因地制宜是铁路建设过程中不可忽视的方法，铁路和土地综合开发的方法在我国胡焕庸线西北半壁是比较适合的。土地综合开发主要分为两方面，一方面是充分利用铁路用地周边区域的土地、商业、广告和物业，提高收益，当然这种方法是在国家支持铁路建设实施土地综合开发政策的前提下实行的；另一方面是盘活既有铁路用地，采用立体开发、一体规划、统筹建设和联动供应等方法进行土地综合开发，这种方法也是在符合国家总体规划的前提下进行的。铁路建设投资具有长期性的特点，相伴随的是收益的不确定性，为了解决这一问题，PPP 模式以及"铁路 + 物业"模式将从机制上保障社会资本的权益，增强了长期投资收益的确定性。鼓励社会资本投资铁路的企业通过 IPO、增发、资产证券化等方式筹集资金用于铁路建设。允许符合条件的、以新建项目设立的企业为主体发行项目收益债，支持重大项目发行可续期债券。

2.建设平等准入制度

面对市场中不公平的竞争状态，要切实落实《铁道部关于鼓励和引导民间资本投资铁路的实施意见》（铁政法〔2012〕97 号），不断完善法律法规，建立公平、平等的竞争机制，对市场中不同类的投资主体要公平对待，同时，政府要公开优惠扶持政策和市场准入标准，不单独增加附加条件。国家、地方政府规划建设的铁路干线、客运专线、城际铁路、煤运通道和地方政府规划建设的铁路干线、客运专线、城际铁路、煤运通道和地方铁路、铁路支线、专用铁路、企业专用线等项目，全部向社会资本开放，除了国家必须控股的重大项目以外，允许社会投资主体以独资、联合投资、控股、参股等方式进行投资建设或购买股权、经营权。在项目审批、线路接轨、网络化运营、公益性运输负担等方面，遵循统一、平等、公平的原则，建立健全相应的规章制度。对于经营性铁路项目、政府实施投资补助的铁路建设项目，建立和完善项目业主招投标投资制度。

（二）公路

公路投资相比铁路投资有很大的优势：一是建立适合各类投资者进入的统一、透明的投资与经营规制以及由地方政府提供的包括土地开发等方式的投资补偿制度等，投资者可以根据规则进行自主经营，直接从市场获取收入；二是公路投资收益渠道多元化，不仅仅限于网络化经营收益，因此在投资过程中公路投资者往往多于铁路投资者。相比较而言，在公路建设过程中，"建、管、养、收"等环节也适合引进 PPP 制度。

1. 构建"国家公路中央和省共同事权，省道省管，农村公路县管"的公路建设管理体制

应合理划分中央政府和地方政府的事权，在公路建设过程中两者共同建设和养护，并明确权责，即委托省级政府进行管理，中央政府发挥协调和监督作用。省道建设和养护管理由省级政府承担支出责任。县级政府主要负责农村公路的建设和养护，省级政府和中央政府提供一定的资金补助。

2. 积极推进收费公路管理体制

我国《公路法》和《收费公路管理条例》明确规定，我国的收费公路分为经营性公路和政府还贷公路。经营性公路和政府还贷公路的主要区别在于投资建设主体的不同，前者主要是由国内外经济组织出资建设的，后者主要是由县级以上地方人民政府交通主管部门通过贷款或者有偿集资建设的公路。此外，目前交通部补助作为公路建设的资本金仅适用于政府还贷公路，对于 PPP 模式下的收费公路，补助部分将承担何种角色，都需要法律、法规予以明确。在公路未来建设和发展过程中，要想更加充分地调动社会资本参与公路建设的积极性，积极推动 PPP 模式的发展，就需要不断完善相关的法律、法规。

3. 完善公路特许经营权制度

我国《公路法》和《收费公路管理条例》规定，收费公路的权益包括收费权、广告经营权、服务设施经营权。PPP 模式中核心要件就是政府将包含上述权利的特许经营权授予特许公司，使特许公司真正掌握公路收费权、广告经营权、服务设施经营权。其中，地方政府是 PPP 实施全过程中具体实施主体和落实主体。同时，为了有利于公路交通建设，应明确地方政府授权收费特许经营权的合规性。

第二节　加强政策保障

交通运输是非常特殊和关键的一个领域，金融体制改革和财税体制改革都与其密切相关，土地制度改革，撬动社会资源、消除隐性壁垒的体制、机制的创新和改革也都受交通领域的影响。在交通运输领域推行 PPP 模式，不能理解为单纯的投融资模式的技术创新，还要重点考虑如何对交通行业进行合理的规划布局。

一、促进交通规划转型

规划的引领作用在交通运输领域尤为重要，这不仅是政府决策的需要，也是行业健康持续发展的基础，是国家进行顶层战略设计、合理配置资源的需要。为了促进整个交通行业的健康发展，最终形成绿色、平安、智慧的交通体系，政府要做好规划，充分发挥其引领作用。

城市规划和交通规划有很大的不同，顶层设计层面不同，技术要求也不同，为了合理规划城市体系和交通体系，提升全国范围内的整体运营效果，并且对两者进行协调管理，交通规划应该在城市规划的基础上进一步探索解决问题的方法。相比较而言，城市规划是在城市经济社会综合发展的基础上考虑的，因此在实施过程中更加宏观，涵盖范围更加广泛。但交通规划应在城市规划及其动态发展趋势的基础框架下，再确定交通运输所需要解决的空间问题和所依赖的土地资源，并通过交通基础设施建设、各项管理系统的对接、人口基础和就业情况需要来设计方案。交通规划和城市总体规划紧密结合、相互联系，两者互不可分，因此政府在建设过程中要充分考虑各种情况和因素。

在我国经济社会发展过程中，改变过去一次性静态规划实施方案和粗放的生产方式已经成为迫在眉睫的事情。当然在未来社会发展中，人口结构和数量等不确定的因素在规划和发展过程中需要极其重视。我们要利用数量分析来设计规划方案，还要考虑更多发展方向的因素，不断完善科学的未来规划。交通规划不能单纯就城市规划的某一方面进行，而应该以超前的眼光，充分考虑经济增长的持续性和稳定性等影响因素，还要考虑人口结构、经济发展和产业结构等。这就需要改变过去单纯进行一次开发的静态规划实施方案，更多地重视规划、开发与项目的有机结合，使规划更加合理。

二、推进财税体制改革

目前，针对基础设施建设而兴起的 PPP 模式，其初衷是更好地提供公共产品、准公共产品以及公共服务和准公共服务，但对预算管理和工作理念也提出新的要求，主要包括以下几方面。

（一）扩大财政预算资金管理范畴

公共财政是国家（政府）集中一部分社会资源，用于为市场提供公共物品和服务，满足社会公共需要的分治活动或经济行为。PPP 模式最明显的特点就是引入社会资本参与公共产品或准公共产品的提供。随着经济社会发展对公共产品或准公共产品需求的增大，在原有公共财政资金难以满足的情况下，PPP 模式的推广也就成为完善公共财政体制的必然措施。在基础设施建设和公共服务领域，一般项目建设的周期较长，项目标的较大，工程管理要求较高，因此财政预算资金管理范畴应扩大。财政预算管理不能局限于传统意义上的政府性资金，推广和运用好 PPP 模式也是财政管理的工作内容之一，这就需要财政部门调整预算管理资金范畴和视角，将其扩大到 PPP 模式中的社会资本。

（二）完善财政资金使用方式

《中共中央关于全面深化改革若干重大问题的决定》中提出要逐步规范、整合、清理财政资金的转移支付项目，采取渐进式改革的模式来取消竞争性行业的财政专项和配套资金支持，特别是对各类引导、应急等方面的专项资金要提出更高的监管要求。因此，要改变传统的以拨款和补贴为主的财政资金支持，在专项资金和引导基金方面要加大投入，不断完善和促进 PPP 模式的发展，不断优化财政资金的使用方式，在实践过程中借鉴试点和案例，逐渐取消直接补贴的形式，而以 PPP 模式促进财政资金的充分使用。

（三）提高财政资金使用效益

《关于推广运用政府和社会资本合作模式有关问题的通知》规定，应运用多种现代评价体系对 PPP 拟投资项目进行合理的评价和筛选。为了更好地吸引资金投入和 PPP 模式的健康发展，社会资本需要投资一些盈利较高的项目，因此政府部门不能仅要求社会资本的投资方向，应在面向社会投资前对投资项目进行合理的分类和规划，不断推动 PPP 模式中两类资本的融合和发展。在获得合理收益的基础上，合理调控风险是 PPP 模式的关键。因此，在两类资本的投资过程中要有具体的项目采购方法，降低风险，使社会资本得到回报，使财政资金使用效益最大化。

（四）强化财政管理的规范性

由于 PPP 模式主要是提供公共产品和准公共产品，所以在项目操作过程中要做到规范、复制和可推广。良好的决策和制度是 PPP 模式中不可缺少的关键环节，面对合作中不同类型的利益和责任，要利用规范的财政管理进行合理应对，这也是预算法治的充分体现。

（五）推进预算管理体制改革

相较于 PPP 项目，传统模式是利用政府担保的方式进行的，虽然具有人大表决的预算，但是法律效力仍然不够，而且项目一般是大型基础设施建设，周期长，资金需求量大，因此政府财政资金预算应该有更高的要求，要进行改革，其最重要的方面是利用合作各方权利和义务的需求提供资金来源。在传统财政运算方式中，各部门协调力度不够，财政资金预算管理和项目管理衔接较差，为避免这类问题，在今后项目建设中要更加重视政府在预算编制和执行过程中的监管作用。

三、推进金融体制改革

（一）有助于降低融资成本

在 PPP 模式的发展过程中，要较好地应对利率市场化的国际背景，并且要与互联网金融相结合，利用这种方式促进金融资本与产业资本更好地结合。在过去的项目执行过程中，财政资金的使用是在无利率或者低利率的基础上进行的，而在具体运营过程中，由于社会融资成本高，导致项目运营过程中均有利率偏高的趋势。实施 PPP 模式后，由于项目执行过程中既有政府资金的支持，又有社会资本的灵活度，项目融资成本会逐步下降，这有利于推动企业的整体融资成本下降，进而有利于推动社会融资成本的下降。

（二）加强金融体系的风险控制

在 PPP 模式下，项目选择既要注重社会效益，又要注重经济效益。项目执行过程中，不能按时完成工期、收益下降和成本上升的风险是最大的问题。但根据 PPP 项目管理的要求，并非采取传统的项目管理方式，而是在项目尽职调查的过程中就会分析项目面临的各类风险，在项目选择中，会优先考虑低风险的垄断性收益项目，关注项目的现金流。在这些风控措施的实施下，项目的风险将会得到较好的控制。而且这种模式将会引导各类金融机构和中介服务机构进行充分的风控整合，形成集风险控制、合规检查、法律规范为一体的风险控制模式，最终完善整个金融体系的风控系统。

四、处理好 PPP 与土地利用的关系

土地利用状况、人的活动与行为和交通系统三者相互影响、相互联系，交通系统的变化会引起土地价值的变化，土地价值会影响土地利用状况，土地利用状况最终影响交通系统，三者循环往复，形成紧密的动态联系。

（一）完善土地资产，依法合规"注入"具体 PPP 项目有关的配套制度

国务院《关于创新重点领域投融资机制鼓励社会投资的指导意见》（国发〔2014〕60 号）中明确提出要形成合理的投融资制度，在"多式衔接、立体开发、功能融合、节约集约"的基础上吸引各类社会投资对轨道交通站点周边进行综合性的土地开发。国家发改委《关于开展政府和社会资本合作的指导意见》提出强化政府和社会资本合作的政策保障，同时为了不让 PPP 模式成为变相投资平台，要不断完善投资回报机制，

在现行法律法规体系内进行非经营性、准经营性项目的土地资源、广告和物业等环节的匹配，以形成良好的投资环境。

（二）处理好土地资产的配置与土地法强制性规定的关系

在 SPV 的发展过程中，资金流较小和项目吸引力较小是最明显的困境，对于能源、交通和水利等基础设施项目，要切实依据《划拨用地目录》来进行土地资源的合理划拨。为了更高效地解决问题，可以采用以下两种方法：可以探索作价出资等形式，通过地方政府以土地进行作价出资，为地方政府向 PPP 项目配置土地提供途径；二是不断完善法律法规，提供依法合规、合理将土地注入 PPP 项目的正式途径。针对土地资源有定量而用处无定量的问题，政府支持在土地资源使用和分配过程中存在多个意向单位，可以采用拍卖、招标和挂牌的方式出让，从而获得更大的土地资源效益。目前，地方政府为社会资本（或 SPV）作出的有关直接配置土地的承诺，目前并不具有可行的合法的操作方式。在今后发展过程中，如何保障社会资本依法合规取得相应土地使用权，包括配置给 SPV，用于改善 SPV 现金流，增强项目吸引力，是 PPP 亟待解决的一个重大问题。

（三）要推进土地利用与交通一体化的衔接

为了使交通规划和城市各类规划更加协调，并且不断减少土地资源和交通能源的消耗，土地资源分配状况要与 PPP 模式下的产业结构紧密结合。近年来，国内外针对土地资源使用和交通规划已经涌现出了许多研究成果，从简单的可视化到高效协调发展各种模式，各种方法层出不穷，大大促进了各种能源的高效利用，提高了经济效益和社会效益。我国社会发展过程中也面临着交通规划和土地利用从各自独立到相互联系的转变，为了应对此类状况，我国注重交通规划的综合化和动态化，并在节约资源和环境保护的基础上进行科学的 PPP 决策。

（四）丰富和完善价格监管手段

在 PPP 项目中，准入前和准入后是价格监管的两个重要环节，前者的主要方式是竞争式采购，后者的主要方式是公正收益率、区域比较、边际社会成本定价和价格上限等。

1. 完善竞争性采购评审机制

现阶段，我国的 PPP 模式发展还不完善，还有很多的问题和困境，为此应该充分利用价格功能和市场竞争机制，在竞争性采购中优选社会资本，解决 PPP 项目服务、资产、权益等对价资源的定价问题。

PPP 项目招投标环节要避免采用单一的最低价中标的评审机制，防止社会资本

"低价抢标",避免恶性竞争、中标后滥用垄断地位、推诿扯皮等行为。具体可通过以下几种方式进一步完善。

一是采用平均价评审方法。这是目前推广运用较多的一种方式,在此评审方法下,所有投标人的报价的平均值为最高分,高于或低于平均值均扣分,高于平均值扣分较多,低于平均值扣分较少。

二是合理低价法。即最低的三个价格的平均价为基准价,高于或低于基准价都扣分,与平均价法类似,但考虑了更多低价因素。

三是综合评审法。即建立包含投标报价评分、工程管理方案评分、建设运营方案评分、财务方案评分等在内的综合评审机制,通过设置投标报价评分的敏感度(即权重)来控制价格对评审的影响程度,综合考量社会资本各方面的能力。

四是报价上下限法。这种操作简便,但是报价的下限很难把握,科学性有待提高。

2.优选公正收益率法和价格上限规制法

市场经济体制中不稳定因素较多,对于各种方式方法在实践中不应该统一适用,应根据所处环境和实际情况合理进行方式方法的选择和调控。在目前市场经济的发展过程中,公正收益率法和价格上限法是比较普遍的价格监管方式。竞争性采购作为市场中常用的经济手段,在进入市场前后有很大的不同,社会资本具有很大的随意性和主观性,在进入市场后会处于一定的垄断地位,这就更加需要采用合理、有效的方法因地制宜地进行管理。

一是在价格上限规制法中加入质量因子。第一,基础设施和公共服务是居民生活中必不可少的一部分,考虑到公共服务的不可中断性,应针对公共服务的类型设置不同的最低服务标准。第二,建立专门的部门机构,鼓励人民群众通过监督、发言和参与等方式表达自己对待公共服务的满意度,并对今后的发展和完善提出意见和建议。第三,充分利用新媒体的宣传方式,通过建立奖励相容机制鼓励媒体对省级项目进行监督和反馈,对被曝光的项目要给予惩罚,对被宣传鼓励的项目要给予奖励。

二是合理确定公正收益率法下的成本结构和投资回报率。第一,针对 PPP 运营中出现的价格和收费标准不统一、政府和消费者责任边界不明确的问题,要采取有力的措施进行改革和调整。在经营过程中严格区分企业的经营性和政策性亏损,政府要针对不同的情况给予一定的补贴。根据市场中的汇率、利率和市场要求等多种不确定因素确定企业运营的合理成本。在此基础上,政府要减少交叉补贴,最终实现确定运营企业投资回报率的目标。第二,在价格制定过程中应该充分考虑所在范围内区域行业的成本范围标准。为了防止个别企业为了提高利润而将业外成本偷偷输入业内成本的现象,要在审核过程中将不合理的部分除去,严格区分业内成本和业外成本,将成本监审作为社会资本绩效水平考核的重要标准。严格控制企业存在的将非主营业务和非公共服务成本计入总成本的问题，要充分利用现有资源据实核算，加强发票管理的审核制度。第三，在充分运用 PPP 项目库、财政部的综合信息等的基础上提高透明度，不断完善成本公开制度，利用"互联网 +"技术进行网上管理和"大数据"运算，实现全国范围内的透明、公平、公开，不断发展信息共享。

三是采用规制菜单的方式。简单来说就是由政府提供两种规制方式，之后企业根据自身发展需要选择不同强度的公正收益率，如对待高强度的价格上限要选择价格上限机制，进而提高公共资源利用率。个别发达地区在不断完善这种制度，如在重庆中法唐家沱污水处理厂案例中，重庆市政府就为苏伊士集团提供了三种可选价格监管方案，激励社会资本发挥管理优势、降低成本，提高公共资源利用效率。

第三节　完善法律法规

一、PPP 应用的若干法律问题

PPP 与传统的融资方式相比具有很多方面的优点，所以其作为一种新型的融资方式才会更快被大家接受。

第一，法律性质的特殊性，主要是指特许协议的特殊性质。

第二，主体的特殊性。特许协议的合同主体一方是政府，另一方是社会投资者或企业。其中，政府既是一个与企业地位平等的合作伙伴，又是一个政府特许权利先行获得者、承受者和具体实施的监督者，具有双重身份。

第三，投资客体的特殊性。交通基础设施不同于其他的投资项目，建设的公益性很强，政府对其拥有绝对的建设垄断权，企业则通过许可取得其专营权。又因其涉及当地使用者的利益，政府必须权衡当地的民情和投资者利益两个方面，对其行使价格决定权以及相应的管理监督权。

第四，法律关系的复杂性。PPP 模式作为经济合作的一种新型投资方式，其内容涉及以建设、融资和转让为代表的活动。当事人或参与人包括以项目公司、当地政府和项目贷款人、主办人为代表的各种主体。因此，PPP 投资方式形成了由众多当事人或参与人组成的复杂的法律关系。PPP 模式在某种意义上是一种复杂的合同安排，它所涉及的各方当事人的基本权利和义务关系无一不是通过合同确立的，这些合同包括建设合同、特许协议和经营管理合同等。

二、交通 PPP 项目的基本法律框架

交通 PPP 投资模式是一个复杂的系统工程，所涉及的当事方有政府、公司、乘客和社会投资者。这些当事人之间具有实体的权利和义务，为了协调和完善不同主体之间的关系，需要签订合同来规范，这些合同在 PPP 模式发展过程中起到法律框架的作用。法律框架随着合同的转变而不断变化，合同中存在的协调性、合法性和可操作性对项目的成功实施起着决定性作用。

在交通 PPP 项目中，主要有以下五个方面的法律协议。

（一）特许协议

特许协议是在 PPP 运营和经营过程中新提出的形式，立法型特许授权文件和合同性特许授权文件都属于特许授权的范畴，PPP 项目的运营管理、融资、担保和承包与特许授权息息相关，是这些项目经营规范的基础。目前，全国范围内的特许协议大概有以下四种方式：一是政府根据法律规范制定有关 PPP 发展的立法性文件，并且要与相关项目公司签订特许授权协议；二是通过一个具体的 PPP 项目的单独立法性文件直接授权项目公司专营权，如《香港地下铁路条例》；三是由政府与项目公司就具体的 PPP 项目签订一个特许授予专营权的协议；四是在通过具体 PPP 项目立法性文件的基础上，政府与项目公司再签订一个特许专营权协议。

（二）社会投资者之间的投资合同

为了更好地应对交通建设项目中存在的风险系数较高和投资较大的问题，我国目前应该多组织几个投资者组成投资联合体进行共同投资，最终成立项目投资公司来应对以上种种问题。投资者之间的权利和义务通过各参股人之间的投资合同来确定。投资合同是保障未来项目公司良好、稳定运作的基础。在众多综合项目投资公司中，有个别公司股权是属于当地政府或其所属公司的，这种现象出现的原因是交通运输业具有自身的特殊性，其利害关系与公共基础设施利益和安全息息相关，政府和相关部门必须参与安排和管理。

（三）融资合同

PPP 模式运营过程中主要有股东投资和贷款两种资金来源，要充分将股权投资和贷款资金结合起来。其中，项目贷款又称为无追索权或有限追索权贷款，这主要是由于以项目的预期票款收入偿还贷款，而无权向项目公司股东追偿，因此在传统的资本投入中股本投资占总量的三分之一，其他部分是由贷款来补缺。贷款的最主要来源是由银团、金融机构与项目公司达成，约定贷款人向某一特许项目提供贷款。贷款的安全性和可靠性主要是由两点来保证：一是项目公司股东或当地政府提供各种形式的担

保和承诺；二是项目公司以其财产或经济权益作为抵押。

（四）工程建设承包合同

交通项目具有涉及专业多、系统复杂等特点，在具体实施过程中有各种各样的问题。一般情况下，交通 PPP 项目公司并不具备自己建设、设计或者采购的能力，仅仅是以一种融资中介或者运营管理的角色存在。而交通具体项目的采购、设计和建设条件均是由项目公司寻找合适的承包商签订合同进行的，这样可以有效规避风险。承包商有多种类型可以选择，如当地的专业公司、其他具备实力的技术公司或者各种综合公司，甚至可以把各种项目分给不同的项目公司处理，但无论哪种类型的承包者都要对造价预算和按时完工提供履约担保。

（五）运营管理合同

交通项目在建设之后也会有一系列问题，主要的经营方法有两种，一种是由项目公司负责项目运营，另一种是由专业的交通运营公司负责运营。两种运营方式的区别在于项目公司本身是否具备专业的交通运营能力，有无丰富的经验和相应的资质。当然也有个别情况，如为了分担风险或者为了财务上的安排转交专业交通运营公司运营，这种情况下，双方要签订详细的交通运营管理合同。

在同一个 PPP 项目中有多种类型的合同，主要有财务顾问合同、保险合同、法律合同、工程咨询顾问合同等，这些合同共同促进了每个项目的运行和完善。

三、特许协议的性质问题

特许协议是 PPP 模式中法律关系的主合同，其他合同均为从属合同。除特许协议外，基于这一协议的其他合同都是平等主体间的合同，可以通过有关的民事商务法律规范予以调整。目前，特许协议的法律性质争议较大，争议最大的就是该协议属于行政合同还是民事商务合同。下面分别从现行法律规定、实践操作、投资人承受能力等几个角度对此进行论证。

（一）有关法律的规定

虽然在行政法理论中有行政合同的概念，但是在成文法层面，《中华人民共和国合同法》没有将"合同"区分"商务合同"与"行政合同"，而且中国其他法律法规中也没有就何为行政合同进行具体规定。

2003 年建设部颁布的《市政公用事业特许经营管理办法》（中华人民共和国建设部令第 126 号）也没有明确规定有关政府机关与社会投资者签署的《特许协议》的性质（即该协议为商务合同还是行政合同）。但是《市政公用事业特许经营管理办法》第二十九条规定：主管部门或者获得特许经营权的企业违反协议的，由过错方承担违约责任，给对方造成损失的，应当承担赔偿责任。笔者理解，此种违约赔偿安排属于一般民事合同的救济措施之一。考虑到根据有关法律法规的规定，当事人对政府机关的不当行政行为的救济措施仅为行政复议、行政诉讼和国家赔偿，因此从《市政公用事业特许经营管理办法》第二十九条的规定中可以看出，《市政公用事业特许经营管理办法》倾向于将有关政府机关与社会投资者签署的《特许协议》认定为一般民事合同。

2003 年北京市政府颁布的《北京市城市基础设施特许经营办法》亦未明确规定有关政府机关与社会投资者签署的《特许协议》的性质。但值得注意的是，《北京市城市基础设施特许经营办法》第二十五条规定：有关行政主管部门违反本办法规定，不履行法定职责、干预项目公司正常经营活动、徇私舞弊、滥用职权的，项目公司有权举报和申诉，也可以依法申请行政复议或者提起行政诉讼。笔者理解，该项规定赋予有关当事人行政复议、行政诉讼的权利是基于法律产生的权利，即针对政府有关部门具体行政行为（包括行政作为和不作为）的救济途径，而非基于有关政府机关与社会投资者签署的《特许协议》而产生的合同权利。

（二）订立《特许协议》的目的

在原有计划经济体制下，政府的交通建设项目无须与承建方签署任何协议。随着市场经济体制的建立和完善及近年特许经营模式的推行，《特许协议》这种合同类型应运而生。签署《特许协议》的初衷在于通过协议形式将有关政府部门与社会投资者置于相对平等的法律地位上，同时明确有关政府部门与社会投资者在特许经营项目中的权利义务关系，其与有关政府部门根据有关法律法规的规定行使行政职能存在一定区别。

（三）实践惯例

在以往的 BOT 项目或其他政府特许经营项目中，绝大多数政府与社会投资者签订的《特许协议》为一般商务合同。《特许协议》中约定的争议解决方式一般为仲裁，而非行政复议或行政诉讼。

（四）投资人承受能力

如果《特许协议》认定为行政合同，第一，会将《特许协议》两方当事人（即市政府及社会投资者）置于完全不平等的地位；第二，就救济措施而言，社会投资者只能通过行政复议、行政诉讼和国家赔偿来获得救济。而在行政诉讼体制下，社会投资者可能获得的赔偿是十分有限的。考虑到前述两点，社会投资者几乎不可能愿意与有关政府部门签署该类《特许协议》。

从上述实践分析角度，将《特许协议》认定为一般商务合同，并将仲裁约定为争议解决方式，将有利于交通 PPP 项目的顺利推进。而如果将《特许协议》认定为行政合同，并采用行政复议、行政诉讼的方式解决争议，将会对未来与社会投资者的谈判造成重大不利影响。

关于社会投资者的选定应注意以下问题。

（1）尽量采用招标的方式选定投资者。选好了理想的投资者，往往意味着交通 PPP 项目成功了一半。根据《行政许可法》等有关规定，对于关系公共利益的新建基础设施项目，应当通过招标投标的公平竞争方式来选择特许经营者。

（2）内外资投资者应该一视同仁。通过 PPP 引入社会投资者为交通基础设施建设引入资金，这里的社会投资者既可以是外资企业，也可以是内资企业，或者是两者的联合体。采用 PPP 的主要目的是引入适度竞争，建立有效的激励机制，为交通行业的良性可持续发展奠定科学合理的制度基础。

（3）目前，可以采取竞争性谈判的方式。由于交通 PPP 项目在国内仍处于创新阶段，法律、经济环境尚不完备，特别是交通行业特性决定了合适的潜在投资者数量非常有限。以北京地铁四号线 PPP 项目为例，该项目前后共进行过三次大规模的全球推介活动，但最终只有两家联合体明确表示了投资意向，无法满足现行公开招标的条件。在此情形下，政府可以向两家联合体发出邀请函，政府与两家联合体同时进行竞争性谈判，然后确定第一谈判对象，集中精力与第一谈判对象进行最终协议的谈判，如果达成一致，则无须与第二谈判对象谈判，如果无法达成一致，则与第二谈判对象谈判。

四、PPP 项目资产的产权问题

产权是以出资者所有权为基础的各种行为性权力组成的权力体系，具体包括：决定财产归属的权利，即出资者所有权；在现代企业制度条件下，与出资者所有权并立的企业法人财产权；在权力允许的范围内以各种方式使用财产的权利，即使用权；在财产运营管理中获利的权利，即收益权；改变财产形态和内容的权利，即处置权；把全部或部分资产出让或出租的权利，即让渡权。上述各种权利中，出资者所有权是产权的基础。产权在横向上是可以分离的，以前所讲的"所有权"与"经营权"分离只是产权中的两权相分离，随着产权内涵的不断丰富，对诸种权力均可以进行明确界定。

现在有一种比较流行观点，即认为政府对交通 PPP 项目设施拥有所有权，包括在特许经营期间的项目资产，而项目公司仅拥有经营权，也就是项目资产的使用权和收益权。由于 PPP 项目本属于政府公营项目，而且涉及社会公共利益，政府保留对项目资产的所有权似乎有一定道理，但这样就会在法律上和实践中遇到很多难题。

（一）法律方面

项目设施资产全部或部分是项目公司运用社会投资者投入的资金和商业借款购买或建造形成，股东的投资和项目公司的借款在法律上均属项目公司的法人财产，运用这些资产购买或建造的实物设备设施也属于公司的资产。政府要保留项目资产的出资者所有权，与法律不符。

（二）企业经营方面

项目公司在经营项目过程中对项目有自负盈亏的责任，项目财产是其主要财产，因此项目公司拥有的财产是对外承担责任的成本，但是如果出现收益不足甚至严重亏损时，项目公司无法承担其对外责任。

（三）项目融资方面

交通 PPP 项目的重要特征之一是资金大部分来源于项目融资贷款，贷款额往往高达项目总投资额的 70%，融资银行通常要求以项目的所有财产作担保。对于项目公司，如果归还贷款责任仅限于现金资产及其形成收益，实物资产不属于项目公司所有，没有任何项目资产作担保，融资必难成功。

因此，笔者认为，不宜一概认定项目公司对项目设施资产只有经营权，而没有所有权。当然，项目公司拥有的财产所有权是一种不完全的产权，且在特许经营期间受到许多限制，如不得转让、变卖、遗弃，除可抵押给融资银行外，不得抵押给他人，而且抵押期限不得超过特许经营期。

五、社会投资者中标后的建设期工程采购问题

交通 PPP 项目中，一般由选定的社会投资者负责项目的投资建设和运营管理，由于交通项目具有投资额大、建设周期较长的特点，所以在项目建设期投资者进行建设管理产生的利润也非常可观。在交通 PPP 项目推介过程中，对项目感兴趣的投资者大致可分为交通设备供应商、建筑承包商、运营商以及其他战略投资者等四类。这四类投资者往往会组成联合体参与项目的招投标，其中，前两类投资者对中标后项目建设期的工程采购程序非常关心，希望自己或自己所在的联合体中标后，设备及建筑工程采购可以不再通过招投标，而指定自己作为项目设备供应商和建筑承包商。对此，笔者专门对我国现行法律、法规进行了相关研究。

（一）是否需要招标

《中华人民共和国招标投标法》（以下简称《招投标法》，2000 年 1 月 1 日实施）第三条规定：在中华人民共和国境内进行工程建设项目包括项目的勘察、设计施工、监理以及与工程建设有关的重要设备、材料等的采购，必须进行招标。

原国家计委于 2000 年 5 月 1 日颁布实施了《工程建设项目招标范围和规模标准规定》（以下简称《招标范围和规模标准规定》），确定了必须进行招标的工程建设项目的具体范围和规模标准，其第二条规定：关系社会公共利益、公众安全的基础设施项目的范围包括道路、桥梁、地铁和轻轨交通、污水排放及处理、垃圾处理、地下管道、公共停车场等城市设施项目。

另外，《招标范围和规模标准规定》第七条规定了必须进行招标的项目的规模要求：本规定第二条至第六条规定范围内的各类工程建设项目，包括项目的勘察、设计、施工、监理以及与工程建设有关的重要设备、材料等的采购，达到下列标准之一的，必须进行招标：

（1）施工单项合同估算价在 200 万元人民币以上的；

（2）重要设备、材料等货物的采购，单项合同估算价在 100 万元人民币以上的；

（3）勘察、设计、监理等服务的采购，单项合同估算价在 50 万元人民币以上的；

（4）单项合同估算价低于第（1）（2）（3）项规定的标准，但项目总投资额在 3 000 万元人民币以上的。

另外，国务院办公厅于 2003 年 9 月 27 日发布了《关于加强城市快速轨道交通建设管理的通知》，其中第六条规定：……要不断提高城轨交通项目设备的国产化比例，对国产化率达不到 70% 的项目不予审批。原则上不使用限定必须购买外国设备的境外资金，必须进口的设备，要实行招标采购。

国务院办公厅于 1999 年 2 月 28 日发布了国家计委《关于城市轨道交通设备国产化实施意见》的通知，其中第三条规定：……项目业主单位使用上述领域的设备，应在国家定点企业范围内采取邀请招标的方式采购，其余机电设备原则上通过国内市场招标采购。

因此，如果特许经营公司的施工以及相关设备的采购、安装等符合上述规定的要求，则需进行招标。

（二）可以邀请招标的情形

《招投标法》第十一条规定：国务院发展计划部门确定的国家重点项目和省、自治区、直辖市人民政府确定的地方重点项目不适宜公开招标的，经国务院发展计划部门或者省、自治区、直辖市人民政府批准，可以进行邀请招标。因此，特许经营公司仅在获得上述规定的批准的情况下，方可就施工和设备采购等进行邀请招标。

《工程建设项目施工招标投标办法》第十一条对可以"邀请招标"的施工项目的情形进行了具体规定：国务院发展计划部门确定的国家重点建设项目和各省、自治区、直辖市人民政府确定的地方重点建设项目，以及全部使用国有资金投资或者国有资金投资占控股或者主导地位的工程建设项目，应当公开招标；有下列情形之一的，经批准可以进行邀请招标：

（1）项目技术复杂或有特殊要求，只有少量几家潜在投标人可供选择的；

（2）受自然地域环境限制的；

（3）涉及国家安全、国家秘密或者抢险救灾，适宜招标但不宜公开招标的；

（4）拟公开招标的费用与项目的价值相比，不值得的；

（5）法律、法规规定不宜公开招标的。

（三）参考国际惯例，这一问题仍存在一定的灵活性

原国家计委曾经于 1995 年制定了一份《特许权项目暂行规定》（草稿），虽然该草稿最终并未获得实施，但从该规定中可以了解原国家计委对特许权项目的监管意图。根据该规定第十一条的规定，"……外商投资企业按特许权协议条款规定，负责特许项目的投融资、详细工程设计、施工建设、设备及原材料采购、运营管理、维护保养、费用征收和项目移交……"也就是说，根据该条规定，只要在特许权协议中进行明确规定，外商投资企业可以自行负责特许项目的投融资、详细工程设计、施工建设、设备及原材料采购、运营管理、维护保养、费用征收和项目移交。而且从国际同类项目运作实践来看，如英国伦敦地铁 PPP 项目，这种特许项目的工程采购可以不通过招投标，而直接由项目公司的股东来提供。但鉴于我国目前的法律环境以及交通 PPP 模式的实践现状，此类项目在实施过程中还是坚持建设工程的招投标为宜。

六、PPP 的法律保证问题

由于交通 PPP 项目涉及所在国的公众利益，而且是大规模的系统工程，因此它的成功在很大程度上取决于当地政府是否给予强有力的支持。

这种支持主要体现在以下三方面的法律保证。

（一）国家主权豁免问题

在 PPP 项目运行过程中存在东道主违约又不放弃主权豁免的问题，在国际惯例中是要求签约的政府就合同中的一切事项放弃司法豁免权，从而成为 PPP 运作中与其他当事人平等的法律主体。

（二）给予 PPP 项目公司政策及法律上的优惠

在 PPP 发展过程中有投资回收慢、周期长、法律强制保障实施和投资者对项目不能带走的风险，投资者有很大的顾虑，有投入产出的外商投资企业要承担的风险更

大，因此在今后发展中要把对社会投资者的优惠政策通过法律的形式确定下来，稳定投资者的安全保障。

（三）PPP 的顺利实施还有赖于当地政府完善的风险分担结构

在 PPP 发展模式中，项目公司应该对当地的法治环境、完备状况和风险分担机制了然于心。同时，在风险承担中主要依靠政府和项目公司两个主体，前者承担票价管制风险、政治风险和不可抗力风险，后者主要应对市场竞争压力、客流风险和商业风险。

七、推进交通基础设施 PPP 项目法治契约化机制

目前，我国已经出台了一系列 PPP 操作的指导意见，并于 2016 年 1 月开始就《中华人民共和国政府与社会合作法》征求意见，探讨政府与社会合作在现有法律框架下，依法推进，并积极协同、完善相应的法律法规的道路。在交通基础设施领域，现有公路、铁路、机场等法律法规存在收费中政府如何补贴、各级政府在特特许经营中合规性问题以及项目审批和建设管理等问题，需要对《公路法》《收费公路管理条例》《民用机场管理条例》《民用机场建设管理规定》《行政许可法》《政府采购法》等与 PPP 模式推广中不适应的相关法律法规规定进行修改和完善，以提高 PPP 项目管理透明度，维护社会资本投资主体权利，并形成有效的激励约束机制。

（一）多元共治推进交通建设 PPP 法治契约制度

多元共治主要有三个层面的含义。一是在治理主体上，从一刀切式的制度治理向多元行为治理转变。传统模式下具有的建设、服务和运营等环节的行政化命令式管理的缺点，在新的 PPP 模式下要得以解决，在政府和社会资本的权利和义务、利益和风险方面要以合同的形式明确规定，也要在特许经营、合资、融资和外部融合等方面根据自身需要和发展状况建立相应的规则，并形成基于契约的交通基础设施治理机制。由此，政府部门和企业之间不仅明确了各自承担的责任和义务，也有利于保护合作双方的权益。二是从放权转向分权，重构多元主体，调动各个方面的积极性。PPP 模式最大的特点是参与者之间是平等的伙伴关系，是多中心的合作。在今后长久的 PPP 发展过程中，要严格限定政府的特许，与深化分权体制改革相适应。三是坚持负面清单的立法思维，给经济社会主体应有的自主权和自治权。就市场方面而言，PPP 是市场经济的"负面清单"，但是在公共领域和公共治理改革的过程中若以正面清单方式解决市场化改革的大方向是与之相反的。因此，加快 PPP 立法才是破除在交通等公共领域的独占性、推进公共治理改革和解决公共服务有效供给的良策。

（二）积极探索交通建设 PPP 立法模式

PPP 模式主要有三种：第一种是通过国家行政机关和立法机关或者相关部门建

立法律法规，如韩国《基础设施吸引民间资本促进法》《公私合作制法案》等；第二种是通过中央政府给予地方政府立法权不断完善和建立 PPP 有关的法律法规，如在国际借鉴中提及的澳大利亚等国家；第三种是在现有法律法规的基础上建立和完善与 PPP 有关的制度框架和指导方案，如英国、澳大利亚等。目前，我国 PPP 在发展中出现的部门划块、不协调、不统一等各种各样的问题需要政府部门充分考虑利用法律手段的权威性、协调性、科学性和连续性的优势不断解决问题。现阶段，我国国务院和相关行政机关已经给出了有力的指导意见和行动指南，这些都是在为立法作铺垫，确保有关 PPP 的法律法规能够做到可落地、可执行、能奏效。

参考文献

[1] 王松江，王敏正.PPP 项目管理 [M].昆明：云南科学技术出版社 .2007.

[2] 金永祥 . 中国 PPP 示范项目报道 [M]. 北京：经济日报出版社 .2015.

[3] 北京大岳咨询有限公司 . 城镇化和 PPP 大岳随笔 [M]. 北京：经济日报出版社 .2014.

[4] 胡丽 . 城市基础设施 PPP 模式融资风险控制研究 [M]. 重庆：重庆大学出版社 .2013.

[5] 李素英 . 新形势下 PPP 模式在基础设施项目建设中的应用研究 [M]. 北京：中国言实出版社 .2016.

[6] 吴维海 .PPP 项目运营 [M]. 北京：中国金融出版社 .2018.

[7] 何涛 . 基于 PPP 模式的交通基础设施项目风险分担合理化研究 [D]. 天津：天津大学，2011.

[8] 柯永建 . 中国 PPP 项目风险公平分担 [D]. 北京：清华大学，2010.

[9] 谢春艳 . 我国高速公路 PPP 融资模式的法律问题及其应对 [D]. 长沙：湖南大学，2016.

[10] 李妍 . 基于博弈论的基础设施 PPP 模式风险分担研究 [D]. 徐州：中国矿业大学，2017.

[11] 富闽鲁，何怀平 . 后 PPP 时代轨道交通 PPP 发展中规范的政策建议 [J]. 城市建设理论研究（电子版），2018（2）：188–189.

[12] 史丁莎 . 中国 PPP 市场发展与对外开放研究 [J]. 现代管理科学，2018（1）：66–68.

[13] 李泽正 . 城市轨道建设引入 PPP 模式 [J]. 中国投资，2018（1）：110–111.

[14] 张小富 .PPP 模式的适用范围及选择原则 [J]. 财会月刊，2018（3）：53–58.

[15] 袁瑜，叶臻，梁科科等 . 交通基础设施项目 PPP 模式比选方法研究 [J]. 交通运输研究，2017，3（1）：8–16.

[16] 韩晓晨，冯津玮，夏建雄 .PPP 融资模式在轨道交通建设中的应用 [J]. 辽宁工程技术大学学报（社会科学版），2016，18（5）：664–672.

[17] 向鹏成，陈伟，宫金鹏.城市交通 PPP 项目特许运营价格影响因素分析 [J].建筑经济，2016，37（11）：49-55.

[18] 郭霁月，唐美玲，景志卓等.交通类 PPP 项目社会风险影响因素分析与识别 [J].土木工程与管理学报，2016，33（6）：88-93.

[19] 周国光，江春霞.交通基础设施 PPP 项目失败因素分析 [J].技术经济与管理研究，2015（11）：8-13.

[20] 陈德华.公路交通建设项目的 PPP 应用模式探讨 [J].建筑经济，2015，36（9）：36-38.

[21] 易欣.基于动态多目标的 PPP 轨道交通项目定价机制 [J].技术经济，2015，34（12）：108-115.